KB249548

남북한 이문화 부부의 통일 이야기

-북한이탈주민과 남한주민의 결혼 생활에 관한 내러티브 연구-

남북한 이문화 부부의 통일 이야기

-북한이탈주민과 남한주민의 결혼 생활에 관한 내러티브 연구-

이 민 영 著

한국학술정보[주]

Contents

서 론

"…… 북조선 남자와 남조선 여자는 충돌도 있었다. 가정생활과 사회에 대한 견해차로 모든 일에 충돌이 있곤 하였다. 아내와 나는 자그만 통일을 위해 엄청난 '전쟁'을 치렀다. 몇 번씩이나 멀어졌다 다시 가까워지는 과정에 우리는 서로를 이해하게 되었고 아내는 나를 비춰보는 거울이 되었다. ……"([바]의 수기, 1999)

A. 연구 필요성

본 연구는 남북한 이문화[1] 부부[2]의 가족과정[3] 경험에 관한 연구이다. 남북한 분단 현실은 정치사회적으로 남북한 서로에 대한 깊은 반목과 이질감을 조장하고, 남북한 사람들의 문화적 갈등으로 인한 사회 문제를 심화시키고 있다. 북한이나 남한이라는 각각의 다른 사회 속에서 살아 온 평범한 사람들은 서로를 잘 알지 못해 제대로 의사소통하지 못하며, 오해와 불신으로 인한 갈등이 깊어지고 있는 것이다. 이는 통일 과정에서 문화적 이질화로 인한 사회 문제가 될 수 있으며, 남북한 사람들이 하나의 가족을 이루었을 때는 심각한 가족 문제로 이어지게 될 것이다.

실제로 물리적 분단으로 인한 문화적 이질성은 다른 분단국가의 통일 과정에서 사회통합의 걸림돌이 되어 심각한 사회 문제로 나타나고 있다. 독일의 경우 동·서독 간 인적·문화적 교류가 지속적으로 되었음에도 불구하고, 통일 과정에서 빚어진 동·서독 사람들의 이질적 문화 충격과 갈등의 사회 문제는 10년 이상 지속되고 있다(김국신 외, 1994; 김해순,

---

1] 이문화(異文化)란 용어는 영어의 intercultural을 한자의 異文化로 사용한 것에 따른 것이다. 최근 경영학, 언어학에서 세계화 영향과 이문화권에 관한 연구가 활발하나, 아직까지 가족 및 사회복지계에서는 활용되고 있지 않은 용어이다. 본 연구에서는 타 학문에서 사용하고 있는 것을 근거로 이 용어를 사용하고자 한다(참고, 최윤희(1997) 글로벌 비즈니스맨과 이문화 관리, 오산양자(奧山洋子)(1996) 이문화 간 커뮤니케이션 교육의 중요성에 관한 고찰 등).

2] 이문화 부부(異文化 夫婦)는 영어의 intercultural couple을 번역한 것으로 이 용어 외에도 bicultural(cross-cultural) marriage, intermarriage, interfaith marriage/couple로 다양하게 사용되고 있다. 남북한 이문화 부부는 남한 사람과 북한 사람이 결혼하여 이룬 부부관계를 의미하며, 본 연구에서는 남한으로 이주한 북한 이주민과 남한 주민 간 결혼으로 이룬 부부관계로 한정한다.

3] 가족과정(family process)은 복잡한 전체 가족과정(multiple whole family process) 속에서 가족이 변화와 지속을 위해 당면하는 가족 내외부의 다양한 도전들을 해결하기 위한 가족 상호작용을 의미한다. 본 연구에서는 '부부'에 초점을 두고 가족과정의 경험을 살펴보고자 한다.

2002). 다른 분단국가와 달리 인적 교류가 거의 단절되어 있는 남북한은 서로에 대한 이해가 상당히 부족한 상황이어서, 남북한의 통일 과정에서의 문화적 이질화 정도와 그로 인한 갈등과 사회 문제는 여느 국가의 경험보다 더욱 심각할 것은 자명한 일이다.

이러한 남북한 이문화로 인한 갈등은 비단 미래 통일 과정의 문제만이 아니며, 현재 남한 사회의 문제로 시급한 사안이 되고 있다. 남북한 사람들이 '우리는 한 민족이지만 정치사회적으로 서로 다른 체제와 사상을 가진다'는 대립적 인식으로 인해, 이산가족상봉과 같은 남북교류사업이나 북한 이탈주민(이후 북한 이주민[4])의 남한 정착과정에서 어떻게 함께 해나가야 하는지 알지 못하는 상태에 빠져 있다. 이산가족상봉에서 나타난 남한가족과 북한가족들은 서로의 문화적 차이로 인해 낯섦과 거부감을 느끼고, 남한에 이주해온 북한 이주민은 문화적 갈등과 남한 사람의 편견과 배타성으로 인해 가족, 지역사회 및 직장 생활에서 어려움을 겪고 있다(민성길, 2002; 이기영, 2003 등)는 것이다. 최근 남한에 온 북한 이주민의 수가 급증하면서[5] 이질화된 남북한 사람들의 함께 사는 문제는 더욱 심각한 사회 문제로 발전하고 있다.

그런데 이와 같이 남북한 사람들이 함께 사는 문제가 심각함에도 불구하고, 이론적이고 실천적인 대안 마련은 부족한 것 같다. 그동안의 남북한 사람들에 관련한 연구들은 크게 남북한 문화의 이질성과 동질성 개념을 찾는 비교 분석적 접근과 북한 이주민의 남한 사회 적응을 돕는 실천

4] '북한이탈주민'은 북한을 탈출한 북한 주민의 탈출 상황과 출신 성분 등을 객관적, 포괄적으로 규정하는 정부공식용어였다. 최근에 '북한이탈주민' 용어 개선을 위하여 정부는 '새터민'이라는 용어를 사용하고 있으나, 북한이주민 당사자들의 반대와 우려의 목소리가 크다. 이에 본 연구에서는 새롭게 남한 생활을 시작하는 북한 사람들이 정착 생활을 능동적으로 이끌어가는 삶의 주체자임을 드러내는 '이웃'의 의미를 가진 용어로 '북한 이주민'을 사용하고자 한다.

5] 2004년 8월 말 현재 북한 이주민수는 5,546명이며, 2007년 1만 명이상 입국하였으며, 매년 두 배 이상 입국자수가 증가하고 있는 추세이다(통일부, 2007).

중심적 접근으로 구분해 볼 수 있다. 전자의 경우는 남북한의 상이성을 인식하고 '남북한 접촉을 통한 상호변화'(고성호, 2003)라는 대안을 내놓고 있지만 '어떻게 관계하고 변화할 수 있는 것인지'에 대한 이론적 논의가 부족하다. 후자의 경우는 북한 이주민을 대상으로 하는 '남한 사회 적응 방안'(윤여상, 2001, 이기영, 2003 등)을 대안으로 내놓고 있지만, 이 프로그램들은 북한 이주민의 부적응 문제를 강조하며 남한화에 초점을 두고 소수자의 일방적인 편입을 요구하는 입장이어서, '남한 주민과의 대등한 교류'에 대한 접근은 부족한 실정이다.

이와 같이 일상생활에서 남북한 사람들이 어떻게 교류하고 상호변화할 수 있는지에 대한 이론적·실천적 논의의 부족은 지역사회에서 남북한 주민과의 관계 형성을 조정하고 북한 이주민에게 상담 및 교육을 담당해야 하는 사회복지사, 사회복지 전문요원, 신변보호담당관(경찰), 자원봉사자, 관련 시민단체 실무자 등에게 구체적 정보와 안내의 역할을 제시하지 못하는 문제와 연결되고 있다. 특히 남북한 사람들의 문화적 특성에 대한 이해 부족은 남북한 이질화로 인한 사회적 갈등 해소에 적절히 개입하지 못하는 사회복지 실천 전문성 문제로 이어지고 있는 것이다. 이에 남북한 사람들의 일상적인 상호작용 현상에 대한 구체적 이해를 넓힐 수 있는 연구가 요청되며, 이를 토대로 전문적 가족복지 실천과 문화적으로 민감한 사회복지 실천(culturally sensitive social work)에 대한 논의가 요구된다.

남북한 사람들의 상호작용 경험에 대한 실증적인 탐색과 문제해결을 위한 사회복지적 논의를 위해서는 기존 연구들의 초점, 대상, 내용, 방법에 대한 변화가 필요하다. 남북한 사람들의 일상생활을 민감하게 관찰할 수 있는 상호작용에 초점을 두고, 대등한 관계를 이룬 남북한 사람들인 '부부'를 대상으로, 그들이 구성하는 심층적이고 총체적인 경험 내용을 탐색하고, 이를 위해 직접 대상을 관찰·참여하는 현장 중심 질적 연구 방법으로 보완해야 할 것이다.

이를 구체적으로 제시하면, 첫째, 일상생활의 상호작용(관계성)에 초점을 둔 남북한 사람들의 탐색이다. 대부분 북한 이주민의 남한 사회 적응 연구들(김영윤 외, 1996; 한만길, 1996; 한국여성평화연구원, 1999; 전우택, 1999; 김영수, 2000; 박현선, 2000, 2002 등)은 남한 중심적 시각에서 북한 사람의 결점을 강조하여 문제의 해결을 그들의 개인적 변화에 초점을 두고 있다. 반면에 인류학, 여성학 등에서 이뤄진 북한 이주민 연구(정유선, 1998; 김정미, 1999; 이새롭, 2002)는 남한 사회의 편견과 배타성에 초점을 두고 사회적 변화에서 대안을 찾는 비판적 시각을 보여주고 있다. 남한에 사는 북한 이주민의 문제는 개인의 변화 혹은 사회의 변화라는 극단적 대안으로만 해결되기 어려운 현실을 감안할 때, 개인과 사회를 연결하는 '관계'의 변화를 파악해야 할 필요가 제기된다. 특히 문화적으로 민감한 사회복지 실천 접근이 가능하도록 '남북한 이문화 사람들이 일상에서 대등하게 생활하는 모습'을 관찰하고 이해해야 할 필요가 있다.

둘째, 대등한 사회적 관계를 이룬 남북한 사람들을 함께 연구하는 '부부' 공동 연구이다. 남북한 이문화 사람들의 갈등과 대응에 관한 관심을 그동안의 연구들(민성길, 2002; 이기영, 2003 등)은 북한 이주민만을 대상으로 하거나, 남한 관계자들을 대상으로 분리하여 연구해 왔다. 서로가 가지는 상대에 대한 시각과 태도가 어떠한지는 파악할 수 있었지만, 같은 생활을 하면서 서로가 어떠한 상호작용을 하며 같은 사건에 대해 시각과 태도가 어떠하였는지는 알 수 없었다. 장혜경과 김영란(2000)의 연구에서 부분적으로 남북한 이문화 부부의 사례가 일부 분석되어 가족생활에서 이들 부부가 어떠한 경험을 하고 있는지에 대해 짐작할 수 있을 뿐이다. 가족 내 부부관계는 사회 문화를 반영하는 사회적 관계의 기초적 형태이며, 어느 부부나 사회경제적 수준, 지위, 나이, 성장과정에 따라 문화적 차이를 만들어간다. 그러나 교류하지 않았던 서로 다른 사회에서 성장한 부부들의 도전은 동일 사회에서 성장한(同文化) 부부들의 도전과는 차이점을 보여준다. 특히 사회적으로 이문화 부부는 다양한 문화의 통합을 촉진하고 배타적 사회 편견의 감소에 긍정적인 기능을 하는 체계(Blau et al., 1984:601)이므로, 남북한 사람들이 일상에서 대등하게 서로의 차이와 갈등, 이를 해결해나가는 과정을 이해하기 위해서는 '남북한 이문화 부부의 경험'을 탐색하는 것에서 시작하는 것이 대안이 될 것이다.

셋째, 남북한 이문화 부부에 대한 심층적인 심리 · 사회 · 관계적 경험의 이해이다. 남북한 이문화 부부의 경험을 이해하기 위해서, 서구의 이문화 부부 연구를 먼저 고찰해 보면 이문화 부부 개인은 놀람, 충격, 정체성 혼돈 등 심리적 문제를 겪고, 가족과 이웃으로부터 사회적 편견에 의한 오해 등 사회적 문제를 경험하기도 한다(Killian, 2002). 또한 동문화 부부들이 경험하는 가족 갈등을 가지면서 동시에 성역할, 양육 문제, 종교적 표현, 의사소통, 문제해결 방법, 주변과 관계 맺기, 결혼의 의미와 목적까지 다양한 영역에서 문화적 차이로 인한 영향을 받고 있다 (McGoldrick & Preto, 1984). 이와 유사하게 남북한 이문화 부부의 경우도 가족생활 전반에서 어려움을 겪고 있을 것으로 보인다. 그러나 남북한 이문화 부부를 대상으로 하는 심층적 연구의 부재로 이들이 어떠한 가족과정을 경험하는지, 특히 어떠한 가족 상호작용으로 갈등 및 타협과정을 이끌어가고 있는지에 대해 알지 못하고 있다. 따라서 본격적인 남북한 이문화 부부의 가족과정 경험을 충분하고 심도 있게 살펴보기 위한 연구가 요구된다.

넷째, 심층적 경험 탐색을 위한 현장 중심의 질적 연구 방법의 채택이다. 그동안 이루어진 남북한 사람들에 관한 연구들에서는 북한에서 나온 문헌 자료들을 분석(이온죽, 1988; 전숙자, 1994; 김현숙, 1994; 김귀옥 외, 1997 등)하거나, 북한 이주민을 면접 조사(서진영, 1994; 문숙재 외 2000; 민무숙 외, 2001; 박현선, 2003; 서재진, 1995 등)를 겸하는 경우가 대부분이었다. 이들은 몇몇을 제외하고는 연구자의 이론적 시각에 맞추어서 북한 이주민을 하나의 '사례'로 취급하여 제한된 경험을 연역적으로 다루었고, 구체적으로 어떤 연구 논리와 방법을 취하는지 모호하였다. 이에 본 연구에서는 남북한 이문화 부부의 가족과정 경험을 총체적으로 탐색하기 위해서 역동적이고 다양한 가족 경험의 가치, 의미, 인식 등 가족 문화를 의미 있게 다루는 귀납적인 질적 방법론(Walsh, 1993:56)을 선택하고자 한다. 북한 이주민과 남한 주민 부부 개개인의 개별 존재성을 존중하며 이들만의 독특한 경험을 탐색하고, 그들을 둘러싼 사회문화적 맥락과 관계성의 의미를 심층적으로 이해를 도울 수 있는, '사회문화적 구성주의'[6]의 시각을 연구 논리로 제시하고 이와 연결되는 '내러티브[7] 탐구 방법'(Hung, 2002)[8]을 연구 방법으로 삼고자 한다.

요컨대, 본 연구는 남북한의 문화적 갈등을 보다 실천적으로 접근하는 기초를 마련하기 위한 남북한 이문화 부부의 가족과정 경험에 관한 탐색적 연구이다. 이를 위해 기존 연구들이 다루지 못했던 초점, 대상, 내용,

---

[6] 사회문화적 구성주의(Sociocultural constructivism)는 세상에 대한 주관적 경험과 '이해'에 초점을 두어 삶의 경험을 이해하며, '실재(reality)'를 구성하는 개인이 사회문화적 맥락 속에서 자율성과 주인의식을 가지고 행동하고 상호작용하며 사건에 부여한 이해와 '의미'가 경험이라고 보는 관점이다(Gergern, 1985; 강인애, 1997:134-140).

[7] '내러티브(narrative)'란 용어는 문학이나 사회과학 분야에서 서술(敍述) 또는 서사(敍事)로 번역되어 사용되기도 하였으나, 근래에는 이야기(story), 담론(disclosure), 또는 담화(discourse)와 구별하고 용어 자체가 갖는 의미를 분명하게 하기 위해 '내러티브'라는 용어를 그대로 사용하는(염지숙, 2001), 최근 질적 연구 방법론의 경향에 따라 본 연구에서도 '내러티브'를 사용하고자 한다.

[8] 내러티브 탐구 기법은 내러티브가 인간 경험의 총체적인 질을 담고 있으며, 개인적, 사회적, 문화적 측면에서 의미 있는 정보를 제공한다는 믿음을 가진다(Parton & O'Bryne, 2000). 또한 연구 참여자의 시공간 역사성, 문화적 맥락성을 탐색하고 심리적, 사회적, 관계적 경험을 총체적으로 분석할 수 있다는 장점을 가진다(Killian, 2001). 언어를 도구화하여 이야기, 은유, 대화, 일기 등 내면의 경험을 외현화(의미화)하는 과정에 초점을 두는 탐구 방법이다(Connelly & Clandinin, 2000).

방법을 보완하여, 북한 이주민과 남한 주민 부부를 대상으로 가족과정 –일상생활의 '관계' 속에서 경험하는 문화적 갈등과 타협과정을 심층적으로 이해하고자 한다. 이를 위해 사회문화적 구성주의에 따른 내러티브 탐구 방법을 활용하여 현장 중심의 질적 연구를 수행하고자 한다. 이를 토대로 남북한 이문화 부부의 가족 문제 예방 및 해결과 남북한 사람들의 문화적 갈등에 개입하는 문화적으로 민감한 사회복지 실천 대안을 모색하고자 한다.

B. 연구 목적 및 연구 질문

본 연구의 목적은 남한과 북한에서 각각 다르게 사회화되고 성장한 성인들이 결혼을 통하여 부부관계를 맺어 가족과정을 수행해 오는 데서 경험한 이야기(narratives)를 총체적으로 탐색하는 데 있다. 이를 위해 사회문화적 구성주의 논리를 통한 내러티브 탐구 방법을 사용하여, 남북한 이문화 부부가 가족을 형성하여 시·공간의 흐름에 따라 어떻게 변화되어 왔는지 가족 내·외부 체계와의 상호작용을 하는 경험, 주관적 의미, 이야기, 일화들을 구체적으로 살펴보고자 한다. 이를 통해 남북한 이문화 부부의 경험의 갈등과 타협의 양상을 분석하고 사회문화적 의미를 해석하고자 한다. 특히 남북한 개인들의 경험과 의미는 어떠한지, 가족 내에서 남북한의 사회 문화적 특성이 어떤 경험으로 드러나는지, 심리적·사회적 맥락 안에서 부부가 경험을 어떻게 이해하고 조정해 나가는지에 초점을 둔다. 이러한 연구 목적을 달성하기 위한 연구 문제는 다음과 같다.

1. 남북한 이문화 부부의 가족과정 경험은 어떠한가?
2. 남북한 이문화 부부의 가족과정 경험의 의미는 무엇인가?

C. 연구의 의의 및 한계

1. 연구의 의의

본 연구의 의의를 살펴보면 다음과 같다.

첫째, 본 연구는 그동안 추상적으로 다뤄졌던 '남북한의 문화적 이질감' 문제를 남북한 이문화 부부의 가족과정 경험으로 구체화하여 다루어 본다. 분단이라는 특수한 상황에서 그동안 논의되지 않았던 남북한 이문화 부부의 가족과정 경험을 처음으로 탐색하는 데 의의를 둔다.

둘째, 본 연구는 남북한 이문화 경험에 대한 심층적이고 구체적인 사례를 제시함으로써, 남북한 문제에 접근하는 정책입안자 및 실무자들이 보다 적절한 서비스를 제공할 수 있도록 하기 위해, 남북한 사회적 갈등을 해소하는 적절한 정보와 안내자 역할을 하는 기초적 자료를 제공하는 데 의의를 두고자 한다.

셋째, 본 연구는 남한 주민과 북한 이주민의 상호작용에 의한 교류 경험에 대한 이해를 높이고, 새로운 가족 유형으로서 남북한 이문화 부부에 대한 사회적 관심을 일으킬 수 있는 초기 연구로서의 역할을 하고자 한다. 남북한 이문화 부부의 문제해결 및 북한 이주민의 적응을 위한 다문화주의적 관점을 가진 문화적으로 민감한 사회복지 실천의 필요성을 제시하고 구체적인 접근 방법을 모색해 보고자 한다.

넷째, 본 연구는 사회문화적 구성주의적 논리에 따른 내러티브 탐구 방법을 사용함으로써 다양한 질적 연구 방법의 적용을 촉진하고, 사회복지 실천 연구에서의 그 활용 가능성을 모색하고자 한다.

2. 연구의 한계

본 연구의 제한점은 남북한 이문화 부부의 다양한 경험을 탐색하기 위해서 결혼, 이혼, 별거 등 다양한 결혼 상태에 있는 연구 참여자를 표집 대상으로 시도하였으나 이혼 및 별거한 부부의 경험은 연구 현실적 여건으로 인해서 참여자를 구하기가 쉽지 않았고, 간접적인 자료만을 구할 수 있었다는 데에 있다. 이에 본 연구에서는 남북한 이문화 부부가 결혼 생활을 유지하면서 가족과정을 어떻게 수행해나가고 있는지에 초점을 두기로 하였다.

문헌 고찰

본 연구의 문헌 고찰의 초점은 서구 이문화 부부의 가족 경험과 남북한 이문화 부부의 가족 경험에 관한 사례 기술에 둔다. 특히, 이문화 부부가 가족과정 이론과 가족생활주기에 따라 결혼과 양육을 통해 그들의 방식을 타협하는 과정을 살펴봄으로써, 남북한 이문화 부부의 가족과정 경험 연구에 필요한 도움을 얻고자 한다.

A. 이문화 부부의 가족 경험 특성

1. 가족과정 이론(family process theory)과 이문화 부부 경험

　　가족과정 이론은 가족 체계와 가족 상호작용을 일반 체계이론에 접목하면서 논의되기 시작하였다. 칸터와 레어(Kantor & Lehr, 1975)로 대표되는 이 이론은 다양하게 규정되는 가족과정 전체를 조망하기 위해서 가족과정 요소들이 어떻게 서로 연관되어 상호작용 하는지에 대한 통일된 관점을 제시하고 있다(Imig, 2000). 이 이론에서 가족은 공간적인 은유(spatial metaphor)이며, 일상생활을 수행하는 평범한 삶(commonplace)이다. 가족은 살아 있고, 시간에 따라 움직이는 열린 체계이다. 가족의 체계들은 복잡하며, 적응적이며, 정보가 흐르는 체계이다. 2명 이상의 사회적-생물학적으로 연결된 사람들이 만든 목적을 향한 행동 유형을 가지고 협력하는 가족 전략을 가지며, 가족 성원의 의식(awareness)과 행동 선택의 자유를 제공한다. 특히 가족 경험은 3×3 사회 매트릭스-가족 자원(resource)인 시간·에너지·공간과 가족 목표(target)인 감정·권력·의미의 조합으로 이루어진다고 보았다. 가족 경험의 내용들은 심리적, 정치적, 맥락적 조건에 따라 복잡하게 유형을 구성하며, 가족 성원들은 그들의 경험(실재; reality)을 매우 다르게 이해할 수 있고 구성할 수 있다(Imig, 2000). 가족 상호작용과 가족 체계의 행동은 사회적 규범(역할)으로 제한되지 않는다.

　　따라서 가족을 이해하는 데 심리·정치·맥락적 측면을 이해하는 것을 강조하는 가족과정 이론은 복잡한 전체 가족과정(multiple whole family process)을 이해하고 다양하고 특이한 가족 상호작용을 깊이 있게 이해하는 데 유의미한 기여를 한다(Riess, 1981). 월시(Walsh, 2003)는 정상 가족(normal family) 개념을 논하면서 '과정으로 가족'을 이해하는 것의 필요성을 강조하였다. 특히 현대 사회의 다양한 가족 경험을 이해하기 위해서는 가족과정에 대한 이해가 중요하다고 하였다. 그러나 가족과정 이론은 그동안 양적 연구 방법론에서 활용되기 어려워, 이론이나 모델보다는 패러다임(meta-theory)이나 관점으로서 역할을 해왔다 (Constanine, 1986, 1993). 최근에 가족과정 이론은 가족 경험의 질적 연구들과 실천의 패러다임으로서 재평가되고 있으며(Imig, 2000:870), 특히 다양한 이문화 부부 및 가족 경험을 질적으로 이해하는 이론적 틀로서 활용되고 있다.

이문화 부부의 주요 갈등은 일반적인 가족과정 문제들과 부부 각자가 가진 문화적 맥락 및 의미 체계들에 관한 이해가 부족한 데서 출발한다 (Eaton, 1994). 특히 이문화 부부는 심리적, 관계적, 정치적 측면에서 다양하고 독특한 경험을 하고 있다. 이문화 부부 개인은 놀람, 충격, 불편감, 정체성 혼돈 등 심리적 문제를 겪으며, 관계적 문제로서, 이문화 부부들은 다양한 영역에서 문화적 차이로 인한 독특한 경험을 하고 있다 (McGoldrick & Preto, 1984). 또한 이문화 부부의 가족과정 문제들은 문화적 차이에 의한 사회적 불평등과 뒤섞이게 되면서 사회적 담론의 영향에 그대로 노출되고, 가족과 이웃으로부터 사회적 편견에 의한 오해를 받는 등 사회적 문제를 경험한다(Killian, 2002).

구체적으로 살펴보면, 첫째, 이문화 부부의 심리적 측면이다. 오자와(Osawa, 1991)의 연구에서 일본 남성과 결혼한 외국 여성이 놀람의 연속, 불확실성, 불쾌함을 경험하는 것으로 나타났다. 모든 것(풍경, 행동방식, 일이 되는 방식 등)이 다르다는 느낌으로 인한 놀람과 어떻게 해야 할지, 무엇을 말할지, 무엇을 기대할지 등 불확실성을 경험한다. 나아가 내 나라에서 해오던 방식대로 행동하면 틀리고 기분 나쁘고 거부증세(rejection syndrome)까지 나타나는 불쾌함을 경험하는 것이다. 그러나 몇 년이 지나도 자신의 일상의 관습보다 더 만만찮은 장애물들을 직면한다. 문화적으로 다르게 살아야 한다고 강요받는 느낌을 가지면서, 자신의 존재, 정체성에 대해 질문하게 되며, 본능을 의심하기 시작하면서, 자신의 나라로 돌아가도 정체성이 혼돈되는 심리적 문제를 겪기도 한다.[9]

둘째, 이문화 부부의 관계적 측면이다. 이문화 부부들은 동문화(同文化) 부부들이 경험하는 가족생활로 인한 갈등을 갖고 있으면서 동시에 성역할, 양육 문제, 사상(종교)적 표현, 의사소통, 문제해결 방법, 주변과 관계 맺기, 결혼의 의미와 목적까지 다양한 영역에서 문화적 차이로 인한 독특한 경험을 하고 있다(McGoldrick & Preto, 1984).

셋째, 이문화 부부의 정치적 측면이다. 사회심리학자들은 '이문화 결혼이 한 사회의 다양한 문화의 사람들을 통합하고 동화시키는 것을 촉진한다 (Blau, Beeker & Fitzpatrick, 1984:601)'고 하여 이문화 부부가 사회의 편견/선입견 감소에 긍정적인 역할을 한다고 한다. 이와 같은 의의에도 불구하고 이문화 부부는 사회의 편견/선입견의 영향을 받고 있다. 킬리안 (Killian, 2000)은 흑인과 백인 간 이문화 부부들을 연구하면서 흑인에 대한 사회적 편견이 부부 형성과정에 심각하게 영향을 미치고 있음을 보여주고 있다. 사회역사적 경험이 다른 흑인과 백인의 경우 같은 상황에 대해서도 서로 다르게 '불평등'을 경험하기도 하며, 편견에 의해 가족과 이웃으로부터 오해를 받아 주변의 지지를 받지 못하고 결혼을 하게 되거나, 이문화 부부가 가족생활을 해나가면서 어려움이 있을 때 주변의 도움을 받지 못하기도 한다.

이러한 이문화 부부의 독특한 경험은 가족과정 속에서 다양한 대안을 찾아간다. 칼라한(Callahan, 2001:24-25)은 어떻게 이문화 가족들이 기능하는지 관점(perspective)으로서 가족과정 이론을 제시하면서 이문화 부부 가족의 목표, 경계, 권력을 살펴보았다. 가족은 가족 목표를 통해 가족

9] "I feel myself sort of shrink or contract."/"······ feeling you become 'smaller'"/"Even there in my own country, I couldn't unbend."/"······ being psychologically 'shut-in'".

관계를 서로 결속하게(bond) 하거나 서로를 완충하는(buffer) 안내선을 제공한다. 만일 이문화 부부가 아동 양육에서 하나의 문화, 하나의 신념을 고집하고 적용할 때, 가족 목표는 가족 성원들을 결속하는 것으로 나타나게 된다. 가족 경계는 투과적(permeable)이며, 가족 성원들과 외부 자원과 접속 및 교류하게 한다. 종교가 다른 이문화 부부가 교회나 절에 다니는 결정을 하게 될 때, 가족 경계는 가족 성원들과 외부 종교 간의 연계(bridging)과정을 조정하며, 손 자녀에게 종교 습관을 주입하려는 조부모를 통제하는 것으로 나타나기도 한다. 가족 전략은 체계 내 권력(power)을 가진 사람-주로 부모-에 의해 영향을 받는데, 어느 부부나 같은 의견, 같은 욕구를 가지지 않기 때문에 타협이 필요하다. 특별히 준거 기준(frame of reference)이 매우 다른 이문화 부부는 전체로서 가족과 자녀들을 위한 타당한 해결책을 찾는 데 더 많은 방법과 대안이 제시된다.

이상과 같이 가족을 고정된 유형으로 보지 않고 변화하고 독특한 성질을 가진 개념으로 보는 가족과정이론은 이문화 부부의 가족과정 경험을 이해하는 데 구체적인 안내를 제공해줄 수 있다. 이에 본 연구에서는 남북한 이문화 부부의 가족과정 경험을 이해하는 데 가족과정 이론의 관점을 가지고자 한다.

2. 가족생활주기와 문화적 차이에 대한 타협

가족생활주기 단계에 따른 이문화 부부의 가족과정 경험을 이해하는 것은 가족경험의 연속성과 발달과정을 볼 수 있다는 장점이 있다. 가족생활주기(family life cycle)란 실체로서의 한 가족이 겪게 되는 발달상의 중요한 단계들을 뜻한다. 이 단계들은 일반적으로 부모를 떠나, 자기 자신의 가정을 꾸미고, 자녀를 출산하거나 혹은 하지 않으며, 청년기에서 중년기, 노년기에 이르는 일련의 과정을 포괄한다.[10] 이혼, 사망, 이산, 재혼, 편부모 됨 등의 이유로 어떤 가족은 예측할 수 있는 형태의 주기를 따르지 않기도 한다. 그러나 모든 가족원은 가족생활주기상의 발달단계를 거치면서 자기 자신만의 궤도(trajectory)를 밟게 된다(갤빈·브롬멜, 1995:294-295).

가족생활주기 단계를 어떻게 정의하는가 하는 것은 가족의 사건에 대한 가족의 지각에 영향을 주기도 하지만, 가족원들의 사적 경험의 내용과 이해 및 문화적 요인에 따라 가족 내 사건을 다르게 해석할 수도 있다(McGoldrick et al., 1993:410). 가족생활주기에서 이문화 부부의 경험을 살펴보면, 가족들은 전통적으로 알고 있거나 종교적 의식을 통해 전환 시기(transitional points)와 위기들을 직면하게 된다. 이문화 부부가 한 가지 문화, 두 가지 문화, 또는 아무 문화도 선택하지 않는 것 등 어느 쪽으로 결정하느냐에 따라 그들의 가정에서 그들의 선택은 부부간, 확대 가족과 친구 관계망에서 반목(대립)하는 것이 된다(Sousa, 1995; Callahan, 2001).

결혼 전 독립된 성인단계에서는 타인과 결합하기 전에 원가족과 정서적 독립이 적절히 성취되어야 한다. 원가족과 적절히 분리하면서 상호의존적인 관계성을 갖기 위해서 부모와 자녀는 서로 존중하는 태도가 필요한 시기이다(McGoldrick et al., 1993). 이문화 부부의 약혼시기에는 부모와 가족들에게 꺼림이나 거절을 경험한다. 더 극심한 경우에 서로에 대해 질책하고 원가족에서 멀리 떨어져 나가는 형태로 재정적, 정서적인 분리도 나타난다. 이문화 부부들은 친구들과 지역사회의 부정적인 반응을 경험하게 되고 이문화 배우자는 예전에 몰랐던 인종적 적대감과 차별을

10] 많은 가족학자들은 가족생활주기 단계를 ① 애착이 형성되지 않은 성인 초기, ② 약혼시기, ③ 신혼기, ④ 최초의 부모기, ⑤ 개별화 단계(취학 전 자녀, 학령기 자녀, 청소년기 자녀), ⑥ 진수기 가족, ⑦ 중년기 가족, ⑧ 노년기 가족으로 보고 있다(갤빈 & 브롬멜, 1995).

알게 되고 실제 폭행이나 거주지 위협 등 무례한 말들을 듣기도 한다. 가족과 친구들은 문화적으로 다른 배우자를 선택하려는 사람에게 반항, 열등감 콤플렉스, 자기문화집단 거부의 표현이라고 임의로 추측하기도 한다 (Biever, Bobele & North, 1998).

신혼부부 단계에서는 부부 각자는 개인적인 문제를 재협상해야 하고, 그들의 부모, 형제, 친구, 친척들과도 관계를 재협상해야 한다. 원가족들도 이들을 정식 가족구성원으로 받아들여야 하는 긴장을 갖게 된다. 그러나 원가족과 분화를 잘 하지 못한 개인은 배우자와의 관계에서 지나친 정서적 의존과 보완을 기대하게 되기도 한다(McGoldrick et al., 1993). 이문화 부부는 가족, 친구, 이웃과 단절된 채 결혼하게 되는 경우가 많다. 결혼 결정과정에서 부모의 반대는 부부에게 충격이 되고, 죄책감, 후회, 내적인 갈등을 만들어 내고, 가족 지지의 부족은 부부관계 형성 및 양육 능력을 약화시킨다(Eaton, 1994). 어느 부부나 가족의 지지와 승인의 부족은 가족 생애주기 내내 상당한 스트레스가 된다(Sousa, 1995:99).

상당한 긴장과 갈등을 겪어 원가족에게 받아들여져도 결혼과정에서는 전형적으로 즐겁고 편안한 의식(기념식)이 이문화 간 차이들로 가득할 수 있다. 이문화 부부는 결혼식을 준비하면서 얼마나 복잡한 것들이 일어나는지 처음으로 인식하게 된다. 한쪽 문화적 관습을 따르는 의식에 대한 바람은 두 부부에게서 모두 상실감으로 다가오는 것이다(Callahan, 2001). 이들은 가정을 이룬 후부터는 더 많은 문화적 차이에 직면한다. 성역할 기대, 일과 놀이(여가)에 대한 태도, 명절 전통, 감정 표현, 문제해결 전략 등 잠재적 갈등 영역들이 자주 문화적으로 형성된다. 이런 문제들에 관한 불일치(동의 안함)는 배우자들을 서로 비난하게 만드는데, 이때 부부는 이 문제가 문화적 전통이 다른데서 오는 차이나 어려움에 기인한다기보다 배우자가 이해를 안 해주고 비합리적이기 때문이라 생각한다(Biever, Bobele & North, 1998).

부모기 단계에서 부모는 자녀를 돌보는 책임과 권위 수행에 관해 역할을 조정해야 하며, 자녀세대와의 경계를 적절히 유지해야 한다. 양육 스타일은 배우자 간 문화적 차이를 드러내게 하고 확대 가족, 다른 사회 체계와의 상호작용에 문화적 차이가 영향을 준다(Biever, Bobele & North, 1998). 이문화 부부에게 자녀를 둔 단계는 보다 복잡한 선택을 해야 하는 시기가 된다. '아이의 탄생은 새로운 사랑으로 최소화되었던 문화적 정통성이 무엇인지를 드러낸다'(Crohn, 1995:4)이기 때문이다. 일단 아이가 태어나면 이성적이고 차분한 부모들조차 기대치 않은 정서에 휩싸이게 된다. 부모가 어떻게 아이를 키울지 결정하는 것에 따라서 A문화식이냐 B문화식이냐에 대한 욕구를 조절해야 하는 긴장이 나타난다(Prentiss, 2002). 문화적 정체성과 자녀 훈육은 자녀 양육 기간 내내 지속된다. 부모가 적절한 합의 없이 개별적으로 권위를 행사하면 아이는 가족의 질서에 대한 안정감을 잃게 될 수 있다. 아이가 성장할수록 부모는 그들의 정체성과 신념에 대한 질문에 답할 준비를 더 많이 해야 한다. 가족 외부의 세계의 영향으로 아이들은 비공식적으로 친구나 친척을 통해서 문화적인 서비스들에 참여할 기회를 가지면서 물음을 가질지도 모른다. 특히 부모가 자녀에게 어떠한 문화적 정체성을 줄 것인지 결정을 유보할수록 가족 내 긴장은 더 심각해 질 것이다. 일례로 각각의 문화적 전통을 얼마나 많이 축하해야 하는가? 어디까지? 명절이 겹치면? 어느 수준까지 전통은 수정되어야 하며, 새로운 의미로 변환되어야 하는가? 어느 한쪽의 전통을 고집하는 순간, 다른 배우자는 문화적으로 배신감과 심대한 상실을 경험하게 된다(Horowitz, 1999:306).

자녀가 사춘기가 되면 부모는 가족경계의 융통성을 더 늘려야 하고, 자녀가 외부로부터 가져온 새로운 가치관을 받아들일 수 있어야 한다. 자녀의 독립성과 정체성 확립에 필요한 안정적인 지원을 하기 위해 부모는 자신의 권위와 역할을 조정해야 한다. 이 시기에 이문화 부부의 가족 경험에서 가장 중요한 문제로 제시되고 있는 것은 자녀의 정체성 문제이다. 이문화 부부의 문화적 차이는 자녀의 정체성을 어떻게 할 것인가에서 가장 첨예하게 부딪치기 때문이다(Callahan, 2001). 이문화 부부가 자신의 문화적 전통/관습을 중요한 것이라 강력히 느끼는 현실은 기대되지 않았던 순간이다. 부부는 서로에 대한 사랑을 통해, 서로의 차이점들을 최소화하겠다고 기꺼이 결혼하였으나, 이 시기가 되면 부모와 주변의 반대를 무릅쓴 것이 고통 또는 분노, 그리고 스스로 불일치에서 나오는 불화의 단초가 된다. 자녀의 독립에 필요한 안정적인 지원을 하기 어렵기 때문이다(McGoldrick et al., 1993). 가족 경험에서 이러한 사항들은 잠재적인 '시한폭탄(time bomb)'이다(Cowan & Cowan, 1987). 자녀가 성장하고 결혼 생활이 지날수록 이문화 부부는 그간 참아왔던 감정과 과거에 대한 이점을 취하게 되고, 이 '시한폭탄'은 폭발하기도 한다.

자녀 독립단계와 노년기 단계가 되면 부부는 자녀가 분리된 사람으로서 자율성을 확립하도록 돕고, 조부모의 위치로 옮기는 지위변화에 대처해야 한다. 부부는 자신들의 원가족과 자율성, 책임감 등의 문제를 성공적으로 처리해야 자녀 및 손자녀와의 새로운 관계를 잘 다룰 수 있다(McGoldrick et al., 1993). 이문화 부부의 경우 원가족의 문화적 차이를 적절히 타협하지 못했을 때, 새로 들어온 가족구성원인 며느리/사위는 어떤 문화를 따라야 할지 혼란을 경험하게 되고, 손자녀와의 관계에서 조부모 각자의 문화를 강요하는 모습을 보이게 된다. 이는 종종 부모와 조부모 사이의 갈등을 낳게 되고 손자녀와 사이에서 삼각관계를 만들기도 한다. 예를 들어 이문화 부부가 조부모로서 아직 두 개의 종교적 배경(유태교와 기독교)을 가지고 있을 때, 크리스마스에 대해 이들은 손자녀에게 서로 다른 감정적 인지적 대응을 하게 되고 이로 인해 자녀와의 갈등은 커지게 되는 것이다.

그러나 신념과 문화는 변할 수 있고 발전한다. 어떤 개인에게도 신념,

종교적 실천의 중요성과 정도는 생애주기와 가족생활주기에 따라 변하게 마련이다. 또한 부부간 타협을 통해 전혀 새로운 모습으로 창조되기도 한다. 매년 돌아오는 기념일/명절은 강력한 타협의 자원이 되기도 하여 부부 서로의 관습을 격년마다 번갈아 따르거나, 한쪽 문화로 양보하는 방법을 선택한다. 이러한 과정에서 이문화 부부의 자녀들은 타인의 다름에 대해 더 수용적인 모습을 갖추게 된다(Ho, 1990). 이처럼 대부분의 이문화 부부들은 여러 어려움들에도 불구하고 성공적으로 그들의 가족들을 성장시킨다. 성공적인 이문화 부부의 조건은 부부들이 각자의 전통적인 것을 고집하기보다, 더 넓은 영역의 행동과 의미부여를 만들어내는 능력에 있다. 삶에 대한 의미에 관한 당연한 가정이 이문화 부부에겐 덜 쉽게 적용되기 때문에, 부부들은 의식적으로 핵심적인 가치와 목적의식을 더 발달시키려고 하는 것이다(Eaton, 1994:213).

이상의 가족과정 이론과 가족생활주기에 대한 이해를 토대로 한 이문화 부부의 질적 연구들은 남북한 이문화 부부의 경험을 총체적으로 이해하는 데 도움을 줄 것이다. 이에 본 연구에서는 남북한 이문화 부부의 가족과정 경험을 가족생활주기 단계에 따라 어떻게 경험하고 해석하는지 탐색하고자 한다.

B. 남북한 이문화 부부의 경험 사례

이러한 이문화 부부의 가족과정 및 가족생활주기 경험을 구체적으로 살펴보면서, 남북한 이문화 부부에게서는 어떻게 나타나는지 사례들을 살펴보고자 한다.

첫째, 이문화 부부의 심리적 측면과 관련하여, 남북한 이문화 부부의 경우는 가족 내에서 심리적 경험이 어떠한지 아직 연구된 바가 없다. 다만 북한의 체제 특성과 탈북과정으로 인한 북한 이주민의 심리적 문제만이 제시되고 있다. 북한에서의 궁핍한 생활, 정치적 통제에 의한 공포, 기아, 가족의 흩어짐, 가족이 병을 앓아도 치료할 길이 없었던 절망감, 죽음을 지켜본 고통, 폭력의 경험과 더불어 탈북과정에서 겪은 체포의 공포, 중국에서 배척, 정신적 및 신체적 학대를 받은 경험 등 수많은 정신적 외상을 받았다. 이러한 외상으로 인해 북한 이주민들은 남한에 와서 불안, 우울, 소외감, 정체감 혼란 등 외상 후 스트레스 장애로 어려움을 겪고 있다(민성길 외, 2002:244)는 것이다. 또한 타인에 대한 불신과 의존성, 영웅심리와 열등감, 순진성과 공격성 등과 같은 서로 모순된 감정들과 '양가감정의 갈등구조'[11]로 정리되는 심리적 특성(윤인진, 2003:69)을 보인다고 한다. 이러한 외상 후 장애와 심리적 특성을 가진 북한 이주민이 남한 주민과 결혼을 하였을 경우, 혹은 자녀나 배우자 중 어느 한쪽이 북한에 남아 있는 상태에서 새로운 가족을 형성할 경우에 이들 가족은 남한 사회 정착과정에서 북한 잔류 가족으로 인한 문제와 더불어 새로 형성한 가족과의 적응 문제라는 이중의 문제를 안게 될 것이다(장혜경·김영란, 2000:101). 북한 이주민의 '이산'으로 인한 심리적 외로움, 그리움이 많고, 북에 두고 온 가족에 대한 죄책감이 크게 나타날 것이기 때문이다. 이러한 북한 이주민의 심리적 특성은 남한 주민과 결혼 후에 복합적인 가족과정 문제로 이어질 것이다.

둘째, 이문화 부부의 정치사회적 측면과 관련하여, 남북한 이문화 부부들은 북한과 북한 주민에 대한 남한 사회의 선입견으로 인한 문제가 심각할 것이 예상된다. 남한과 북한은 지난 50여 년간 공식적으로 적(敵)으로 대립하고 있으며, 주민들의 교류가 단절된 채 왜곡된 정보를 가지고

11] 예를 들어, 북한에서는 자본(돈)이 본질적으로 더럽고 악한 것으로 교육받았지만 남한 생활에서는 돈이 없으면 살 수 없다는 것을 알게 되면 심리적 갈등에 빠지게 된다(전우택, 1997).

서로를 이해하고 있다. 북한 사람들은 절대적인 권위주의 사회에서 명령에 복종하는 데 익숙하고, 국가가 모든 것을 해결해주어 주는 대로 가진 대로 다 써버리는 습성 등(한만길, 1996:225-227)의 특성이 있다. 반면에, 남한 사람들은 황금만능주의에 젖어 이기주의적이고, 약자를 배려하지 않는 양육강식의 비인간적인 겉 다르고 속 다른 모습 등(윤인진, 2003:64)의 특성이 있다는 것이다. 서로에 대한 이러한 이해수준은 북한 이주민을 '이방인', '2등 국민'으로 낙인하고 실제 빈곤과 실업으로 연결되면서 남한 주민과 북한 이주민 간의 결혼 성립 자체부터 어렵게 할지도 모른다.[12] 이들이 결혼을 했다 하더라도 이러한 사회적 영향력이 결코 감소되지 않고 있으며, 특히 90년대 중반 이후 북한의 생활상이 선별적으로 보도되면서 남북한 이문화 부부의 문제가 더욱 심각해지고 있다. 남한은 발전하고 북한은 낙후되고 잘못되었다는 식의 정보는 이문화 가족에게 북한편/남한편 편 가르기(이데올로기)의 문제로 연결되거나, 부부간의 갈등이 이혼으로 연결되기도 한다. 또한 북한 여성이 착하고 순종적이며 얼굴도 미인이라는 식의 '남남북녀'의 미화적 표현은 엄격한 가족 내 성별 분업에 대한 향수가 있는 남한 남성들을 자극하고 있다(이새롭, 2002:115-119). 이러한 남성중심 이데올로기적 인식은 북한 여성의 '자기주관을 뚜렷이 견지하는 경향과 결단력이 있는 특성'이 이문화 부부간에 나타날 때 부부 갈등으로 이어지는 원인이 된다는 모습도 보고 되고 있다.

셋째, 이문화 부부의 관계적 측면과 관련해서 남북한 이문화 부부의 경우 다양한 모습으로 나타나는 것 같다. 성역할 특성은 북한 남성의 강한 가부장적 태도(차가움, 고지식함, 폭력적임)로 인한 문제가 있다. 북한 남성의 경우 '가족의 생계는 남편이 책임을 져야 한다'는 매우 강한 태도를

12] 윤인진(2003)의 북한 이탈주민에 대한 대학생들의 사회적 거리감에 관한 연구 결과, 북한 이주민과 개인적 친구까지도 될 수 있지만, 사회적 관계 중 가장 친밀하다고 볼 수 있는 가족의 배우자로서 북한 이주민을 허용하지 않겠다는 사람의 비율은 58.4%로 상당히 높게 나타났다(p.84).

보여주고, '여자는 자신의 일보다 남편이나 가족을 우선적으로 생각해야 한다'는 등 전통적 성역할 의식 및 태도를 지니고 있다는 것이다. 북한 남성은 남한 여성의 무조건적 순종을 요구하며 여성의 가정 내 기여에 대해 무시하는 경향으로 나타나기도 한다. 이러한 성역할 인식으로 인한 갈등이 심각해지면 북한 남성은 물리적인 힘으로 해결하려 하기도 한다. 부부간 의사소통의 특성은 언어적 차이로 인한 어려움이 제시되고 있다. 북한 사투리나 특유의 억양에서 벗어나기 위해 표준어를 쓰려고 노력을 하지만 남북한 언어의 차이로 인해 적절한 용어를 사용하지 못하여 대인 관계 시 의미 전달의 문제를 가져와 친밀한 관계를 형성하는 데에도 어려움을 겪고 있는 것이다. 그러나 의사결정과정의 특성은 남한 사회에서 살아야 하는 현실상의 이유로 남한 여성 배우자와 공동으로 결정하는 경향을 보이고 있으며, 남편과 아내의 애정 표현 정도는 남한과 북한의 체제가 달라도 크게 다를 것이 없음을 보여주는 경우도 나타났다.

끝으로 가족생활주기적 특성을 살펴보면, 이문화 부부의 가족 형성과정은 그 시작부터 어려움이 있다. 서로에 대해 충분히 알고 있었는지, 부모의 반대는 없었는지, 결혼식 과정은 어떠했는지, 자녀출산 후의 양육 시 어려움은 없었는지 등으로 살펴볼 수 있다. 먼저, 어느 부부나 결혼 전에 서로에 대한 이해의 정도는 부부 생활의 갈등수준과 상관관계가 있다. 남북한 이문화 부부의 경우, 북한 출신임을 밝히지 않거나 남한 사회에 대한 이해 수준이 상이한 것을 결혼 후에 알게 되어 어려움이 있는 것으로 나타났다. 남북한 이문화 부부의 경우는 역사적 정치적 상황으로 인해 서로에 대한 신뢰가 부족한 맥락 위에서, 혈혈단신으로 내려왔거나 몇 명 안 되는 직계 가족과 함께 이주한 북한 이주민들의 경우 남한 배우자 집안 내 입지가 좁아질 수밖에 없고, 이를 북한 사람이라고 멸시당하는 것으로 느끼게 되는 (이새롭, 2002:101) 문제가 나타나고 있다. 북한 이주민 가족의 경우는 자유로운 남한 문화가 낯설고 이상하다고 생각하여 남한 며느리/사위에 대한 두려움을 보이고 있다. 남북한은 결혼 예식에서도 차이를 보이고 있는 것 같다.

자녀 양육과 관련하여 남북한 이문화 부부의 자녀 양육/자녀 정체성에 관한 문제는 북한 배우자(남성)의 가치관과 생활양식을 강조하고 있지만 실제 교육적 역할과 내용에서는 남한 배우자가 주된 역할을 수행하는 것으로 보인다. 북한 출신 부모는 '사교육 면에서 자녀 교육이 어렵다'와 '자녀의 학교 공부 및 진로 지도가 어렵다'고 느낀다. 공산주의 체제 순응과 유지를 위한 김일성 부자 신격화 교육을 받은 환경에서 사회화된 북한 이주민들의 눈에 남한 부모들의 교육방식을 쉽게 받아들이기는 어려울 것이다. 조기교육에 대한 이질감과 당혹감을 느끼고 있으며 높은 교육비에 대한 불만을 표현하지만 남한 사회에서 당당하게 살아갈 수 있도록 남한의 교육방식을 받아들이고 가능한 지원해야 한다는 태도를 보여주고 있다(장혜경·김영란, 2000:111). 자녀와의 갈등 중에서 가치관 및 의견의 차이(옷차림, 남녀 관계에서의 역할과 태도)도 있다. 북한 출신 아버지는 남한의 젊은 신세대들이 하는 행동 양식에 대해서는 그렇게 긍정적이지 않으며, 신세대의 사고방식을 갖고 있는 자녀에게 일상생활에서 자신의 방식대로 생활하기를 강요하기도 한다. 그러나 실제 자녀 교육에 있어서 북한 출신 부모는 교육적 역할을 수행하는 데 어려움이 있다.

이상에서 논의한 남북한 이문화 부부의 가족 경험의 특성들은 일반적인 이문화 부부의 특성은 남북한이라는 상황에 따라 다양하고 독특하게 나타나고 있음을 보여주고 있다. 그러나 장혜경·김영란(2000), 이새롭(2002) 연구 등에서 일부 다뤄진 사례일 뿐이다. 사례의 내용을 일반적 특성이라 보기 어렵고, '북녀남남' 또는 '남녀북남' 유형의 가족 경험이 혼재되어 특정 경험에 대한 부부 당사자들의 입장과 이해, 의미는 어떻게 다른지 혹은 같은지에 대한 이해, 그리고 어떻게 갈등을 타협해 가는지에 대한 이해는 부족한 실정이다. 이에 직접적으로 다양한 유형의 남북한 이문화 부부를 대상으로 하는 연구를 수행하고자 한다.

C. 용어의 개념적 정의

본 연구에서는 '남북한 이문화 부부'의 개념과 '가족과정'의 개념을 다음과 같이 사용하여 남북한 이문화 부부의 경험을 심도 있게 살펴보고자 한다.

1. 남북한 이문화 부부

본 연구에서 남북한 이문화 부부는 북한에서 남한으로 이주한 사람과 남한 주민이 결혼을 통해 부부관계를 형성한 경우를 말한다. 북한에서 성인이 될 때까지 사회화되었던 남성 또는 여성과 남한에서 성인이 될 때까지 사회화되었던 남성 또는 여성으로 이뤄진 부부를 말한다. 이들이 과거 결혼 경험이 있는지 여부는 상관하지 않는다.

이문화(異文化) 부부는 서로 다른 지역사회나 특정 사회에서 성장하고 사회화된 두 사람이 역사와 계획된 미래를 나누는 헌신적이고 낭만적인 관계로 정의할 수 있다. 영어로 보통 인종이나 국가 외에도 총체적 문화 개념을 적용할 수 있는 intercultural marriage(couple)를 사용하며, 이는 부부 사이의 다양한 문화적 차이 및 문화 영역을 더 넓게 확장하여 보는 개념을 포함하고 있다(Biever, Bobele & North, 1998). 즉, 모든 부부는 사회경제적 지위, 나이, 성장과정 등에 따라 문화적 차이를 만들어 간다. 동문화 부부들과 다르게, 서로 다른 교류하지 않았던 사회에서 성장한 성인들이 부부관계를 통해 보여주는 도전들은 동일 사회에서 성장한 부부들이 보여주는 도전들과 차이점이 존재할 것으로 보는 것이다. 본 연구에서는 이를 이문화(異文化) 부부로 개념화하고자 한다.

2. 가족과정

본 연구에서 가족과정은 복잡한 전체 가족과정(multiple whole family process) 속에서 가족이 변화와 지속을 위해 당면하는 가족 내·외부의 다양한 도전들을 해결하기 위한 가족 상호작용을 의미한다. 가족과정의 경험은 심리적, 정치적, 맥락적 측면에 따라 복잡하게 구성되며 가족 성원들은 의식과 행동 선택의 자유에 따라 그들의 경험을 매우 다르게 이해할 수 있는 것으로 이해된다. 가족은 상호작용을 조직화하고 성원들의 행동을 제한하거나 설명하는 안정적이고 유연한 체계를 유지하기 위해서, 가족과정에 나타난 위기와 기회를 다루고 타협한다(Walsh, 1993). 사회 체계 내 경험과 의미를 제공하는 공유된 가치인 문화적이고 종교적인 가족 신념 체계도 가족과정에서 중요한 영향력을 발휘하는 것(McGoldrick, 1993)으로 이해하고자 한다. 본 연구에서는 가족과정의 핵심적 관계인 '부부과정'을 중심으로 다룬다.

이상과 같은 문헌 고찰 및 개념화를 참고하여 본격적으로 남북한 이문화 부부를 대상으로 하는 심층적인 탐색 연구를 통해 깊이 있는 분석과 대안 마련을 위한 연구를 수행하고자 한다.

연구 방법론

본 연구에서는 남북한 이문화 부부의 가족과정경험에 관한 질적 연구를 수행하기 위하여 북한 이주민과 남한 주민 부부를 대상으로 가족의 일상생활에서 경험하는 갈등과 해결과정에 초점을 두어 사회문화적 구성주의의 연구논리와 내러티브 탐구방법을 통해서 살펴보고자 한다.

A. 연구 설계의 근거

남북한 이문화 부부가 일상적 가족과정을 통해 어떠한 경험을 하는지 총체적으로 살펴보기 위해서는 그동안 남북한 문화/사람들의 연구에 주류를 이루었던 실증주의(positivism) 패러다임[13]의 재고가 필요하다. 실증주의적 패러다임에서는 남북한의 가족과 문화를 정형화된 실체로 보고 감각적으로 관찰할 수 없는 가족과 문화의 가치, 의미, 인식들은 의미 있게 다루지 않아 그동안 가족 문화[14]와 역동적인 가족과정에 대한 충분한 탐색과 이해를 하기에 한계가 있었기(박부진, 1997) 때문이다.

〈표 1〉에서 보여주듯이 실증주의 패러다임은 실재를 단일하게 보며, 외부적 시각으로 절대주의적 객관성을 가진 전문가가 설명하고 평가하는 연구 목적을 가진다. 연구자는 연구자의 이론적 틀에 맞추어 관찰하고 검증한다. 선호하는 연구 방법은 연역적 양적 방법론이며, 결과의 일반화에 관심이 있다. 대표적 논리로 인간의 행동이 사회구조적으로 결정된다는 입장을 취하는 구조결정론적 시각을 들 수 있다. 그동안 대부분의 남북한 문화와 가족 및 북한 이주민에 관한 연구는 이러한 시각을 취해왔다. 남북한의 서로 다른 체제와 문화의 구조적 차이로 인해서 남북한 사람들, 특히 남한에 온 북한 이주민들은 상호교류에 상당히 많은 어려움을 겪게 된다고 보았다. 상당수의 연구들에서는 남북한의 문화 차이를 독재공산사회와 자유민주사회로 인한 구조적 차이에 기인하는 대립적 개념들로 설명

13] 패러다임은 구체적 방법론을 제시하는 것이 아니라 연구자의 자세와 입장의 토대를 마련해 주는 것을 말한다. 때때로 패러다임(paradigm)은 '이론' 또는 특정의 관점(perspective)과 동의어로 간주된다. 그러한 관점들에 대해서는 이론의 명제들의 기초가 되는 원칙들과 가정들을 포함하고 있는 '초이론(meta-theory)'으로 보는 것이 더 유용할 것이다(블래키, 2000:262).

14] 문화는 살아서 번성하고 쇠퇴하고 변형되는 과정을 갖으며, 의미, 상징체계와 가치관의 표현차원과 상호작용이 지속적으로 행해지는 실제적 차원(Greets, 1973:145)을 모두 포함한다.

하고 있다.

〈표 1〉 패러다임에 따른 방법론적 쟁점들

쟁점	대안적 입장	
패러다임	실증주의	탈실증주의
실재의 성질	결정론적/실재론적 단일적	구성주의적 다중적
출발점	이론 기술적 언어 외부	관찰 일상의 언어 내부
언어의 역할	실재와의 1:1 상응	사회적 행위의 구성
일상의 설명들	부적절함 교정가능 초상황적	근본적 확실함 상황적
사회과학 설명들	사회적 맥락들을 가로질러 일반화 가능	시간과 공간에서 특수적
연구자	주체 대 객체 초연 외부 전문가	주체 대 주체 개입 성찰적 협력자
객관성	절대주의적 정태적	상대주의적 역동적
진리에 관한 이론	상응 - 정치적	합의 - 실용주의적
연구의 목적	설명 & 평가	이해 & 변화

참고: Blaikie, Norman(1993) Approaches to Social Enquiry, 이기홍과 최대용(2000) 사회이
론과 방법론에 다가서기. 한울: 서울. pp.323.

북한은 빈곤과 폭력, 통제와 공격성, 가부장적 개인숭배, 집단주의, 학
습된 무력감, 도덕심의 몰락과 영악성, 적대적 비방 등을 문화적 특성을
보인다고 하였다. 남한은 전통적인 근면성, 교육열, 역동성, 풍부하고 다양
한 문화 및 사상의 발달, 개인주의, 경쟁 사회, 공동체 의식 감퇴, 소외현

상, 가치관 혼란 등을 문화적 특성으로 설명하고 있다(민성길 외, 2002). 이러한 남북한의 대립적 개념들은 북한 이주민이 남한 사회에서 열악한 위치와 처우를 받고, 적응하는 데 어려움을 겪는 과정을 정당화시키는 데 영향을 미치고 있다. 북한 이주민은 북한에서의 삶과 탈북과정을 통해 심리적인 심각한 문제를 갖고 있고, 경제사회적 오리엔테이션이 다르기 때문에 남한의 직장과 학교에서 필요한 능력과 기술이 부족하다. 또한 남한 사회의 배타적인 인식으로 소외와 차별을 경험하고 있다는 것이다(김승철, 2003).

이러한 구조결정론적 입장의 남북한 이질성 연구나 북한 이주민의 부적응에 관한 연구들은 남북한 사람들을 이해하는 데 도움을 주어왔지만, 남한적 개념들이 준거가 되어 북한을 설명하는 남한 우월적 태도를 취하거나, 남북한은 상호이해와 공존이 불가능하다는 속단으로 오도되기도 하는(이기범, 2001) 한계도 가지고 있다. 특히 연구 과정에서 북한 이주민과 남한 주민들은 연구자의 틀을 뒷받침하는 하나의 '사례'로 취급되며 연구자와 다른 삶의 지평을 가진 대등한 존재로 존중되지 못하였다. 능동적인 삶의 주체, 고유한 개별성을 갖는 '존재'로서 간주되지 않아 그들이 만들어가는 사회적 의미에 대한 이해와 변화는 보여주지 못하는 제한점을 보이고 있는 것이다. 따라서 남북한 사람들, 남한에서 적응하는 북한 이주민들이 가지는 사회구조 및 문화적 특성들을 이해하는 것을 넘어서, 어떻게 상호교류를 해나가야 할 것인가에 대한 해답을 얻기 위해서는 연구자의 대안적 시각과 방법론이 요구된다고 하겠다.

이러한 제한점을 보완하고자, 탈실증주의(post-positivism) 패러다임에 의한 인간과 사회의 상징적 상호작용의 입장을 취하는 구성주의적 시각을 선택할 수 있다. 〈표 1〉을 보면 탈실증주의 패러다임은 가족 연구들에 현상학적으로 기반을 둔 함의를 찾기 위해, 참여자의 '상황에 대한 정의'를 깊이 있게 이해하고자 한다. 다중적인 실재의 일상적 언어를 내부자의 시선으로 관찰하고, 연구자는 성찰적 협력자로서 적극적으로 참여자의 삶에 참여하면서, 사회와 세계에 관한 통찰을 얻을 수 있다(Rist, 1977: Killian, 2002)는 믿음을 가진다. 결과의 특수성을 설명할 수 있는 깊이 있는 이해와 변화에 연구 목적을 두고, 이야기와 대안들(의미를 만들어내는 방법들)의 자세함과 풍부함에 접근하려고 귀납적 질적 연구 방법을 활용한다.15] 특히 구성주의적 관점으로 남북한 사람들이 면대면 상호교류 과정을 볼 수 있는 담화(내러티브)들(이기범, 2001)을 깊이 있게 관찰하는 내러티브 탐구 방법을 활용하는 것을 선택할 수 있다. 이러한 접근은 그동안 구조 결정론적으로 바라보았던 남북한 이질화와 북한 이주민의 적응 문제를 그들이 주체적으로 구성해내는 사회와 세계에 대한 이해와 의미를 통해 보다 대안적이고 풍부하게 탐색할 수 있게 도울 것이며, 남북한 상호교류의 가능성을 구체적으로 보여줄 수 있을 것이다.

이에 본 연구에서는 남북한 이문화 부부의 가족 경험에 관한 총체적인 탐색을 위하여 '실재에 대한 이해를 위한 해석'을 그 목적으로 하는 연구 논리인 사회문화적 구성주의를 선택하고, 이야기와 의미를 풍부하게 다룰 수 있는 내러티브 탐구 방법을 통해 북한 이주민과 남한 주민 부부 개개인의 개별 존재성을 존중하며 깊이 있는 삶의 본질을 이해하고, 그들을 둘러싼 사회문화적 맥락과 관계성의 의미를 심층적으로 이해하고자 한다.

15] 질적 방법론에 대해 신뢰도 지수(α)로 유명한 Chronbach는 다음과 같이 지지를 보냈다. "묘사/기술은 우리를 결과에 관해 더 구성적으로 생각하게 도와준다. 우리의 가설에 담겨있는 사실보다 더 많은 것들이 이 세상에 존재하므로, 우리의 관찰은 반드시 열려있어야 한다"(Rist, 1977:45).

B. 연구 논리 및 연구 방법

탈실증주의적 질적 방법의 활용을 위해서는 연구 논리와 연구 방법[16]에 관한 충분한 고려가 요구된다. 사실 그동안 이루어진 남북한 사람들에 관한 질적 방법론들이 있지만, 몇몇을 제외하고는 다양한 탈실증주의적 사회과학적 지적 전통(연구 논리)[17]에 대한 고려 및 구체적 연구 방법의 제시 없이 질적 연구를 수행해왔다. 이에 연구의 문제와 목적에 맞는 질적 연구 논리와 기법을 명확히 제시하고 그에 따른 연구 과정을 충실히 따를 필요가 있다. 이에 본 연구에서는 남북한 이문화 부부의 가족과정 경험에 관한 질적 연구를 수행하기 위하여 북한 이주민과 남한 주민 부부를 대상으로 가족의 일상생활에서 경험하는 갈등과 해결과정에 초점을 두어 사회문화적 구성주의의 연구 논리와 내러티브 탐구 연구 방법을 통해서 살펴보고자 한다.

16] 연구 방법론은 연구 논리와 연구 방법의 두 측면을 포함한다. 연구 논리는 연구의 이면에 전제되어 있으면서 그 연구를 지배하는 철학적 인식론을 말한다(조용환, 1995:15). 반면에 연구 방법이란 자료를 규정하고 수집하는 방법, 수집된 자료를 분석, 처리하는 방법, 분석된 자료를 해석하는 논리 그런 결과를 제시하는 방법과 형식 등 연구의 과정에 포함되는 일련의 단계들과 그것을 특징짓는 요소들을 뜻한다(노영주, 1998:9).

17] 탈실증주의 패러다임은 다양한 지적전통을 발전시켜 실증주의 패러다임의 대안적 논설을 시도하였다. 연구 목적이 '이해'인 해석적 연구를 넘어서, 헤게모니의 문제를 다루는 '해방', 담론의 재규정, 재평가의 문제를 다루는 '해체'의 영역까지 확대된다. Lather(1992)는 사회과학 패러다임 수준에서 지적 전통의 방법론들을 연구 목적에 따라 분류하였다. 실증주의의 연구 목적이 '예언'이었던 데 비해, 현상학/해석학, 구성주의, 상징적 상호작용 등은 '이해'를 목적으로 한다. 비판적, 페미니스트, 실천지향주의 등은 '해방'[1]을 목적으로 하며, 포스트모던, 포스트패러다임 등은 '해체'를 목적으로 한다고 하였다(김영천, 1997).

1. 사회문화적 구성주의[18]

구성주의는 세계에 다양한 실재가 존재하며, 지식은 사회적 맥락들을 초월하여 정형화되고 정체화될 수 있는 것이 아니라, 개개인이 경험한 역사, 문화, 사회적 상황을 바탕으로 이해(understanding)한 것을 의미한다고 보는 관점이다(목영해, 1998:176). 모든 지식은 시공간에서 특수적이며 부분적이고 사회적 맥락에 의존적이라고 보기 때문에 '의미(meanings)'를 강조하는 것이다. 따라서 아무리 오랫동안 그리고 구체적으로 어느 현상에 대해 다른 사람과 이야기를 하였다 하더라도 각 개인이 이해하고 있는 것은 그 의미나 뜻에 있어서 주관적인 성격을 지니게 되며, 개개인의 현상에 대한 이해나 의미구성이 그가 속한 사회구성원들에게 얼마나 잘 화합되고(compatible) 타당한가(viable)가 중요하게 된다. 이에 구성주의는 개인의 삶에 대한 자율성(autonomy)이나 주인의식(ownership)을 강조하며, 그들 스스로의 정체성의 변화(transformation of identity)를 가져오도록 하는 측면도 포함되어 있다. 개개인의 다른 관점과 시각 그리고 그로 인한 갈등은 협동(collaboration)의 과정을 통해 사람들의 생각을 더욱 자극시켜 더 깊게 더 많은 생각(심리적 영향부터 사회적 영향까지)을 하게 하는 조건이 된다고 보는 것이다(Qualley & Chiseri-Strater, 1994; 강인애, 1997:134-140). 즉, 인간 간, 인간과 환경 간, 집단 정체성, 자아 정체성 등 복잡한 관계를 이해하고자 하는 구성주의는 그동안 인본주의와 현상학적 사고에서 다른 개인의 주관적 의미의 중요성이 너무 낙관적이며 사회·역사적 실재들-권력불평등, 빈곤, 인종주의 등을 과소평가 하는 경향이 있음을 비판하며, 더 큰 사회구조적 맥락에서 관계성을 탐색하도록 돕는다(Kemp et al. 1997).

18] 사회문화적 구성주의(sociocultural constructivism)는 social constructivism, socio-constructivism이 같은 뜻으로 사용되고 있어, 사회적 구성주의, 사회구성주의로 번역되기도 한다(강인애, 1997).

이러한 구성주의의 기본적 개념을 바탕으로 연구 논리로서 채택한 사회문화적 구성주의는 인간과 사회적 실재(social reality), 그리고 그 관계성을 연구 대상으로 삼는다. 사회문화적 구성주의는 사회적 상황성(사회를 매개로 하여 구성된 지식)과 인간 내면의 심리학적 과정(주관적/내면적으로 형성된 지식 구조)은 근본적으로 상호보완적인 것으로 본다. 개인을 둘러싼 역사, 사회, 문화적 맥락에 대한 이해를 통해 '실재'에 대한 해석이 중요하며, 개인의 경험과 사회세계와의 관계와 영향력을 함께 다루는 것을 제안하는 것이다. 연구자는 다중 실재들이 실용적으로 의미 있게 다뤄지고(Watzlawick, 1984: Walsh, 1993:33), 기존의 가치와 관습에 또 다른 대안들이 있음을 믿는다. 연구 참여자는 자율성과 주인의식을 가지고 행동하고 상호작용하며, 사건에 부여한 이해(understanding)와 의미(meaning)를 만들어간다고 본다(김동원, 1992). 특히 '구체적 상황성'을 더욱 강조하면서 백틴(Bakhtin)의 담화론(dialogism)을 접목시켜 보다 긴박하고 구체적인 상황을 근거로 하는 '언어: 대화와 이야기'의 양상과 특성을 분석하기도 한다. 따라서 어느 특정 문화의 특정 구성원들에 의해 사용되는 '사회적 언어'에 관심을 갖고 있으며, 이 언어가 어떻게 사회문화적 특성을 반영해주고 독특한 상황을 창조해 가는지, 인간 내면에 어떠한 영향을 주는지 관심을 두고 있다(Wertsch, 1989).

이상의 논의들을 연구의 실천적 측면으로 정리해보면, 사회문화적 구성주의 연구 논리는 첫째, 현상학적 요소를 기본으로 하고 있어, 많은 실재들, 지향성, 선험적 태도, 상호주관성(intersubjectivity)의 요소를 포함한다. 둘째, 지식 구성의 과정을 중시한다. 자신에 대한 정의, 환경에 대한 정의들은 의미부여에 따라 다르게 경험된다는 것이다. 셋째, 개인 및 사회의 문제는 자신과 타인을 설명하고 행동하는 과정에서 보이는 상황/사건/이야기의 한 해석일 뿐이라고 본다. 넷째, 언어적 구성 활동이 인간 존재, 사회적 실재를 구성하고 변화한다는 믿음이 있다. 다섯째, '언어: 이야기'

를 통해 의사소통을 하고 반응적으로 이해하는 것은 실재를 변화시키는 능동적인 것이 되며, 인간은 타인과 관계, 이야기를 통해 의미를 구성한다 (Parton & O'Byrne, 2000:16-18)는 것으로 구체화될 수 있겠다.

이와 같이 연구 논리로서 사회문화적 구성주의는 개인의 경험에 대한 충분한 이해와 사회문화적 맥락-가족, 인종/민족, 신념, 직장, 거주지역, 사회적 편견 등-과의 관계성을 과거·현재·미래의 역사적 맥락에서 살펴봄으로서 '실재'에 대한 해석이 다른 어떤 논리보다 더 정확하다고 평가받으면서, 이문화 부부를 설명하는 접근으로 활용되고 있다(Biever, Bobele & North, 1998). 따라서 사회문화적 구성주의 연구 논리는 주관적이고 사회 맥락적인 남북한 이문화 부부들의 가족과정 경험을 총체적으로 탐색하는 데 적합한 연구 논리라고 할 수 있다.

2. 내러티브 탐구 방법

내러티브 탐구 방법은 사회문화적 구성주의 논리에서 강조하는 '언어: 이야기'에 관한 연구 방법이다. 내러티브 양식은 인간이 상황과 경험에 최대의 관심이 있으며, 경험에 의미를 부여하는 가장 좋은 방법이다(Bruner, 1986). 이야기하기(storytelling)와 다시 이야기하기(re-storytelling)하는 과정은 자신이 경험한 세상에 대한 의미를 만들어가는 과정이며, 변화된 이야기를 다시 살아가는(re-live) 과정이다. 인간 경험의 중심으로서 내러티브는 말하고 듣는 언어 과정을 통해 상호신뢰와 존중의 관계를 형성하도록 돕는다(염지숙, 2001). 이는 사회문화적 구성주의 논리의 다양한 실재들과 경험의 이해와 의미의 해석과 재해석 과정을 보여주는 방법으로 볼 수 있으며, 개인의 자율성과 주인의식으로 협동 과정을 통해 구성하는 경험의 세계를 보여주는 것이라 할 것이다.

본 연구에서는 사회구성주의 논리에 따른 내러티브 탐구 방법을 위해

코넬리와 클랜디닌(Connelly & Clandinin, 2000)의 방법론에 따르고자
한다. 이들의 방법론은 존 듀이(John Dewey)의 사회구성주의적 경험론
을 바탕으로 하고 있다.[19] 그는 내러티브 탐구 방법을 한 장소 또는 일
련의 장소(commonplace)에서 환경과의 상호작용 속에서 일어나는 연구
자와 참여자 간의 협력과정이며 그들의 삶의 이야기라고 하였다. 내러티
브 탐구 방법은 그의 삼차원 공간을 경험에 대한 관점으로 삼는다
(Connelly & Clandinin, 2000).

존 듀이의 삼차원 공간(Three Dimension Space)은 상황(Situation), 지
속성(Continuity), 상호작용(Interaction)으로 구성되며, 경험에 관한 사고
의 틀을 제공하고 있다. 삼차원적 내러티브 탐구 공간을 검정하도록 강조하
면서, 내러티브 연구가 inward, outward, backward, forward로 여행할 수
있게 하는 방향성을 이끌고 장소 안에서 위치하게 한다. 4가지 방향성 중에
서 inward는 감정, 희망, 심미적 반응, 도덕성과 같은 내적 상태를 향하는
것을 의미하고, outward는 환경인 실존적 상태를 향하는 것을 의미한다. 그
리고 backward, forward는 시간성(temporality) - 과거, 현재, 미래를 의미
한다. 경험을 경험한다는 것은 4가지 방향으로 동시에 경험한다는 것이기
때문에 이러한 차원을 내러티브 연구에서 추구하게 되는 방향성과 수단으로
보고 있다.

연구 기법으로서 내러티브 탐구 방법을 구체적으로 살펴보면, 내러티브
탐구(narrative inquiry/method)는 어떠한 사회과학 방법들보다 더 '무엇

19] 존 듀이는 사회적 구성주의자로서 낙관적, 행동지향적인 미국 실용주의자를 대
표한다(Cooper, 2001). 그는 교육현장에서 사회문화적 맥락에서 구성되는 생각
들(ideas)이 사회(공공)와 개인(사적) 영역 간을 중재하는 역할을 하며, 이
생각들은 사회적 관계들을 밝혀내고 조화롭게 하며 새로이 창조하는 의미
(meaning)로서 구성된다고 보았다. 선험적 경험과 새로운 의미들 간의 타협
과정이 사회적 구성주의의 중요한 지점이라고 보았으며, 학생들은 보다 대등한
입장에서 상호주관적 또는 공유된 의미를 만들어 갈 수 있다는 것이다(Hung,
2002: Conle, 2000).

이 사실인지'를 발견하고자 하는 방법이며, 가장 탐색적인 연구 방법이다. 말해진 모든 말들은 수수께끼를 풀어가듯 연구되면서 언어의 과정을 밝히게 되는 것이다. 어떠한 이론으로 시작하는 것이 아니라, 사실/경험이 가장 의미 있는 형태－지적이고, 유용하고, 미하저이고, 즐거운 형태로 등장하도록 분석된다. 따라서 내러티브 탐구에서 가장 중요한 기술은 '사람에 대한 순수한 관심'이다. 내러티브 탐구는 듣기와 읽기에 관한 것이며, 무엇보다 말하는 사람을 보는 것에서 분석은 시작된다. 사람들과 친숙한 관계를 맺는 것이 중요하며, 이야기를 어떻게 모을 것인지 생각하고, 무엇에 관한 이야기인지, 이야기가 그 사람의 삶에 관한 것인지를 생각해야 한다. 무엇보다 결과가 어떻게 나올 것인지 모르는 것에 대한 두려움/불확실성에 대한 인내가 필요한 방법이다(Frank, 2001).

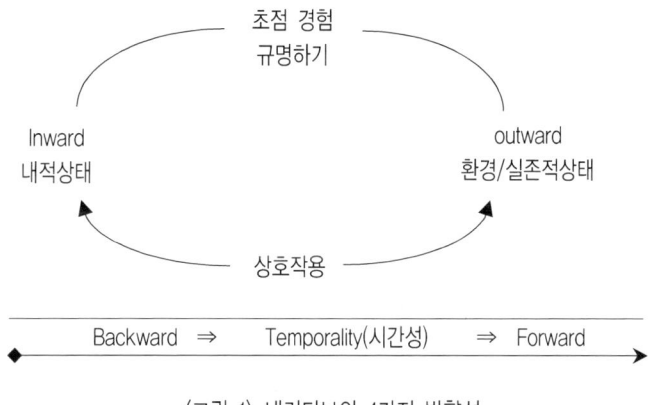

〈그림 1〉 내러티브의 4가지 방향성

　내러티브(narrative)란 이야기(story)에 관점을 더해주는 것이다. 이야기가 어떤 대상의 상태에 변화를 일으키는 응집력 있고 논리적인 연속적 사건이라면, 내러티브는 이러한 이야기에 시점(視點)을 더해주는 것으로, 이야기를 전하는 목소리에 의해 다양해진다. 여기서 관점은 주제(theme)

로 감정적 연계를 제공하고 더 깊은 의미를 부여하기 위해 이야기에 더해진 하나의 층이 된다. 내러티브는 관점, 메시지, 주제가 있는 이야기를 말하는 것이다(로렌스 빈센트, 2003:85-87). 내러티브 어원은 라틴어의 'gnarus'에서 유래한 것(McCabe, 1991)으로 '스토리 텔링(storytelling)' 즉 '이야기하기'로 정의되고 있다. 내러티브의 시초는 아리스토텔레스의 '시학(The poetics)'과 아우구스티누수의 '참회록'에 두고 있다(Connelly & Clandinin, 1990). 내러티브는 인간의 경험에 초점을 두고 있고, 또한 인간 경험의 기본적인 구조이며, 총체적인 질(Holistic Quality)을 가지고 있다. 사회복지학 분야에서도 동일한 이유에서 내러티브 분석에 근간을 둔 문헌이 점차 증가하고 있다(Cohler, 1994; Martin,1994; Tobin,1994; Parton & O'Byrne, 2000).

내러티브는 개인적, 사회적, 문화적 측면에서의 인간의 삶을 보여준다. 개인적인 측면에서, 우리는 우리가 어떤 사람인지, 우리가 어떻게 될 것인지를 설명할 수 있게 하는 우리 자신의 삶의 내러티브를 가지고 있다. 즉, 우리가 우리 자신에게든 또는 타인에게든 스토리를 말하고 다시 말할 때, 이러한 스토리는 우리가 누구였는지, 우리가 누구인지, 우리가 어디로 가는지에 대한 의미 있는 정보를 제공한다. 사회적·문화적인 측면에서, 내러티브에는 시간과 사회적 존재로서의 우리의 경험이 스며져 있다. 내러티브는 언제 어느 곳에든 존재하기 때문에 인간은 내러티브 없이 존재한 적이 없다는 것이다(Barthes, 1996). 내러티브는 우리들의 삶이 무엇과 같고 우리들이 어디로 가는지를 이해하는 방법으로 기능할 뿐만 아니라 공유된 신념과 문화가치를 구성하고 전하며 변형시킬 수 있다는 것이다(Witherell & Noddings, 1991; Polkinghorne, 1988).

코넬리와 클랜디닌(Connelly & Clandinin, 1990; 2000)의 '내러티브 탐구'에서 내러티브는 현상(phenomena)인 동시에 연구 방법(method)이다. 내러티브는 연구될 구조화된 경험을 의미하고, 또한 그 연구를 위한 탐구 형태를 의미한다. 단일한 현상과 특정한 상황에 대한 일화는 '이야기'를 사용하고, 탐구의 방법과 장기간의 생활 사건을 말하고자 할 때는 '내러티브'를 사용한다. 내러티브 탐구는 "어떻게 사람들이 그들 자신과 다른 사람에 대한 그들의 실재들(세계들)을 표현하기 위해 언어를 사용하는가"를 분석하는 것이다. 사람들은 세계를 대표하는 존재이며, 그들이 표현한 이야기들은 독립된 것이 아니라 세상과 연결된 것이다. '언어'의 분석을 강조하는 언어학 분야에서는 특히 "서로 다른 언어들은 서로 다른 세계를 이해하는 방법을 반영한다"고 하여 연구 참여자의 언어에 따라 민감하게 분석(재창조)해야 한다고 한다(Frank, 2001). "우리의 이야기 안에 우리의 인생이 있다"와 같이 연구자와 참여자의 신뢰가 있어야 하며, 참여자가 얘기를 하게끔 만드는 것이므로 연구자의 호기심(curiosity)은 중요하다.

내러티브 탐구 기법은 연구자와 연구 참여자 간의 '감정 이입적 이해(empathic verestehen)'의 경험을 통해 수행되며 언어를 도구화하여 이야기, 은유, 대화, 일기 등 내면의 경험을 외현화(의미화)하는 과정에 초점을 둔다. 연구자의 위치는 객관적인 탐구자가 아니다. 연구자로서 침묵하고, 완벽하고 이상적인 도덕적 자신을 보여주는 것은 불가능하다. 연구자는 세계 안에 존재하면서, '이해를 위한' 결과물을 제공하게 되고 연구자 자신도 변화하게 된다. 참여자의 경험을 조각내지 삶이라는 더 광범위한 테두리 내에서 보고자 하므로, 참여자의 맥락에 관한 이야기가 또렷하고(apparency), 정말과 같고(verisimilitude), 옮길 수 있는(transferability) 준거를 가지고 분석된다(Connelly & Clandinin, 2000:184-185).

그러므로 내러티브 탐구 방법은 경험이 사회문화적으로 해석/재해석되면서 구성된다는 사회구성주의를 토대로 하고 있으며, 개인, 사회, 문화적 경험을 표현하는 언어: 이야기에 초점을 두고 생생한 경험과 의미를 총체적으로 탐색하고자 하므로, 남북한 이문화 부부의 가족과정 경험 연구의 탐구 방법으로 가장 적합하다고 할 수 있다.

C. 자료 수집 및 분석 방법

1. 모집단과 표본 특성

본 연구의 연구 대상은 남한에 거주하고 있는 북한 이주민과 남한 주민 부부들이다. 2006년 말 현재 북한 이주민수는 9천 7백여 명이다. 2006년 동안 2,019명이 입국하였다(통일부, 2007). 최근 미혼 여성의 입국이 증가하여 남성과 여성의 비율은 40%, 60%로 여성이 급격히 증가하고 있다. 입국자의 약 70%는 20-30대의 연령을 보이고 있다. 1993년까지는 대부분 단독입국 형태였으나, 최근에는 50% 정도만이 단독입국하고 나머지 50%는 가족단위 입국을 하고 있다.

이들 북한 이주민들은 1999년에 개정된 『북한이탈주민의 보호 및 정착 지원에 관한 법률』에 따라 정부의 지원을 받고 있다. 정부에서 관리하는 적응교육 시설인 '하나원'에서 사회적응 교육을 받고 있으며 가족 구성원의 수·연령·근로능력 등에 따라 정착금·주거지원금을 지급하고, 직업 훈련·취업기회 부여·교육지원·일정기간 생활보호와 의료보호 등을 제공받고 있다. 또한 북한 이탈주민이 자신의 적성과 능력에 맞는 취업을 위하여 직업훈련을 받는 경우 정부는 교육·훈련비용은 물론 훈련기간 중 생활지원을 위해 가계보조수당, 가족수당 등 생계비도 지급하고 있다. 2000년부터는 법개정을 통하여 북한 이탈주민 고용기업에 대해 고용지원 금(2년간)을 지급하는 취업보호제 등을 실시하여 북한 이탈주민의 장기적인 자립·정착기반을 조성하고 있다. 그럼에도 불구하고 남북한의 가치 관 및 의식구조의 차이, 취업능력 결여, 사회적 편견 등으로 인해 북한

이탈주민들은 한국 사회에 적응하는 데 어려움을 겪는 측면이 많아서 민간 사회복지서비스 접근이 다각적으로 필요로 하고 있다. 이들은 남한 사회에 적응 수준에 따라 국가의 사회보장 지원에서 탈피하는 경우도 있지만 대부분의 경우 국민기초생활보장법이나 기타의 법적 보호를 받고 있으며 임대아파트에 거주하면서 사회복지 전문요원의 거주지 보호를 받고, 지역복지서비스를 제공받으며 사회복지 클라이언트인 경우가 많다(통일부, 2003). 통일부 자료(2001)에 따르면 이들 중 78.4%는 영구임대 아파트에 거주하고 있고, 27.5%는 무직자이며, 100만 원 이하 월급을 받는 사람이 63.2%를 차지하고 있다. 또한 86.8%는 국민기초생활보장법에 의하여 생계지원을 받고 있는 것을 나타나고 있다(윤인진, 2003).[20]

결혼 유형을 살펴보면, 90년대 초기에 입국한 남성 단독 입국자들은 상당수 남한에서 결혼하여 이문화 가족(남녀북남형)을 이루었고, 90년대 후반부터 급증하고 있는 여성 단독 입국자들도 남한 남성과 결혼비율이 증가하고 있다. 특히 여성들의 경우는 중국체류 동안 조선족으로 위장하여 남한 남성과 결혼하여 입국한 경우가 10% 정도(하나원 봉사활동자료, 2003)되는 등 남남북녀형인 경우가 실질적으로 늘어나고 있다. 남북한 이문화 부부의 비율이 얼마나 되는지 공식적인 통계자료는 없으나, 장혜경과 김영란(2000)의 연구에 제시된 비율을 살펴보면 전체 북한 이주민 가족 중 약 30%를 차지하고, 이 중 80%는 남녀북남 부부, 20%는 북녀남남 부부로 볼 수 있다.[21] 그러나 2000년 이후 북한 여성의 입국이 급증

20] 2004년 6월 말 현재 서울에 거주하고 있는 북한 이탈주민 1천812명 가운데 기초생활보장수급권자는 1천404명으로 77.5%에 달했다(동아일보, 2004년 10월 6일자).

21] 장혜경과 김영란(2000)의 연구 중 북한에서 결혼했지만 혼자 와서 남한 여성과 결혼한 경우가 21.3%였다. 대부분이 1994년에서 1996년 사이에 입국하여 단신으로 입국한 경우에는 남한에 와서 어느 정도 정착한 이후에 다시 결혼하게 되는 것으로 보인다. 북결혼 단신입국 남한 여성과 결혼한 경우 94년 3명, 95년 6명, 96년 1명(10명)/ 북미혼 남한 여성과 결혼한 경우 94년 2명, 96년 1명, 97년 2명이다. 북한에서 결혼한 적이 없고 남한에 와서 결혼한 경우는 5사

하였고 결혼율도 증가하고 있어 남남북녀 비율이 20%를 훨씬 상회할 것
으로 예상된다. 이에 본 연구에서는 북녀남남형 부부와 남녀북남형 부부
를 각각 표집 대상으로 하여 조사하였다.

2. 표집 방법 및 연구 참여자 특성

북녀남남과 남녀북남 유형의 남북한 이문화 부부를 눈덩이 표집 및 의
도적 표집하였다. 연구 참여자 선정 기준은 성인이 될 때까지 부부가 남
한과 북한에서 교육받고 생활을 했었던 자여야 하며, 결혼기간이 2년 이
상이며 현재까지 결혼 생활을 유지하고 있는 부부로 하였다. 총 7쌍의 부
부를 조사하여, 자료의 포화가 이루어진 5쌍(북녀남남 유형 2쌍, 남녀북
남 유형 3쌍)의 부부, 즉 10명이 연구 참여자로 분석 대상이 되었다(참고
〈표 2〉).

간략히 연구 참여자 부부의 특성을 요약하면, 북녀남남 유형에서 [가],
[나] 부부는 조선족으로 위장하여 코리안 드림을 꿈꾸는 북한 여성과 도
시저소득층 노총각 남한 남성의 결혼한 사례, [다], [라] 부부는 북한 가
족들이 모두 함께 탈북하여 정착한 안정된 북한 여성과 원가족이 없는 노
총각 남한 남성의 결혼 사례였다. 남녀북남 유형에서 [마], [바] 부부는
사춘기 자녀를 둔 이혼한 남한 여성과 북한에 처자식을 두고 온 북한 남성
의 결혼으로 재혼부부 사례, [사], [아] 부부는 가족결속이 강한 전문직
남한 여성과 남한 사람보다 나아지려 노력하는 적극적인 북한 남성의 결혼
사례, [자], [차] 부부는 미국식 배경을 가진 전문직 엘리트 남한 여성과
북한에서 이혼한 사상성이 투철한 북한 남성과의 결혼 사례였다.

례로 탈북 남성이 남한 여성과 결혼한 경우가 4사례, 탈북 여성이 남한 남성과
결혼한 경우가 1사례였다. 남한에 들어와 어느 정도 시기가 흐른 뒤에 결혼하
게 된다는 것을 알 수 있다.

〈표 2〉 남북한 이문화 부부 연구 참여자 특성

사례	연령(성별)	출생지	직업	탈북입국	결혼형태	결혼기간	거주지/주거형태	자녀수
[가]	30(여)	함남 A시	주부(간호조무사)	2002년 2003년	초혼	2년	경기/임대 아파트	0
[나]	43(남)	경기	건축설비사	–				
[다]	32(여)	량강 B시	전화국 사무	1997년 1997년	초혼	5년	서울/군인 아파트	2
[라]	37(남)	충남	군인	–				
[마]	45(여)	경남	주부(입양위탁모)	–	재혼	8년	서울/임대 아파트	전(2)
[바]	44(남)	함남 C시	북한관련 연구원	1991년 1994년	재혼			전(1)
[사]	30(여)	전남	주부(전직간호사)	–	초혼	3년	충북/임대 아파트	1
[아]	32(남)	함북 D시	기계기술자	1997년 1999년				
[자]	47(여)	서울	사무직	–	초혼 재혼	9년	서울/임대 아파트	1 전(1)
[차]	48(남)	평남 E시	선교 출판	1990년 1996년				

북녀남남 (사례 가~라)
남녀북남 (사례 마~차)

3. 연구 과정

본 연구에서는 코넬리와 클랜디닌(Connelly & Clandinin, 2000)의 내러티브 탐구 방법을 연구 과정의 중심에 두었다. 〈그림 2〉에서와 같이 탐구과정을 살펴보면, 현장으로 들어가기, 현장에서 현장 텍스트로, 현장 텍스트 구성, 현장 텍스트에서 연구 텍스트로, 연구 텍스트 쓰기의 과정으로 진행된다.

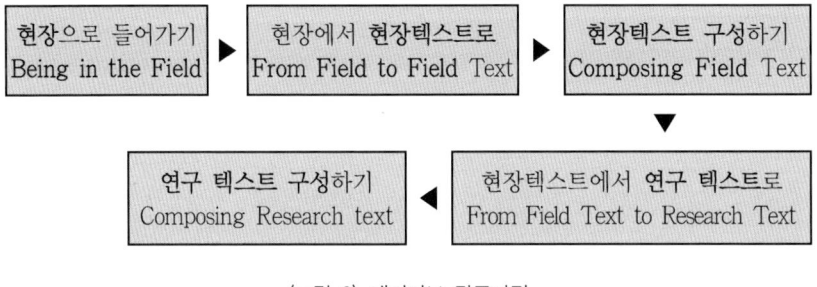

〈그림 2〉 내러티브 탐구과정

가. 현장으로 들어가기(Being in the field)

내러티브 탐구에서 '현장으로 들어가기'는 연구자가 연구의 동기를 생각하고, 연구의 목적에 적합한 현장을 물색하고, 자료 수집에 들어가기 전에 현장을 방문하여 관계자 및 연구의 참여자들과 만나면서 현장에 익숙해지는 단계이다. 내러티브 연구의 시발점으로 연구자들은 연구 현장에 들어가기에 앞서 자신의 내러티브를 쓸 것을 권장 받는다(〈부록 1〉참고). 이는 참여자의 현장 경험 맥락 안에 있는 의문들을 다루는 데 크게 도움이 되며, 현장에 들어가기 전에 연구 주제와 관련된 자신의 경험에 관한 내러티브를 씀으로써 앞으로 진행될 자료 수집 및 해석에 도움이 된다는 주장도 있다(염지숙, 2001).

본 연구에서 연구자는 우선 남북한 이문화 부부의 가족과정 경험 연구를 위해서는 남북한을 비교적 대등한 시각으로 바라보는 것이 중요하다고 보았다. 이에 본 연구에서 연구자는 남한 주민으로 북한과 북한 이주민의 경험에 대한 폭넓은 이해가 우선되어야 연구자에게 필요한 중립적인 시각을 가질 수 있다고 보았다. 그런 면에서 북한인권시민연합이라는 시민단체를 통해 2003년 3월부터 2004년 3월까지 약 1년여에 걸쳐 북한 이주민이 남한 사회에 나오기 전에 교육을 받는 하나원에서 자원봉사활동을 수행하였다. 성인 여성들(20대에서 50대)을 대상으로 매주 수요일 저녁시간에 1시간씩 남한 사회 적응을 돕는 프로그램을 진행하였다. 10명 내외의 집단과 함께 심층적인 대화를 나누는 과정에서 이들의 과거 생활과 남한 사회에 대해 가지고 있는 기대에 대해 알 수 있었다. 이들 중에서는 중국이나 제3국에서 남한 남자와 결혼을 한 경우도 있었고, 남한에 와서 조선족으로 위장하여 주부로 살다가 북한 이주민임을 밝힌 경우도 있었다. 대부분 여성 혼자서 남한으로 이주한 경우여서 결혼과 가정생활에 대한 기대가 컸다. 일 년여에 걸친 하나원 자원봉사활동은 북한 이주민들이 남한 사회에 직접 부딪히기 전 상황에서 자신의 과거, 현재, 미래의 삶을 어떻게 설계하고 있는지 가깝게 지켜볼 수 있는 좋은 기회였다. 자연스럽게 연구자 자신이 가지고 있던 편견과 오해가 해소될 수 있었고, 결혼과 가족에 관한 남북한이 가지고 있는 유형 및 무형의 생활 차이와 공통점을 발견할 수 있었다. 연구자는 이들이 하나원 퇴소 후에 각자의 거주지로 나와 생활하면서 지속적으로 만남을 유지할 수 있도록 연락처를 교환하고 정착과정에서 어려움을 나눌 수 있는 관계를 형성하고자 노력하였다. 이들 중 어떤 이는 남한 남성과 결혼을 하여 연구자의 연구 참여자로 직접적으로 도움을 주기도 하였다.

또한 연구자는 2002년부터 꾸준히 북한 이주민을 돕는 시민단체, 학교 및 연구기관의 세미나와 교육에 적극적으로 참여하여 북한과 북한 이주민에 관한 학문적 그리고 실질적인 정보를 얻고자 하였다. 이 과정에서 북한 이주민들을 소개 받고 북한 이주민과 남한 주민이 함께 할 수 있는 모임을 준비하기도 하였다. '전쟁을 반대하는 여성 연대' 회원으로 활동하며 '소수자의 시선으로 북한만나기'라는 주제로 북한 여성들의 삶을 있는 그대로 이해하는 연구에 참여하기도 하였다. 그들 중에서 남한 주민과 결혼을 한 사례들을 접할 수 있었는데, 연구자가 책이나 수기를 통해 접했던 주인공들을 직접 만나 연구 참여자로 도움을 받을 수도 있었다. 이와 같은 2년여의 연구 준비 과정에서 남한 주민과 결혼한 북한 배우자의 사례를 간혹 만날 수 있었지만, 남한 배우자들의 사례를 찾기는 상당히 어려움이 있었다. 연구를 위한 면접을 허락받고자 할 때도 상당한 거부감을 표시하기도 하여 부부관계 및 가족의 삶을 타인에게 보여주는 것이 사회적, 심리적으로 부담이 되는 것임을 알게 되었다.

따라서 남북한 이문화 부부의 가족과정 경험의 진솔한 이야기들을 수집하기 위해서는 우선 아내와 남편 모두와 친밀한 관계 형성을 맺기 위한 노력이 요구되었다. 시민단체나 학교에서 알게 된 전문가 및 북한 이주민의 신뢰감 있는 소개로 만남을 가져 자연스레 서로가 알고 있는 공통점을 찾을 수 있도록 하였다. 관찰 및 면접 외에도 전화와 이메일(email)을 통해서 지속적인 연락을 취하여 관계 형성을 도모하였다. 연구자가 자원봉사활동 및 교육활동을 통해 얻은 지식과 정보가 도움이 되었으며, 연구자가 편견과 오해 없이 그들을 대하고 있다는 것을 느끼면서 남북한 이문화 부부들과 진솔한 대화를 나눌 수 있었다.

그러나 내러티브 탐구 방법을 수행하는 데는 빈번한 만남이 요구됨에도 불구하고 연구 여건상 빈도보다는 밀도 있는 직간접적인 만남을 중심으로 자료를 수집할 수밖에 없었다. 연구 참여자들의 거주지가 포항, 전주, 청주, 경기, 서울 등 다양하였고, 배우자들을 각각 만나기 위해 직장과 집을 따로따로 방문해야 했기 때문이다. 자료 수집은 심층 면접이 주였으며, 연구자가 직접 총 7쌍의 부부를 2-3회 따로 그리고 함께 만났다. 가능한 모집단의 다양한 경험 특성이 반영될 수 있는 사례들을 포함하도록 노력하였다. 그중에서 자료의 포화를 이뤘다고 여긴 5쌍의 부부만 분석의 대상으로 삼았고, 나머지 2쌍의 보충사례로 참고하였다.

나. 현장에서 현장텍스트로(From field to field text)와 현장 텍스트 구성하기(Composing field text)

현장텍스트는 연구 자료이다. 내러티브 탐구에서 자료(data)는 현장 경험의 양상을 나타내기 위해 연구자와 연구 참여자에 의해 창조된 것이기 때문이다. 현장에 들어가서 자료 수집을 하는 것이 현장 텍스트를 쓰는 단계이다. 연구자가 현장에 완전히 몰입하여 참여자들과 '사랑에 빠져야 한다'고 하였으며, 한편 현장 텍스트를 쓰고 읽을 때는 '한 발자국 뒤로 물러나 냉철한 관찰'로 연구자와 참여자의 이야기를 그들의 삶이라는 더 큰 맥락 안에서 보아야 한다고 강조하고 있다. 너무 깊이 개입할 때 생길 수 있는 객관성의 결여와 너무 멀찍이서 바라볼 때 일어날 수 있는 참여자들의 삶에 대한 이해 부족 사이에서 갈등하게 되는데, 이러한 딜레마는 내러티브 탐구가 관계적(relational)인 성격을 가지고 있기 때문에 나타난다. 또한 3차원적 탐구 공간에서 현장 텍스트는 정기적이고 정확하게 지속되어야 하며, 풍부하게 묘사되어야 한다. 사실과 생각 사이의 고정된 관계보다는 성장과 변화를 허용하며, 다른 다양한 현장 텍스트에 의해 보완된다.

자료 수집 방법으로 전기(biography) 혹은 구술사(oral history)가 중요 자료가 된다. 이는 경험을 분석하고 세계를 이해할 수 있는 손쉬운 방법 가운데 하나이다. 구술사를 활용함으로써 우리는 폭넓은 경험들을 접할 수 있다. 현재의 고통을 하나의 맥락 속에서 바라보게 하고, 개인/부부의 경험의 연속성과 일관성에 대한 이해를 가능하게 하며, 그들의 행동에 어려움을 주는 요인들을 파악하는 데 도움을 준다. 또한 개인/부부가 자신의 미래에 어떠한 방식으로 참여하는가에 변화의 가능성을 열어준다 (Rees, 1991; Payne, 2001:419).

이에 본 연구에서 주된 자료 수집 방법은 심층 인터뷰와 관찰을 포함하였다. 2003년 10월부터 2004년 8월까지 총 11개월 동안 최우선 자료 수집 방법으로 심층 면접을 실시하였다. 인터뷰는 연구자가 물어야 할 질문과 연구 참여자가 받고 싶은 질문을 포함하였다(Siedman, 1998). 연구자는 연구 참여자가 편안하게 자신의 생각과 신념과 방법들을 공유할 수 있도록 책임감을 가지고 연구를 진행하였으며, 이를 위해 남북한 혹은 이문화 혹은 부부에 관한 연구자가 가지고 있는 모든 관점과 선입견 등에 관해 먼저 기술하였다. 오직 진실한 정직함만이 연구를 성공적으로 이끌 것이라는 생각을 가지고 자료를 수집하였다.

직접적으로 연구를 시작하기 전에, 남북한 이문화 부부 1쌍을 사전 인터뷰(pilot interview)를 수행하였다. 2003년 7월의 사전 인터뷰를 통해서 연구자는 신입 면접자로서 적합한 질문과 질문 방법, 인터뷰 기술들, 자료 수집과 분석 방법을 연습할 수 있었다. 무엇보다 연구 주제, 적합한 연구 방법, 사회복지학적 접근에 대한 필요성에 관한 확신을 얻을 수 있었다. 사전 인터뷰 분석과정을 통해서 본 연구의 인터뷰에 필요한 질문과 질문 방법을 수정하여 본 연구 인터뷰 질문 가이드를 참고할 수 있었다 (〈부록 2〉 참고).

시드맨(Siedman, 1998)은 인터뷰를 90분 정도가 적정한 시간이며, 각기 다른 초점을 가지고 3회 정도 이뤄져야 한다고 제안하였다. 첫 번째(1회) 인터뷰는 연구 참여자의 생애사에 초점을 맞춰야 한다고 하였다. 연구자는 연구 주제(본 연구에서, 남북한 이문화 부부의 가족과정 경험)에 해당하는 연구 참여자 자신에 대한 최대한의 정보를 말할 수 있도록 요청해야 한다. 이 단계에서 연구자는 '왜'를 묻는 게 아니라 '어떻게' 참여자가 연구 주제 현상에 참여하게 되었는지 물어야 한다. 왜냐하면 '우리는 그들의 삶의 맥락 내에서 연구 현상에 참여하는 과거 가족, 학교, 일의 경험에서 구성된 사건들의 영역을 그들이 재구성하는 데 희망을 가지기'(Siedman, 1998:11) 때문이다. 패턴(Patton, 1989)은 사람들의 행동은 그들을 둘러싼 삶들, 그들의 삶들의 맥락 안에서 연구될 때 더 잘 이해될 수 있는 것이라고 주장하였다. 이러한 시각을 가지고 연구자/면접자는 피면접자/연구 참여자의 현재의 삶의 상황에서 나타나는 경험의 효과를 이해하기 위해서는 경험의 맥락에 초점을 맞추어야 한다. 두 번째(2회) 인터뷰는 연구 현상에 관한 참여자의 신념을 만들어내는 경험의 세부 내용에 초점을 맞춰야 한다. 연구 참여자는 다른 이문화 부부들, 동문화 부부들, 일반적인 남한 사회와 북한 사회, 기타의 영역들과의 관계(relationships)를 논의하도록 질문 받아야 한다. 연구 참여자들은 그들이 살고 있는 삶 그대로를 자세히 제공할 수 있도록 남북한 이문화 부부의 삶의 하루 혹은 특정 사건을 재구성하도록 요청받는다. 마지막으로 세 번째(3회) 인터뷰는 연구 참여자의 경험의 의미를 반성하는 데(reflecting) 초점을 두어야 한다. 시드맨(Siedman, 1998)은 '의미 만들기(making sense or making meaning)는 참여자들이 그들의 삶 속에 상호작용하는 요인들을 어떻게 현재의 상황으로 가져오는가를 보는 것을 요구한다. 또한 그들의 현재의 삶을 자세히 보며, 맥락 안에서 그것이 어떻게 일어나는지 보는 것을 요구한다'(p.12)고 하였다. 이와 같이 인터뷰 과정의 각 단계에서 참여자들은 그들의 삶의 경험의 의미를 주의깊게 생각하게 된다. 세 번째 인터뷰에서 이러한 경험들과 그들이 따르기 위해 선택하는 대응 방법들과 연결(connections)을 만든다(Hurst, 2002:55). 본 연구에서 연구자는 연구 참여자가 주의깊고 기꺼이 인터뷰에 참여할 수 있도록 이러한 인터뷰 과정을 따르고자 노력했다.

구체적으로 인터뷰는 기본적으로 1회 가정방문에서 부부가 각자 따로 인터뷰를 하는 것을 원칙으로 하였는데, 개인별 관찰 및 면접 시간은 1시간 반에서 2시간이 소요되었다. 상황에 따라 아내나 남편만 인터뷰를 하고 부부가 함께 인터뷰를 하기도 하였다. 또한 5회 이상의 전화와 이메일을 주고받으면서 지속적으로 자료를 보충하였다. 면접 내용은 연구 참여자의 동의하에 모두 녹음하였고, 연구자가 직접 필사를 하였다.

현장 텍스트의 효율적인 관리를 위해서 연구 참여자로부터 수집된 자료는 연구 과정 동안 안전한 곳에 보관되었다. 수집된 원자료는 연구자와 연구 지도교수만이 접근가능하게 하였다. 각 인터뷰는 녹음기로 녹음되었으며, 바로 필사되었다. 인터뷰 필사본은 정보의 정확성을 높이기 위해서 연구 참여자의 확인을 받았다. 모든 기록된 인터뷰 자료는 CD로 보존하여 정보 분실의 우려를 줄였으며, 자료는 컴퓨터와 인쇄본을 통해 정리 보관되었다.

그리고 연구자는 단일한 기억에 의존하기보다는 보다 더 풍부하고 더 복잡한 광경을 반영하도록 하기 위해 다양한 자료를 수집하였다. 자서전적 글쓰기, 저널 쓰기, 현장 노트, 편지, 대화, 인터뷰, 가족 이야기, 문서, 사진, 기억 상자, 체험, 연구자의 일기, 개인이 살아온 스토리인 스토리텔링, 연구자와 참여자 간의 편지 쓰기가 포함되는데, 그 외에도 각종 문서 등 다양한 자료를 포함시킨다. 본 연구에서는 연구 참여자의 수기, 일기, 책(저서), 편지글을 수집하였고, 연구자가 자료 수집 과정에서 작성한 현장 노트와 연구 일지를 포함하였다.

인터뷰 녹취 량은 A4 400pages 분량이었고, 이메일 교환은 약 50건, 전화는 20건이었다. 수기모음 15건(A4 30pages), 연구 참여자의 저서가 6건, 일기가 2권 수집되었다. 연구자는 현장 노트(메모노트) 5권과 연구 일지 2권(B5 40pages) 정도를 정리하였다.

다. 현장 텍스트에서 연구 텍스트로(From field texts to research
    texts)와 연구 텍스트 구성(Composing research text)

비록 내러티브가 관찰 및 언어로 표현된 자료들을 통해 수집될 수 있
는 이야기라 할지라도, 그것들은 고유의 의미가 없다. 왜냐하면 그것들은
단지 경험의 해석에 불과하기 때문이다. 그래서 의미는 내러티브 연구사
가 연관되어 있는 분석적 및 해석적 과정을 통해 구축된다. 다양하게 수
집된 현장 텍스트에 근거하여 글쓰기가 이뤄지는데, 바로 이 작업은 하나
의 해석적 과정으로 경험한 것에 대한 의미 만들기를 하는 과정이다. 연
구자는 연구 텍스트로 전이할 때 의미, 사회적 중요성, 목적에 대해 질문
할 것을 강조하고 있다. 또한 의미 만들기를 하기 위해서는 분석이 이뤄
져야 하는데 이때 내러티브적으로 분석하도록 말하고 있다. 현장 텍스트
를 기초로 연구 텍스트를 구성한다는 것은 의미와 사회적 가치를 염두에
두면서 연구의 분석과 해석을 만드는 부분이다. 또한 연구 텍스트는 삼차
원의 탐구 공간 안에서 이뤄진 경험을 드러내는 재구성된 내러티브를 쓰
는 것이다. 연구자는 참여자가 연구자에게 이야기 했던 것처럼 그들의 경
험의 스토리를 다시 말하는 것이다. 연구자가 다시 쓴 이야기는 참여자의
삶의 이야기를 제공하고 그들의 경험을 이해하기 위함이며 또한 오래 동
안 권위와 타당성을 지닐 수 있기 때문에 그들의 목소리를 위한 공간이
된다. 또한 경험의 의미를 찾는 것이며, 경험의 의미들은 연결되어 있어
하나의 경험의 패턴을 볼 수 있게 한다.

구체적으로 내러티브의 경험의 의미를 찾기 위한 분석적 과정은 본래 기
술적이면서 동시에 탐색적인 해석적 의미 형성에 중점을 두고, '자료(현장텍
스트) 읽기'를 통해 해석적 이해의 기초를 형성한다. 이러한 내러티브 탐구
방법의 원칙에 따라 연구자는 남북한 이문화 부부들의 가족과정 경험의 해
석적 의미를 생산해내기 위해 세 가지 고유의 분석적 전략을 이용하였다. a)
분석적 메모(analytic menoing), b) 전체적−내용 분석(holistic-content

analysis), c) 분류적-내용 분석(categorical-content analysis)이었다
(Polkinghorne, 1988).

(1) 분석적 메모를 통한 내러티브 주제 전개하기

첫 번째 분석의 전략은 인터뷰 및 다양한 현장 텍스트에서 남북한 이문화 부부의 가족과정 경험에 관한 일반적 주제를 발견하고 시험하기 위해 고안되었다. 연구자는 한 달(2004년 3월)을 기본으로 하여, 주제를 회상하기 위해 인터뷰 녹취 자료 및 수기, 편지글 등에 나타난 내러티브 자료를 읽고 빠르게 훑어보았다. 연구자는 또한 연구 일지와 현장 노트에 기록된 더 비공식적인 형태의 메모에 대한 동시다발적으로 일어나는 생각과 의문을 기록하였다.

이러한 임시적인 주제가 인식되어진 후에, 나의 분석 작업의 적절성과 정확성을 확실하게 하기 위해 연구 참여자(멤버) 체크를 시행했다. 2004년 4월에서 8월, 연구자는 연구 참여자들과 다시 만남을 시도하여 인상적으로 발견한 것들을 나누었고, 특히 분석적 메모를 전개시켰었던 주제에 초점을 맞추었다. 각 연구 참여자들은 내가 언급했던 주제에 관한 피드백을 제공하기 위해, 그리고 그들의 경험에 대한 인식을 더욱 강하게 보여주는 대안적 생각, 비유, 이미지(예, 두물머리) 등에 관한 제안에 의견을 나누었다.

(2) 전체적-내용 분석을 통한 현장 텍스트에서 연구 텍스트 전개하기

모든 내러티브 자료가 수집된 후, 연구자는 "부부 이야기" 또는 "가족과정 이야기"를 창조하기 위해서 리브리히 등(Lieblich et al., 1998)의 전체적-내용 분석을 차용했다. 그들은 이 분석기법을 "개인의 완전한 이

야기를 사용하고 그것에 의해 나타나는 내용에 초점을 맞추는 방식"이라 특징짓고, 일반적으로 다음과 같은 내용의 읽기 과정을 기술하였다. a) 전체 이야기를 구성할 수 있는 은유나 이미지가 나타날 때까지 여러 번 자료를 읽으며, b) 이야기를 특징지을 수 있는 일반적이고 특수적인 인상을 전체적으로 적는다. c) 연구자의 관심과 이야기의 주제가 살아날 수 있는 특별한 초점을 결정한다.

이 두 번째 분석의 전략은 실천 이야기의 구축, 주로 인터뷰 자료의 내용으로부터 도출된 의미로부터 출발하였다. 내러티브 내에서 시간과 움직임의 감각을 발전시키기 위해서, 2003년 10월부터 2004년 8월까지 수집된 전체의 데이터에서 사건이 일어난 순서 – 태어나서 성장과정, 부부가 만나기 전까지, 만남, 결혼과정 – 에 따른 이야기를 읽어보았다. 분석적 메모에 전개된 내러티브 주제를 최초의 초점으로 사용하면서, 데이터를 읽고 또 읽었고, 주제를 확인하고 정제하며, 또는 주제의 부당성을 증명하고 버리고 새로운 주제를 전개시켰다. 각각의 남북한 이문화 부부의 내러티브 안에서 넓은 의미가 나타나는 더 성숙한 스토리라인을 발전시켰다.

(3) 분류적 – 내용 분석을 통한 연구 텍스트 구성하기

비록 연구자가 5쌍의 남북한 이문화 부부의 내러티브 분석을 구축했다 하더라도, 연구자는 또한 이 5가지 이야기를 통하여 남북한의 문화적 현상을 기술하고 설명하는 데 관심이 있다. 이 목적을 이루기 위해 사례별 교차 분석을 쉽게 하는 내용 분석을 통해 주제와 패턴을 보여주고자 하였다. 이 연구에서 리브리히 등(Lieblich et al., 1998)에 의해 기술되는 분류적 – 내용 분석기법의 다양성을 이용했다. 이 전략에서 5쌍의 내러티브 자료는 카테고리를 포함하는 선택된 텍스트가 서로 관통하고 있는 다양한 주제와 관점을 통하여 분석되었다. 분석의 주된 목표는 모든 5가지

내러티브에 발견된 넓은 분류를 강조함으로써 각각의 이야기의 특별한 특성을 줄이는 것이었다. 그래서 5쌍의 남북한 이문화 부부들의 가족과정 경험에 바탕을 둔 더 보편적인 "내러티브 의미"를 창조하는 것이었다.

분류를 만드는 데 두 가지 방식이 사용되었다. 첫 번째 단계에서 행위, 행위자, 내용, 시간성과 같은 외재적(etic) 또는 미리 결정된 내러티브 분류는 부부들의 이야기를 코드화 하는 데 사용되었다. 두 번째 단계에서, 내재적(emic) 관점을 가지고 모든 내러티브를 관통하는 두드러진 카테고리를 발견하기 위해 개별 부부들의 이야기는 조심스럽게 삭제되었다. 두 가지 형태의 코드는 분석과 해석의 반복되는 과정을 통해 부부 내러티브 안에서 의미를 찾기 위해 사용되었다.

본 연구에서 4장은 다섯 쌍의 각 부부 가족과정의 경험이 내러티브 형태로 쓰여 졌으며, 주로 분석 메모와 전체적-내용 분석에 기초하여 전개되었다. 5장에서는 분류적-내용 분석의 결과가 모든 다섯 쌍의 부부 내러티브를 담아내는 경험상의 스토리라인과 주제를 통하여 내러티브 의미로서 정리되었다.

4. 연구의 엄격성

내러티브 탐구 방법에서 신뢰도, 타당도, 일반화는 양적 연구와 달리 중요한 문제가 되지 않는다. 한 사람이 각기 다른 사람에게 이야기하였을 때 나에게 한 이야기가 '다른 사람에게 한 이야기가 다르더라도 어떤 한 이야기가 더 진실하고 더 좋다는 것은 아니기 때문'이다. 내러티브 분석에서 화자가 다른 연구자들에게 시기와 상관없이 같은 이야기를 했는가 하는 신뢰도는 중요하지 않다. 연구자에게, 인터뷰한 그날에, 특정한 이야기에 영향을 준 것이 무엇인지를 아는 것이 중요하다. 측정하고 있다고 생각하는 것을 실제로 측정하고 있느냐를 보는 타당도 역시 내러티브에선 잘못된 질문이다. 내러티브는 사람들이 이야기하는 스토리는 항상 경험의 부분적인 표현밖에 안된다는 것을 전제한 탐구 방법이기 때문이다. 내러티브 분석에서, 세계는 다중 관점들이 섞이고 충돌하면서 만들어진 것으로 이해된다. 타당도는 토론이 풍부하게 이루어졌는가에 달려있다. 본질에 대한 서술이 다른 사람들에게도 의미가 통하는 것인가? 독자의 경험에 따라 다양한 해석을 할 수 있는 여지가 있는가(Morse & Field, 1995:46-47)? 등을 묻는다. 따라서 이 상황의 관계자(행위자)로서 화자에게만 적용할 수 있는 이야기가 구성되었는가가 타당도이다. 특히 '이야기되지 않은 것', 즉 화자가 말하지 않을 권리를 존중해야 하는데, 이것은 타당도와 일반화의 문제를 일으킨다. 내러티브 분석은 사회적으로 소외된/배재된 사람들의 특정한 경험을 탐색하는 데는 가장 유용한 방법이지만, 소수인의 스토리만을 가지고 있기 때문에 경험의 모델을 기술함에 있어서는 유용성이 적다. 대부분의 사람들에게 무엇이 발생하였는지 일반화하는 데 제한점이 있다. 다시 말하면 특정한 경험을 탐구하려고 노력하는 것이 내러티브라 할 수 있다. 그러므로 "어떻게 내러티브가 특정 시기, 주어진 사회에서 가능한 모든 경험의 제한성(limits)을 대표하는가?"를 물어야 한다(Frank, 2001:13). 이러한 내러티브 탐구 방법의 엄격성에 관한 입장에 동의하면서, 코넬리와 클랜디닌(1992)은 내러티브 연구자들이 확실성(authenticity), 충분함(adequacy), 개연성(plausibility)을 강조한다는 사실을 지적하였다.

본 연구에서는 밍팡헤(Ming Fang He, 1998)가 그의 논문에서 내러티브 탐구 방법의 타당도 이론화를 위한 노력으로 실시하였던 준거를 따르려고 노력하였다. 그는 내러티브 탐구 방법이 가지는 타당도의 문제를 맥스웰의 철학적 실천적 타당도 이론을 적용하여 질적 연구의 엄격성을 찾고자 하였다.

맥스웰(Maxwell, 1992)의 다섯 가지 철학적·실천적 타당도의 차원

은: 기술적 타당도(descriptive validity), 해석적 타당도(interpretative validity), 이론적 타당도(theoritical validity), 일반화(generalizability), 평가적 타당도(evaluative validity)로 구분되었다. 이는 연구자의 논문 작업에서 내러티브 탐구의 타당도에 대한 이해를 쌓는 데 도움을 주었다.

첫째, 기술적 타당도는 물리적 대상, 사건 및 행동이 그들과 관계된 참여자들에게 어떤 의미인지에 대한 연구자들의 판단의 사실적 정확도에 관련이 있다. 그것은 연구자들이 현장 텍스트를 조작하거나 왜곡하지 않고 현장 텍스트를 있는 그대로 현재화하려함을 의미한다. 내러티브 탐구에서, 생생한 이야기의 현실적 구현은 자연스러운 이야기하기를 요구하며, 덧붙임이나 개인적 편견은 없어야 한다. 보여주는 것보다는 이야기함이 주가 된다. 그래서 활동은 의미라는 관점에서 보여지기보다는 물리적이고 행동적 현상으로 보인다. 구체적으로 내러티브 탐구의 기술적 타당도를 획득하는 다양한 방법, 즉 사진, 메모리 박스, 다른 개인적 또는 단체적 인공물, 연구 인터뷰, 편지, 대화 등과 같은 것들이 있다. 인터뷰는 내러티브 탐구의 기술적 타당도를 획득하게 하는 또 다른 좋은 방법이다. 준비되지 않은 그리고 개방된 결론의 연구 인터뷰는 누군가의 개인적 경험의 내러티브를 더욱 사실적이고 믿을만하게 들리도록 만든다. 따라서 남북한 이문화 부부들의 행동, 말, 태도의 흐름을 통하여 가능한 정확하게 기록하는 것이 내러티브 탐구에서 기술적 타당도를 잃지 않는 확실한 하나의 방법이다.

둘째, 해석적 타당도이다. 연구의 물리적 대상, 사건 및 맥락적 행동의 기술적 타당도를 제공함에 더하여, 연구는 이러한 대상, 사건 및 행동들이 그들과 관련된 사람들에게 주는 의미와 관련되어 있다. 맥스웰은 의도, 인식, 애정, 믿음, 가치 그리고 더 좁은 의미에서 "참여자들의 관점"과 "의사소통적 의미"와 관련된 무언가를 포함하고 있다. 이러한 종류의 타당도는 해석의 본질을 이해하는 데 기초를 두고 있다. 그것은 연구자의 관점과 카테고리를 기초로 하는 것이 아닌 연구되는 상황의 참여자들의 관점으로부터 현상을 이해하는 데 의도되어 있다. 해석적 표현은 참여자의 언어를 사용하고 가능한 그들 자신의 단어와 관념에 의존한다. 참여자가 정확히 무엇을 경험하는지, 행동하는지, 느끼는지, 이해하는지 및 말하는지를 나타냄으로써, 해석적 타당도는 확실해진다. 본 연구에서 해석적 타당도는 다섯 쌍의 부부 이야기가 서로의 이야기에 의해 강화되어지고, 각 이야기를 통해 수집된 해석은 다섯 가지의 목소리, 느낌, 태도, 표현의 조화를 통하여 타당도에 기여한다. 이것은 우리의 이야기처럼 여겨지도록 하며, 연구 참여자와 연구자 자신을 대하는 것으로 여겨지게 한다.

셋째, 이론적 타당도는 구체적 기술을 뛰어넘어 해석과 명백화는 연구자가 가져오거나 연구 중 발전시키는 이론적 구성을 말한다. 그것은 연구 참여자들의 관념과 이론을 통합시킨다. 그것은 연구자의 표현 기능을 설명화하고, 기술 또는 현상을 해석화한다. 그것은 연구자들의 설명, 기술 및 현장으로부터 얻은 해석과 참여자들과 그것들 사이의 공동작업으로 받아들여질 수 있다. 5쌍의 부부들의 이야기로부터 공동의 목소리를 찾고 이야기의 이론적 해석을 획득하기 위해 '의미 만들기'를 구성하였다. 연구자는 이론을 깊이 있게 하기 위해서 각 부부의 이야기를 사용하고 부부 간의 대화와 연구자와의 대화를 사용하였다. 이론적 타당도가 생생한 이야기 뒤의 의미와 이론적 추정과 관련에 있음에 반해, 기술적 타당도와 해석적 타당도 모두 현장으로부터의 생생한 이야기의 사실적 기술의 정교함과 정확도를 다룬다.

넷째, 일반화가능성이다. 내러티브 탐구에서 일반화는 보통 연구되는 특별한 사람 또는 상황에서 이해될 뿐만 아니라 다른 상황에서도 어떻게 동일하게 작용하는지를 보여주고, 같은 또는 다른 결론을 야기할 수 있는 다른 참여자에게 어떻게 발생하는지를 보여준다. 따라서 이야기를 이야기하고 다시 이야기함으로써 연구자들은 다른 이야기로부터의 반향을 현재화하도록 시도하거나 청중이 반향을 발견하고 다른 많은 생생한 이야기로부터 의미를 재구성하게 한다. 일반화는 또한 기술된 경험이 독자들에게 공명을 일으킬 때 나타고 그들로 하여금 그들 자신의 경험에서 유사한 점을 발견하게 할 때 일어난다. 본 연구에서 남북한 이문화 부부의 가족과정 경험 이야기는 각기 다른 부부들의 이야기 속에서 강화되어 나타난다.

다섯째, 평가적 타당도는 생생한 이야기의 평가적 암시를 포함하기 때문에, 기존의 언급된 타당도의 유형과 다르다. 그것은 이야기에서 기술된 행위자, 행위, 태도 또는 사건에서 무엇이 옳거나 무엇이 그른지에 관한 이슈를 말해준다. 특별한 연구의 목적과 방법론에 관하여 생각하는 것은 내러티브 탐구의 연구자에게 있어서 매우 중요할 수 있다. 그것은 또한 내러티브 연구자들에게 그들의 이야기 및 다시 이야기하는 것의 중요함에 대해 건설적 비판을 유도한다. 내러티브 탐구의 평가적 타당도는 판단을 위한 해체[22](deconstruction)적 해석을 허용한다. 내러티브 탐구에 있어서 항상 모호함, 주변 환경, 대안적 지위, 이야기를 해석하기 위한 다른 방법들이 존재하므로, 이야기의 평가적 타당도는 때때로 청중 자신의 이해와 이야기의 해석에 의존하게 된다. 만일 독자가 자신의 관점에서 어떤 의미를 끌어낼 수 있다고 하면, 비록 그 화자 또는 연구자는 정말로 그러한 방식으로 의미하지 않더라도, 이러한 의미에서 이야기는 진정한 것으로 간주될 수도 있다. 이러한 가정은 그들 자신의 목적을 위해 연구 텍스트의 독자를 위한 다른 방향으로 결론날 수도 있다. 하지만, 생생한 이야기를 해석하는 데 있어 해체의 암시가 이야기를 판단하는 기준에 대한

22] 해체는 자끄 데리다의 서양 철학의 넓은 범위의 비평의 부분으로서 발전된 독서 전략이다. 이는 원문의 의미의 보급을 저자가 주어진 텍스트에서 차이, 벗어남 또는 불일치로부터 더 넓은 체계적 동기를 발전시키려 노력함으로써 의도했었을 내용을 뛰어넘는다. 이유는 언어 특히 쓰인 언어가 대표적이라기보다는 유연하다는 것을 알기 때문이다: 그것은 매우 흥미 있고 복잡한 방법 즉, 저자의 명확한 통제를 벗어나서 증식하는 의미들을 생산하는 방식으로 표현되었다(Maxwell, 1992).

혼란으로 이끌 수도 있음을 인정해야 한다.

본 내러티브 탐구 방법에서 이와 같은 다섯 가지 타당도의 차원이 제대로 기능할 수 있도록 연구자는 노력하였다. 다섯 쌍의 부부 이야기를 이야기하고 다시 이야기하고 그 이야기들로부터 의미를 재구성함으로써 타당두를 획득하고자 하였다.

5. 연구 참여자에 대한 윤리적 고려

내러티브 연구는 일반 과학적 연구들의 전문성에 대한 기대와 참여자의 기대와 욕구 간의 균형을 어떻게 세우는가가 중요하다. 연구자는 참여자에게 조각나지 않은 이야기를 듣기를 원한다고 요청해야 한다. 내러티브 분석은 한 사람의 이야기를 조각내지 않고 전체적으로 다루어야 하므로, 녹취된 이야기를 인용할 때 참여자의 정체성이 드러날 수 있어 참여자에 대한 윤리적 고려에 민감해야 한다. 따라서 연구 참여자는 글쓰기 과정에도 참여해야 하며 연구자는 항상 '참여자가 내가 그들의 이야기를 쓴 것을 보고 어떻게 느낄 것인가'를 물어야 한다(Frank, 2001).

본 연구에서 연구자는 연구 현장을 제공해주고 연구 결과를 생산하는데 기여한 연구 참여자를 위하여 연구의 시작에서부터 끝날 때까지 윤리의식을 가지고 작업에 임하였다. 먼저 연구자는 연구의 목적과 연구 전 과정을 설명한 뒤 자발적으로 연구 참여에 동의를 한 경우만을 연구 참여자로 선정하였다(〈부록 3〉 참고). 연구 방법의 특성상 연구 기간 내내 지속적으로 자료 수집이 이루어 질 것임을 강조하였으며 자료 수집이 종료될 때까지 연구에 참여해주기를 권유하였다. 그러나 어느 때라도 연구 참여자가 원하는 경우 연구에서 철회할 수 있다는 것을 언급하였다. 사생활 보호를 위하여 연구 텍스트상에 참여자의 이름을 제시할 때 익명으로 처리하였으며, 참여자와 관련된 자료는 기밀 유지에 힘썼다. 그럼에도 불구하고 본 연구의 타당도 획득의 과정에서 연구자는 연구 참여자에 대한 윤리적 문제—특히 익명성의 보호 문제를 경험하였다. 연구 참여자들의 생생한 경험 이야기가 소수자인 북한 이주민 중에서 누구인지 추측할 수 있었고, 서로 간에 연결된 경험도 발견되었기 때문이다. 따라서 글쓰기 과정에서 연구 참여자의 확인 및 참여 작업이 중요하게 다루어졌으며, 이들의 요청에 따라 이 과정에서 출신 및 거주 지역과 직업 등 개인적 특성을 알 수 있는 정보들은 모두 익명처리되었다.

남북한 이문화 부부의
가족과정 경험 이야기

본 연구에서는 5쌍의 남북한 이문화부부가 연구자에게 이야기 하고 보여준 가족과정경험을 연구자가 이야기 형태로 다시 기술한 것이다. 하나의 주제 아래 한두 가지의 일화(스토리)가 있으며, 부부마다 고유한 경험을 전체적으로 분석해 하나의 이야기로 재구성한 것이다.

이 장은 연구 텍스트의 한 부분으로서 연구자는 남북한 이문화 부부인 각 연구 참여자의 가족과정 경험을 [가], [나] 부부, [다], [라] 부부, [마], [바] 부부, [사], [아] 부부, [자], [차] 부부 순으로 기술 (description)하였다. [가], [다], [마], [사], [자]는 아내이며 [나], [라], [바], [아], [차]는 남편이다. [나], [라], [마], [사], [차]는 북한 이주민 이며 [가], [다], [바], [아], [자]는 남한 주민이다. 북녀남남(北女南男) 부부는 [가], [나] 부부, [다], [라] 부부이며, 남녀북남(南女北男) 부부는 [마], [바] 부부, [사], [아] 부부, [자], [차] 부부다.(연구 참여자의 세부 사항은 〈표 2〉 참고)

〈표 3〉 사례 익명 표시

	아내	남편
북한	[가], [다]	[바], [아], [차]
남한	[마], [사], [자]	[나], [라]

아래의 기술은 참여자가 연구자에게 보여 준 자신의 가족과정 경험을 연구자가 이야기 형태로 쓴 것으로, 보통 하나의 주제 아래 한두 가지의 일화(스토리)로 구성되어 있다. 또한 그 일화는 연구자가 허구로 만들어 낸 것이 아니라 참여자의 경험을 전체적으로 분석해 하나의 이야기(내러 티브)로 재구성한 것이다.[23]

23] 본문에서의 사례 표시는 연구 참여자는 [ ]로, 연구자의 질문은 ( )으로 표 시하며, 말 줄임은 ……로, 대화체의 경우는 참여자 간 줄 간격 없이 연속으로 표시하였다.

A. 북녀남남(北女南男) 이야기

1. [가], [나] 부부 이야기

가. 만나기까지

(1) [가]의 이야기

[가] 씨는 함남 A시에서 5녀1남 중 넷째로 태어나 자란 30세 여성이
다. 어릴 때부터 몸은 허약했으나 뭐든지 열심히 하는 고집 센 성격을 가
졌다. 고등중학교 때는 사로청[24] 위원장을 할 정도로 리더십도 있었고
클라리넷 연주도 뛰어났고 스케이트는 선수를 할 정도로 수준급이었다.
아버지는 비료공장의 로보지도위원으로, 공급소에서 노동자들이 필요한
물품－내의, 옷, 음식 등을 보급 및 관리하셨다. 아버지가 현직에 있을 때
는 결혼기념일에까지 선물이 들어왔을 정도로 부유했지만, 건강 때문에
현직에서 물러나자 순식간에 경제적 형편이 어려워졌다. 생계를 위해 아
버지를 비롯한 온 가족들은 국수며 사과며 돈이 되는 것들을 사다 팔아
야 했다. 언니들이 만든 떡과 술도 내다 팔고, 공장에서 니켈을 받아다가
비싼 값에 팔기도 했고, 농촌에 가서 쌀을 사다가 팔기도 했다. 그때는
밤새 일해도 먹고 살기 어려웠다.

24] 북한의 청년층(만 14세~30세)을 대상으로 한 노동당 외곽 단체로. 사회주의노
동청년동맹의 약식 표현. 1996년 이후 김일성사회주의청년동맹(청년동맹)으로
변경되었다(북한문답집, (사)북한민주화네트워크, 2002:65).

[가] 북한에서는 원래 처녀는 장사 못 해요. (그런데 어떻게?) 뻑뻑하면 그지없이 뻑뻑하고 ……. 법이 무지몽매하다는 말이 있잖아요. 보기에는 법이 센 것 같지만, 사실 빨리 파악하면 법이 물러요. 하지 말라는 일을 내가 했어요. 니켈을 팔았어요. (보위부에서) 돈 주면 내가 일 터지면 어디어디 어떻게 해 주겠다고 그러고 ……. 어디서 뭐 하는지 다 아는 거야.

1998년 간호사가 되려고 함경남도 간호사학교에 입학했다. 그러나 경제적인 이유로 안타깝지만 학교를 그만두고 돈을 벌기 위해 중국의 친척집으로 갔다. 처음에는 보름 정도만 있다가 돌아가려고 결심했지만 어쩌다보니 3년 동안이나 식당 등에서 일하게 되었다. 조선족으로 신분도 위장했지만 중국에서 쫓기는 고달픈 삶은 계속되었다. 그러다가 [가] 씨는 한국 남자와 결혼하여 남한에 갈 수 있는 방법을 생각했다. 2000년 10월 남한 노동자인 [나] 씨를 소개받고 2002년 결혼을 결심하였다. 그리고 그동안 번 돈을 들고 북한에 들어가 가족에게 알렸다. 어머니와 동생을 위해 집 한 채 마련해 주고 싶었지만, 탈북한 자신을 찾아오다가 중국에서 벌어온 돈을 몰수당했다. 결혼 소식을 들은 어머니는 함께 살지 못하는 것에 안타까워하기만 하였다. 부모님이 보여 주었던 부부애만큼 잘 살자고 다짐했다.

[가] 자라면서 나는 우리 아빠 하고 엄마가 심하게 싸우는 것을 한 번도 못 봤어요. 성격이 어떻다는 것도 없었고 '이혼한다' 뭐 이런 말도 없었어요. 어릴 때는 정말 몰랐는데 커서 보니까 우리 엄마만큼만 살자. 더 바라지도 말고 …….

[가] 씨는 A부두에서 남쪽 바다를 보며 [나] 씨에 대한 사랑이 크다는 것을 깨닫고 다시는 갈 수 없을 고향을 뒤로 하고 결혼을 위해 중국으로 나왔다. 그런데 조선족으로 위장한 문서를 가지고 결혼 수속을 밟고

비자를 신청하는 과정에서 공안에 붙잡혀 다시 북한으로 압송될 위기에 처했다. 그러다 남한에 있던 남편과 중국 친지들의 도움으로 무사히 빠져 나와 제3국을 통해 드디어 남한에 입국하게 된다. 입국 후 국가정보원 조사에서 [가] 씨는 '남편 때문에 왔다. 남한에 꼭 와야 해서 왔다'고 당당하게 말했다. 하나원에서 3개월을 보낸 후 경기도에 거주지를 배정받고 2003년 5월 드디어 [가] 씨는 [나] 씨와 결혼식을 올리게 된다.

> [가] 그때는 몰랐어요. 떨어져 있으면서 계속 마음이 아팠어요. 이 사람의 존재가 이렇게 큰지 몰랐어요. 우리 집이 바다와 가까워요. A부두 ……. 바다를 보면서 '저기 가면 있을까' 하고 생각하고 ……. 그 당시 무조건 '한국이라는 데를 가야겠다'고 결심했죠. 한국에 왔더니 나보고 그래요. '한국에 왜 왔느냐'고 ……. 나는 남편 때문에 왔다고 그랬어요. '남편 때문에 이 땅에 왔기 때문에 나는 이렇게 살고 있다.' 거기 사람들은 거기서 사는 게 더 낫거든요.

(2) [나]의 이야기

　[나] 씨는 2남3녀 중 막내로 경기도에서 자란 40대 중반의 남성이다. 기계설비 전문기술을 가진 [나] 씨는 그다지 인생의 뚜렷한 목표도 없이 그냥 돈 버는 대로 쓰고 친구들과 어울리며 생활하는 것을 좋아했다. 성실하지만 욕심이 없고, 남에게 잘해 주다가 번번이 손해 보는 경우가 많았다. 당연히 모아 놓은 재산도 없이 빚만 늘었다. 40세가 다 된 나이에 집도 없이 빚만 있는 총각이 어떻게 결혼을 생각할 수 있단 말인가. 그러다가 중국에 대기업 공장을 짓는 일을 하면 돈을 꽤 많이 벌 것이라는 말을 듣고 무작정 중국으로 향했다. 5년을 계획하였던 공사가 3년 만에 끝나면서 여러 가지로 초조해지기 시작했다.
　주변을 둘러보니 많은 미혼 남성들이 조선족 여성과 만나 결혼을 생각하는 모습들도 많이 보였다. [나] 씨도 나이가 있으니 찬 밥 더운 밥 가릴 처지가 아니었다. 가족들도 결혼만 할 수 있다면 국적이고 뭐고 무슨 상관이냐고 종용하였다. 그러다 한 동료의 소개로 2000년 10월 조선족 여성이라는 [가] 씨를 만나게 되었다. 만나면서 싹싹하고 당찬 성격의 [가] 씨와 결혼을 결심하게 되었다. 그러던 어느 날 [가] 씨는 자신이 조선족이 아니라 북한 여성임을 고백하였다. [나] 씨와 가족들은 북한 사람이든 중국 사람이든 결혼만 하면 좋겠다는 바람으로 상관없다고 하였다. 게다가 열세 살 어린 [가] 씨는 다소 촌스럽기는 하지만 순수하고 자신감 있는, 중국에 와서 꽤 잘 적응한 여성 아니던가. 망설일 이유가 무엇인가.

> [나] 그런데 찬성 반대가 아니라, 과연 [가] 씨가 올 수 있을까 ……. 저 같은 경우 나이가 있으니까 사실 찬 밥 더운 밥 가릴 처지가 아니었어요. 집에서는 결혼만 할 수 있다면 북한 사람이든 중국 사람이든 결혼만 하면 좋겠다고 했는데, '북한 사람을 과연 데려 올 수가 있느냐' 하는 게 문제였지요.

결혼을 준비하는 과정에서 [가] 씨는 북한 가족에게 다녀오느라 중국에 나왔다가 다시 공안에 붙잡혀 가는 등 문제가 많았다. 이 문제를 해결하기 위해 [나] 씨는 돈을 준비해 중국에 몇 번씩 다녀왔다. 주변에서는 모두 '사기당하는 것은 아닌지', '과연 올 수는 있는 것인지' 걱정이 많았고, 금전적으로 도와줄 수 없다며 안타까워하였다. 우여곡절 끝에 [가] 씨는 무사히 감옥에서 빠져나와 제3국으로 떠날 수 있었으며, 2003년 1월 드디어 한국 땅을 밟을 수 있었다. [나] 씨는 [가] 씨를 만날 수 있는 기회를 놓치지 않고 찾아갔으며, 하나원에서 교육을 마치고 나서 바로 결혼식을 올릴 수 있도록 준비하였다.

나. 만남과 결혼

⑴ 결혼해 준 은인과 생명의 은인

[가] 씨는 항상 북한의 가족들을 염려하고 도와주기 위해 열심히 일하였다. 큰돈을 벌려면 남한에 가야 한다는 말을 들었지만, 미국과 한국에 대해 부정적으로 배워 왔고 부모님이 있는 조국을 배신해서는 안 된다는 생각에 남한에 간다는 것은 생각도 못 했다. 중국에서의 가짜 신분증에 대한 단속도 강화되고 자신을 도와주던 친지들도 점점 소원해지자 불안해지기 시작했다. 바로 그때 남한 노동자인 [나] 씨를 소개받았다. 만나고 보니 안정적이고 따뜻하게 배려해 주는 사람이라고 생각되었다. 그래서 결혼을 생각하게 되었다.

조선족이 아니라 북한 사람이라는 [가] 씨를 만나기 위해 [나] 씨는 중국에 있는 '평양옥'이라는 식당을 찾아갔다. 식당에서 북한 노래가 나오니 [가] 씨는 자기도 모르게 함께 흥얼거렸고, 접대원들이 식사 시간 내내 옆에 서 있는 모습을 보고는 눈시울을 적셨다. [가] 씨는 그들이 어떤 과정을 거쳐 중국 땅까지 합법적으로 올 수 있었는지, 게다가 조금의 실수라도 있으면 바로 송환되는 사정을 알고 있어서 그들에게 측은한 마음이 들었다. 그러나 [나] 씨는 접대원들의 그런 모습이 감시하는 것 같아 싫고 섬뜩하게 느껴졌다.

[나] [가] 씨 나중에 식당에서 나오고 나서 말하는 것을 들어보니까 '고향의 봄' 하고 '반갑습니다' 라는 노래가 나왔을 때, 따라 부르려고 했다나? 울 뻔했다나? 허허 …….
[가] 여자들이 잘 해 주는데 ……. 가만히 생각해 보니까 내가 얼마나 옹색한지, 그렇더라고 …….
[나] 누구 세워 놓고 먹는 게 어색하잖아요. 그런데 [가] 씨는 나중에 울면서 나오더라고요. 그 여자가 우리 먹는데 보고 있으니까 마음이 안 되

었더래요. 어색하고 ……. 자기들 딴에는 세련되게 한다고 하는데, 자기들은 서빙을 하겠다고 하는데 ……. 옆에 서 있는 게 무슨 감시하는 것 같고 싫더라고요. 그런 분위기인지 몰랐는데 들어가 보니까 분위기가 섬뜩하더라고요.
[가] 산동에 '평양옥'으로 가는 거야. 조를 짜서 가는데 한 명이 말 한 번 잘못하거나 잘못 하면 그 조는 당장 돌아와야 하는 거야.

이렇게 서로의 사정에 대해 잘 몰랐다. [가] 씨에게 [나] 씨를 소개해 준 사람이 [나] 씨를 전문기술을 가진 괜찮은 남자라고 하였다. 사람들이 말하기를 혼자 남한에 가도 돈을 많이 번다는데 남편까지 있으면 더욱 안정적이지 않을까 하는 생각도 했다. 비록 나이차가 많이 나지만 그를 능력 있는 남성이라고 생각했다. 게다가 자신이 어려운 처지에 빠지자 누구보다 먼저 달려왔고 돈을 구해 온 사람 아니던가. [가] 씨는 [나] 씨를 생명의 은인이라 여겼다.

북한과 중국, 제3국에서 고생하면서 입국한 남한은 정말 다른 사회였다. 돈이 중요하고 필요한 사회였다. [가] 씨는 하나원에서 교육을 무사히 잘 마치고 남편을 만나 드디어 결혼하게 되었는데, 80세 노모와 형님집 방한 칸에 함께 들어가 살아야 했다. 가족 모두 북한 이주민인 [가] 씨에게 경기도의 14평 임대아파트가 나올 것을 기대하고 있었다. 그동안 [나] 씨가 [가] 씨를 한국에 데려오기 위해 많은 돈을 들였다고 했다. 그렇지만 [가] 씨는 당황하지 않을 수 없었다. [나] 씨는 그 밖에도 빚을 꽤 지고 있었기 때문이었다. 전문기술이 있어서 벌이는 좋았지만 그동안 모으기보다 쓰는 것이 더 많았기 때문이다. 한마디로 남편의 벌이는 빚을 갚는 데 써야 하고, [가] 씨 앞으로 나오는 정착금을 가지고 세 식구가 생활해야 하는 형편이었다. 그래도 [가] 씨는 지난 3년간 남편이 보여 준 진실을 믿을 수 있기에 용기를 내기로 했다. [나] 씨는 자신을 믿고 한국까지 와 준 아내가 고마웠다. 친구들이 '북한 여자는 데리고 와도 오면 다 달아난다'고 그랬지만 부인 [가] 씨는 [나] 씨에게 잘 맞춰 주려고 노력했다.

[나] 씨는 40년 인생을 살면서 부인을 데리고 온 일이 가장 힘든 일이었던 것 같지만, 부족한 자신과 결혼을 해 준 [가] 씨를 은인으로 여겼다.

[나] 친구들이 이런 경우 99% 남편이 당한다고, 오면 달아난다고 그랬어. 그런데 와 줘서 고마워.

(2) '부모 형제 없다는 반공교육'과 '인정은 살아 있는 북한'

[나] 씨의 가족들은 [가] 씨가 북한 사람이라는 사실에 결국 그를 남한으로 데려올 수 없을 것이라고 생각했다. 설사 데려온다고 해도 괜찮지 않을 것이라고 걱정하였다. 그동안 북한과 관련된 사람들은 많은 피해를 보았다는 것을 알고 있기 때문이다. 그렇지만 [나] 씨가 하는 일에 반대하지는 않았다. 다만 여러 가지 생각에 막연해했다. 그러니 다들 괜찮을 것이라고 바랄 뿐이었다.

[나] '괜찮을까?' 이런 거 걱정하지. '국가에서 반공적으로 너한테 피해 가는 거 없나?' 이런 거였지. 우리 집 식구들은 내가 하는 일을 반대하거나 그런 건 없어요. 그런데 아마 그때는 막연했을 거예요. 그래도 '괜찮겠지' 하고 바랄 뿐이었지요. 집에서도 이런 일을 접해 본 적이 없으니까 ……
[가] 반대할 이유가 없죠. 왜 반대해요?

[가] 씨는 북한 사람과 결혼하는 것 때문에 피해를 입을까 우려했다는 가족들의 생각이 의아했다. [가] 씨는 문득 자신의 가족들의 모습이 떠올라 가슴이 답답했다. 2002년 북한에 가서 어머니께 결혼 얘기를 꺼낼 때, [가] 씨는 가족들이 다칠까봐 감히 말도 제대로 못 했다. 신랑이 열세 살이나 많다는 얘기에 어머니는 놀라시면서 내내 미안해하셨다. 가족들 먹여 살리느라 타향에서 고생한 [가] 씨가 이제 가족들과 어울려 살지도 못하

고 혼자만 먼 길을 떠나야 한다는 사실에 몹시 안타까워하셨다.

[가] 내가 2002년 북에 갔을 때 어머니한테 결혼 얘기를 꺼냈어요. 그런데 그 말을 못 하잖아요. 왜 말 못 하냐 하면, 우리 집 앞이 보위부거든요. 나만 끙끙 앓는 거야. 내가 말을 잘못해서 우리 어머니와 형제들, 가족이 다치니까 감히 말을 못 해요. 믿을 수 없다는 게 아니라, 내가 '남쪽 남자를 두고 있다' 이렇게 말을 못 하잖아요. 보위부 사람이 그랬거든요. 나한테 '이제는 다른 생각하지 말고 시집이나 가야지. 안정된 생활을 해야지.'

엄마한테 물었어요. 엄마는 내가 그렇게 살아온 사실에 마음 아파해요. '빨리 가족들과 어울리고 그렇게 살았으면 좋겠는데' 하고 바라왔으니까 ……. '엄마가 너를 잘해 주고 많이 해 줘야 하는데 ……. 너 혼자만이 갈 수 있는 길이니까 ……. 사진 한 장도 없고 보지 못하더라도 가라' 고 …….

[나] 씨는 가족이나 주변 사람들이 북한 사람과 결혼하는 것을 반대하는 것을 경험하지는 않았다. 다만 남북한의 성장과정이나 정치적 영향으로 다른 부부들과는 다른 것을 겪으리라 추측할 뿐이었다. [나] 씨가 알고 있던 북한은 어릴 적부터 학교에서 배운 반공 교육에 의한 것이다. 남한은 민주자유사회이며 북한은 억압공산사회라서, 북한은 말 한마디 못하고 잡혀 가는 나라라고 배웠다.

[나] 아무래도 성장과정이나 정치적인 영향으로 인해 서로 틀리지 않을까 해요. 우리 어릴 적에 학교에서 반공교육 받을 때, 거기는 부모 자식도 없고 형제지간도 없고 당에 반동하면 무조건 신고하고 고발하는 것으로 알고 있는데 …….

[가] 씨는 남편이 북한에 대해 부분적인 것만 알고 있는 것이라고 하였다. 사실 사람들이 모여 김정일이나 통일에 대해 당과 다른 의견을 내

면 다음날에 가족 전체가 없어지는 것은 현실이었다. 어릴 적부터 공개 처형도 많이 보고 자랐다. 차라리 죽는 것을 보는 것은 쥐도 새도 모르게 없어지는 것보다는 덜 무서웠다. [가] 씨는 중국에 갔더니 사람들이 김일성과 김정일에 대해 함부로 말하는 것 같아 몹시 화가 났었다. 중국 땅에 발을 딛는 순간에도 부모님이 계신 조국으로 돌아가야 한다는 생각이 확고했다. 중국에서 처음 보름 동안에는 정신적으로 완전한 북한 사람이었다. 사실 북한에서 배고픈 것 빼고 체제 불만은 없었다. 배고픈 문제도 미국이 경제 봉쇄를 했기 때문이니 미국을 무조건 나쁘다고 생각했지 정부나 통치자를 탓하지는 않았다.

　　[가] (김정일은) 하늘같은 분이지. 히히. 진심으로 그렇게 배웠기 때문에
　　어쩔 수 없어요. 교육을 그런 식으로 받았기 때문에 어떤 순간에도 …….

　그렇지만 중국에서 벌어온 돈으로 산 집을 몰수당했을 때는 눈물이 나고 가슴이 미어지는 것 같았다. 돈보다 어머니의 눈에 눈물이 흐르게 한 것이 더 괴로웠다. 북한이 부모형제도 모르는 나라는 아니다. [가] 씨는 형제가 많은 집에서 부부간에 애정이 깊은 부모님을 보고 자랐다. 할머니한테 사랑도 많이 받고 친척들과 교류도 많았다. 집안 잔치나 명절 때는 모두 모여 음식을 해 먹던 기억이 많다. 경제난이 심각해져서 온 집안 식구들이 돈을 벌기 위해 바쁘게 살 때에도 항상 서로를 챙기며 우애를 다졌다. 북한은 발전하지 못한 사회지만 인정도 살아 있고 자연도 살아 있는 곳이라고 했다. 실제로는 남한보다 사람 살아가는 맛이 더 있는 것 같다고 했다. 정치 문제만 빼면 북한이 더 인간적인 면은 많은 것 같다며, 여기 사람들은 서로 어떻게 사는지 관심도 없고 다가가고 싶어도 못 하겠다고 하였다. [가] 씨의 결혼식만 해도 참으로 싱겁고 시시했다.

[가] 다른 한편으로는 이 사회가 더 힘들다고 말해야 하나? 북한을 아무리 뭐 어떻다고 해도 아직도 북한은 살아 있는 자연이라고 ……. 실제로 인정도 살아 있고 인간이 살아가는 맛이 있다고 ……. 북한에 대해 얘기해 달라고 하면, 정치를 떠나가지고는 인간적인 것이 더 좋다. 여긴 봐요. 여긴 어떤 사람들이 어떻게 사는지 관심도 없고 다가가고 싶어도 못 해요. 하다못해 앞집이 어떤지 알고 그래야 하는데 …….

[가] 엄마가 다 하죠. 북한은 집에서 다 해요. 한국 하고 북한 하고 차이점은 결혼식. 여기 결혼식은 대개 싱겁다고 해야 하나? 간단하다고 좋아해야 하나? 북한은요, 다 모여서 음식을 집에서 해요. 떡이고 국수고 다 집에서 해요. 그게 번거롭기는 해도 ……. 여기는 예식장 …… 싱거운 거 같아요. 휙 갔다가 휙 오고 …….

다. 갈등과 도전

(1) 말을 막 하는 북한 사람과 이중적으로 말하는 남한 사람

[나] 씨는 친구 부인들과 부부 동반 모임을 하고 나서 다른 부인들과 [가] 씨의 다른 점을 알게 되었다. 대화를 할 때 아내는 공격적인 태도와 말투를 보였다. 남한 사람들은 대화할 때 비록 다른 사람 말이 틀리더라도 면전에서 그것이 틀리다고 굳이 표현하지는 않는다. 남에게 득이 되지 않는 말은 안 하는 것이 예의라고 생각한다. [가] 씨는 바로 직언하며 상대의 심정은 별로 고려하지 않는 것 같았다. [가] 씨는 자신을 공격적이라고 하는 남편의 말은 인정하지만, 남한 사람들은 이중적으로 말하는 것으로 보인다고 되받아쳤다. 사람들 앞에서는 이렇다 저렇다 말해 놓고 뒤로 돌아 앉아서는 다르게 행동하는 것 아니냐고 하였다. 북한에서는 아니면 아닌 것이고 맞으면 맞는 것이라고 강조하였다.

[가] 인정할 것은 인정해요. 아니면 아니에요. 진짜 한국 사람들은 이중적이야. 이것저것 이렇다 저렇다 말해 놓고 돌아앉아서는 다르대? 우리는 아니면 아닌 거예요. 그런 게 있어요. 예를 들면 …… 그냥 면전에 두고 어머니가 생각하는 거하고 제가 생각하는 게 틀리면 저는 그냥 말해요. 표현해요. 제가 어머니한테 미처 나 표현 못 하면 신랑한테 말해요. 어머니한테 신랑이 할 말 있고 못 할 말이 있잖아요. 그러면 제가 못 할 말 대신 해 줘요.
[나] 아무래도 이유가 있겠죠. 나이 차이도 있고 생각에도 차이가 있죠. 이해하려고 해요. 그런데도 안 될 때 갑갑하죠.

[나] 씨는 [가] 씨 북한 친구들의 태도에 상당히 놀랐다. 친구들이 [가] 씨와 연락이 안 되면 자기에게 전화해서 할 말만 하고 끊어버리는 등 도무지 친구의 남편을 어려워하지도 않을 뿐더러 도통 상대를 배려하는 매너가 없는 것 아닌가. 전화를 걸면 예의 있게 인사도 좀 하고 자기 할 말도 상대방의 말이 끝나기를 기다렸다 해야 하는 것 아닌가. 그런데 그들은 전혀 그렇게 하지 않았다. 명령조 말에 곤란한 적이 한두 번이 아니다. 북한 사람을 잘 모르는 사람이라면 충분히 화가 날 법하다. [나] 씨는 '이 사람이 북한에서 와서 그런가 보군' 하고 이해하려고 노력했지만 처음에는 당황하였다.

[나] 결혼식에도 데리러 오라고 하고 ……. 그냥 무조건 와야 한다고 그러는 거예요. 남자 어려운 것도 없고 자기 볼일 보고 그냥 가버리는 거야.

반면 [가] 씨는 말만 하고 행동에 책임지지 않는 남한 사람들이 이해되지 않았다. 남한 사람들은 입에 침도 안 바르고 좋은 소리를 잘 한다고 생각했다. 막 정착을 시작하는 북한 이주민에게 불우 이웃을 돕는다는 등 그러면서 살림도 도와주고 필요한 거 있으면 해 주겠다고 약속하고는 감감무소식인 경우가 많았다. 정작 실질적으로 도움을 주는 것은 같은 북한 사람들이었다. 생소한 남한 사회에서 살게 된 북한 사람들에게 외롭지 않게 관심을 가져 주겠다고 달콤한 말들을 하는 이들은 이미 거부할 수 없는 구세주와 같은 존재가 되고 만다. 기대와 기다림 끝의 그 배반감과 실망감과 외로움을 어떻게 말할 수 있겠는가. 차라리 예고 없이 숟가락 하나라도 주는 게 더 나았을 것이다.

> [가] 남한 사람들은 북한 사람 경멸하는데 ……. 남한 사람은 입만, 말만 그래요. 북한 사람이 더 낫다고요. 최소한 도리를 지키려고 하는 기본 뿌리 마음이 중요한데 ……. 남한은 마음에 부족한 면이 많아요. 입에 꿀 바른 소리는 잘하지. 말은 필요 없어요. 준다고 말만 하지 말고 예고 없이 숟가락 하나라도 주라고 그래요. 한 달 기다리는데 안 온다고 ……. 해 준다고 해 놓고 안 해 주나 그래요. 그런데 남한 사람들은 이러죠. 북한 사람들은 매일 달라고만 한다고 …….

(2) 단 세 번의 기회와 무한 기회

[나] 씨는 성장과정의 차이로 인해, 남한 사람들은 모두 100으로 생각하고 있는데 북한 사람들은 70이라고 생각하는 것이 있다고 했다. 기회 보장에 대한 인식이 특히 그랬다. 일전에 [가] 씨는 운전면허를 따고 싶어 [나] 씨에게 방법과 절차를 물었다. [나] 씨는 저렴한 시뮬레이션 운전 학원을 추천해 주었다. [가] 씨는 컴퓨터 시뮬레이션으로 운전 연습을 하고 두세 번 실제 차를 다뤄보고 시험을 보았으나 실패하였다. 세 번째까지 떨어지자 [가] 씨는 깊은 좌절감에 빠졌다. [나] 씨는 '오늘 떨어지면 내일 또 하고 또 떨어지면 또 하면 되지' 하며 별 문제 아니라는 듯 태연했다. 그런 남편에게 [가] 씨는 '한국에서는 이번에 못 하면 다음에 하지'라는 사고가 통할지 몰라도 '저 나라는 무엇을 하려고 하면 세 번

만에 해야지. 안 되면 방향을 아주 바꿔야 한다. 다시는 기회가 주어지지 않아'라고 말했다. 그러나 남편은 아내가 한 번에 운전면허를 딴 다른 북한 친구들에 대해 열등감이 느껴져서 그렇게 초조하고 불안해하는 것이라고 생각하였다. 다섯 번째 떨어졌을 때 [가] 씨는 앞으로 영원히 운전을 못 할 거라는 두려움을 느꼈다. 자신이 바보같이 느껴지고 다시는 기회가 없을 것이라고 생각했다.

좀 끈질긴 성격의 [가] 씨는 지방에 가서 면허를 따 와야겠다고 생각하기에 이르렀다. 결국 친구가 있는 지방으로 갔다. 남편이 알면 못 하게 말리려고 찾아 올 것 같아서 어디에 있는지 알려 주지 않았다. 며칠 동안 남편은 노심초사했다. 아내의 행방을 알 수 없었기 때문이다. 혹시 한국을 잘 모르는 아내가 운전 브로커들에게 사기를 당하거나 해침을 당할까 봐, 무슨 사고가 난 것은 아닌지 걱정돼 아내의 친구들에게 연락을 해도 모두 모른다는 답뿐이었다. 목표가 뚜렷했던 부인은 전문 학원에서 결국 무사히 운전면허를 딴 뒤 집으로 돌아왔다. [나] 씨는 이러한 [가] 씨의 행동을 북한에서 받은 교육의 영향이라고 생각했다. 북한에서 받은 공격적인 교육 내용들, 예를 들어 '저돌적으로 임무를 완수하라'는 내용을 강요받으며 살아 왔기 때문이리라. 서로의 행동이 이해된 것은 아니었지만 남편에게 미안했던 부인은 '운전면허와 남편을 바꿀 생각은 없었다'며, 다시는 시험을 안 보겠다고 다짐까지 했다.

[가] 남편은 한국에 왔으니까 한국 법을 따르라고 해요. 그런데 내게 아직 그런 정신이 남아 있으니까 ……. '아니다 이건' 하고 느끼는 거예요. 북한에서는 세 번에 안 되면 기회도 안 줘요. 운전면허에 세 번 떨어지니까 내가 바보같이 느껴지는 거예요.

'다른 방법을 택해야지.' 여기는 학교 다니다 싫어지면 학교까지 바꿀 수 있잖아요. 그런데 거기는 병으로 내가 아파서 휴학한 것은 되지만 생활 때문에 휴학하고 다음해에 복학하겠다. 뭐 그런 건 안 돼요. 그런데 여기서 운전면허를 한 번, 두 번 …… 다섯 번 떨어지니까 정신이 …… 무조건 나만 바보 같아. 그런데 우리 남편은 '그냥 다음에 하면 되지' 하는 거예요. 마음 편하게 먹으라고 하더라고요. 저는 아닌데 ……. 스트레스 쌓여. 제가 좀 끈질겨요. 문건 하나를 만들어도 제대로 다 해내야지, 하다 말 거면 차라리 안 하는 게 더 낫거든. 그런데 그런 저한테 자기 식대로 따르라고 하니까 ……. 아, 그때 지방에 면허 따러 갔을 때 저도 이야기하고 싶고 보고 싶은데 어디 있다 말도 못 하고 ……. 남편 버릴 정도는 아니고 내 목표 때문에 그런 거니까 ……. 그렇다고 남편 버리겠어요? 그렇게 목숨 걸었냐? 절박하게 생각해 봤어요. 그리고 다짐했죠. 이제 다시는 시험 안 본다고. 제가 뭐 시작했다고 하면 무조건 첫째! 두 번째까지는 용서가 돼. 세 번째부터는 안 돼. 그런데 신랑은 '너는 성격을 고치지 않으면 안 된다' 그래요. 살다 보니까 조금 유해져요. 살아가면서 요령이 생기는지 ……. 이런 게 성장과정에서 다른 점이에요.

(3) 구속과 통제가 싫은 부인과 노심초사 남편

남한에서 살게 되면서 처음에는 악몽을 많이 꾸었다. 북한을 탈출하는 꿈, 탈출하다 잡히는 꿈, 가족들을 못 만나는 꿈, 남편에 대한 안 좋은 꿈 등 너무 생생하여 가위에 눌리기도 여러 번. 그런데 꿈이 그대로 잊혀지지 않고 마음을 불안하게 하는 것이었다. 술을 마시며 달래도 보고, 지방에 사는 친구들이나 가까이 있는 사촌 형님도 만나보고, 남편에게 괴로운 심정을 토로한 후에야 현실의 자신으로 돌아갈 수 있었다. 남편은 부인이 체력이 허약하여 나타나는 일이라고 생각했다. 영양부족과 빈혈로 자주 쓰러지고 기절할 정도로 아팠다. 심하게 아파서 길에서도 쓰러져 버리는 [가] 씨를 보며 '가난한 나라에서 못 먹고 살아서 그런가 보다' 하고 불쌍한 생각도 들었다. [나] 씨는 부인의 병이 고향에 대한 그리움, 타향살이의 외로움 때문이리라 생각하면서 하루빨리 남한에 적응시켜야겠다고 다짐하였다.

[가] 몸이 망가질 대로 망가져서 지금 처지가 말 못 할 정도로 한심해요. 목은 완전히 막혀서 말도 못 하고요. 병원에 갈 시간도 없어서 이제 겨우 주사 한 대 맞고 여기로 왔어요. 지금은 말도 못 해요. (편지)

[가] 남한 사회는 시험 사회예요. 시험 봐노 이겨야 하고 ……. 제 성격이 못된 성격이어서 그 성질을 못 이겨 병이 더 심해졌어요([가] 씨는 자주 기절할 정도로 아프다).

부인이 하는 일에 대해 하나하나 가르쳐야겠다는 마음으로 '내 말을 들으면 자다가도 떡이 생겨'라며 '네가 남한을 잘 모르니까 무조건 순종하라'고 하였다. 남한에 대해 잘 가르쳐 주고 싶고 부인이 잘 적응하기를 바라는 마음으로 행동 하나하나에 부담스러울 정도로 신경을 쓰고 있다. 남편이 북한 친구들을 만나는 것을 반대해서 [가] 씨는 마음대로 친구도 못 만나고 어디를 가든 남편과 함께 가거나 남편에게 허락을 받아야 했다. [나] 씨는 남한 사회가 위험하고, 부인 신상에 어떤 일이 생길지 불안해서 노심초사다.

결혼 후 6개월이 되었을 때 일이다. 중국에 간다고 준비하는 부인을 혼자 위험한 곳에 보내려니 걱정이 이만저만이 아니었다. 다시 잡혀가지는 않을까? 건강하지도 않은데 ……. 그런데도 그런 남편에게 [가] 씨는 '일도 안 나가고 잠시도 떨어지려고 안 하면서 어린애마냥 맴돌아서 속상하다'고만 했었다.

부인에게 남편의 이러한 태도는 든든하였지만, 이는 뭐든지 남편의 간섭과 통제를 받는 것을 의미했다. [가] 씨는 자유롭게 살아가는 친구들에 비하면 자신은 너무 구속받으며 사는 것 같다고 느꼈다. 남편은 '뭐든 이겨야 하는 고집 때문에 그 성질에 못 이겨서 병이 더 심해진다'고 남편이 북한 사람이라고 너무 무시하는 것으로 느끼기도 했다. 이러한 마음이 들면 남편과 한바탕 싸움이 일어났다. 아내에게 핀잔을 주지만, 자칫 실수라도 하게 되면 '북한 사람은 다 그러냐'고 무시하는 말을 듣게 되니 [가] 씨 입장에서는 잠시라도 긴장을 늦출 수 없는 일이었다.

> [가] 우리 남편은 북한 친구들 못 만나게 해요. 북한 사람들 만나면 배울 게 없다고 …….

(4) 철저한 부인과 느슨한 남편

[나] 씨가 보기에 [가] 씨는 유난히 돈에 대한 집착이 강해 보였다. [가] 씨는 남편이 진 빚을 갚으려면 자기가 관리해야 한다고 하였다. [가] 씨는 자신에게 들어온 돈은 절대 남한테 주지 않을 만큼 철저했다. [나] 씨는 돈을 쓸 때 가족을 먼저 생각해야 하는데 그렇지 못한 것 같았다. 얼마 전에는 경마, 주식 이런 도박에 대한 유혹에 빠져 매일 벌어 매일 먹고 마시는 등 흥청망청했다고 한다. 술과 친구를 너무 좋아해 아직도 총각 때처럼 술값을 대신 지불하는 등 대책이 없었다. 때로는 돈이 필요하다며 아내에게 빌려오라고 요구하기도 하였다.

> [나] 경마, 도박 다 해 봤는데 자기 마음먹기 나름이죠. 너무 유혹이 강하다 보니 자기 마음이 꺾이는 거예요. 주식해서 돈 버는 사람 있으면 나와 보라고 해요. 얼마 전에는 일당이 4만~5만 원이었어요. 그전에는 6만 원 받았는데 ……. 매일 벌어서 매일 먹고 ……. 진탕 그랬다고 …….

[가] 씨는 이제는 결혼도 하였으니 친구에게서 남편을 어느 정도 떼어 낼 필요를 느꼈다. 남편의 친구들은 돈을 못 쓰게 하는 [가] 씨를 좋아하지 않았다. [가] 씨는 [나] 씨에게 '지금까지 40년 동안 친구, 부모와 보냈으니 나머지 40년은 나를 위해 바쳐 달라'고 하였다. 그런데도 [나] 씨는 여전히 친구들과 어울리기를 좋아한다.

[가] '그 나이 되도록 집 한 채 없이 ……. 장가갈 생각도 안 했냐?' 이런 말도 했어요. 할 말은 하고 살아야죠? 남편 친구들이 그래요. '제수씨 미워요. [나] 씨 돈 못 쓰게 해서 …….' 나 하고 결혼하고 헛돈 안 쓰거든요.

남한에서 의지할 곳 없는 [가] 씨는 남편인 [나] 씨가 자신을 제일 먼저 생각해 주기를 바랐다. 그런데 남편에게 본인은 첫째가 아닌 것 같았다. 남편 휴대전화의 단축번호 1번은 아내가 아니다. 아내는 7번이다. [가] 씨는 자신이 무조건 첫째가 되어야 한다고 생각하는데 ……. 왜 일곱 번째밖에 안 될까. '나중에 이유를 말해 준다'던 남편이 한 이야기는 자신은 7이라는 숫자를 가장 좋아하며, 행운을 뜻하는 번호이기 때문이라고 하였다. 북한에서는 1번을 가장 좋아하는 것 같고(생각해 보니 특별히 선호하는 번호는 없는 것 같기도 하다), 행운의 7이라는 것은 없었다. [가] 씨는 남편의 설명에 이해를 하면서도, 내심 기분이 좋지는 않았다.

[나] 씨는 아내에게 늘 '돈은 내가 벌 테니 당신은 한국을 더 많이 배우라'고 하지만, 아무 일도 하지 않고 남편만을 바라보고 살기에는 불안했다. 하고 싶은 것도 많고 배우고 싶은 것도 많은데 남편이 찬성한 것은 기술을 배우는 것뿐이었다. 학교를 다니는 것에 대해 남편은 '남한 사람들도 대학 나와 실업자인 경우가 많은데, 북한 사람이 공부해 봤자 취업이 되겠냐?'며 만류했다. 그래도 [가] 씨에게는 꿈이 있다. 북한에 있는 친분이 두터운 의사 언니와 약속한 것이 있기 때문이다. 통일이 되면 같이 일하자 ……. [가] 씨는 간호사가 되어 그녀와 함께 일하기 위해 준비해야 했다.

[가] 그래도 남편이 그래요. '돈은 내가 벌게. 너는 자꾸 부딪치며 한국을 배운다고 생각해라.' 학교에 가서 배우는 건 반대하지만 …….

[나] 학교 나와서 뭐해요? 대학생들도 실업자가 부지기수인데 ……. [가]
가 뭘 배우고 뭘 해서 취직하겠어요?

[가] 그래도 난 하고 싶은 게 있어.

[나] 네가 그렇게 생각해도 세상이 그렇지 않아. 네 나이가 몇이냐? 학교
나오면 30대 중반이 넘는데 어디에 취업할 거야?

⑸ 냉정한 남한 사람과 능력 있는 북한 사람

[나] 씨는 북한이 남한보다 20~30년 뒤졌다고 생각했다. [나] 씨는
매체를 통해 북한은 다 굶어 죽고 독재 정권의 핍박을 받다 탈출해서 오
는 것을 많이 보았다. 얼마 전 북한을 왕래하는 중국 무역상을 통해 북한
에 있는 장모님, 처제와 통화했다. 북한에서 편지와 사진도 보내왔다.
[가] 씨는 칼라 사진이며 12색이라고 은근히 자랑스러워하였다. 그러나
[나] 씨 눈에 사진 속의 얼굴, 옷, 이미지는 무척 촌스러워 보일 따름이
었다. 우리나라 1970~80년대 사진처럼 보였다.

[나] 씨 가족들에게 역시 북한 사람들은 가난하고 굶주려 가는 이미지
로 각인되어 있었다. 남한의 TV에서 남북한의 경제활동 등 남북의 차이
를 보여 주는 것은 이미 별스러운 일이 아니기 때문이다. [가] 씨가 한
식구가 되었으니 내색은 못 하고 그냥 먹고 싶은 것들을 물어볼 뿐이었
다. 집에서 안 입는 옷가지며, 쓸 만한 물건들을 모아서 '북한에 보내주라'
고 하기도 하였다.

　[나] 북한 사람들이 어떻게 하는지 모르니까 ……. 거부반응 같은 건 없
었어요.
　(다르다고 느끼는 거 있어요?) 그건 있죠. 경제활동. TV에서 계속 그렇게
보여 주니까 ……. 어쨌든 이제 한 식구가 되었으니 그런 거 내색하겠어
요? 그쪽에서 제대로 못 먹었으니까 여기서 맛있는 거 해 주려고 해요.
그래서 '좋아하는 게 뭐냐? 뭐 먹고 싶으냐?' 고 자꾸 물어보고 하는데
…….

북한 사람들은 배급제 생활로 인해 열심히 일하지 않는다는 것도 부정적 이미지에 한몫했다. [가] 씨는 북한에는 일은 안 하고 일의 성과만 챙기는 게으른 사람이 많다고 하였다. 물론 자기가 맡은 일을 열심히 하는 사람들도 있지만, 그것이 기준이 되어 다른 사람들을 힘들게 하니까 동료들이 싫어한다고 하였다.

> [가] 북한에는 이런 말이 있거든요. '백공이삽'. 게으른 놈이 꼭 앞에서 '합시다' 하고 일 안하고 생색내는 거예요. 그러곤 나중에 어디서 뭐 한지 몰라요. 끝나고 나서 '자, 다 했습니다' 이러는 거예요. 욕하는 소리죠, 어떻게 보면 ……. 너무 열심히 일하는 사람들 보면 그렇게 하지 말라고 ……. 기준을 잡아야 하는데 시켜봐. 그런데 한 사람이 열심히 해서 그걸로 과제량이 정해지면, 다른 사람들은 '우리 힘들게 한다'고 싫어하죠. 간부는 좋아하죠. 열심히 하니까. 며칠은 견뎌. 그런데 며칠 안 가. 힘이 정해져 있는데 어떻게 해요. 하하.

[가] 씨는 일한 만큼 보상이 있는 남한 사회가 더 힘들지만 좋은 것 같다고 하였다. 그러나 북한에 대한 이러한 부정적 생각들이 북한 이주민들이 남한에 와서 처음 살아가는 데 더 힘들게 만든다는 생각이 들었다. 사실 북한 이주민이 남한에 왔다는 것 자체가 대단한 것이다. 목표가 없으면, 정신이 없으면 못 온다. 여기에 온 것 자체가 새로운 생활에 대한 큰 용기가 있다는 것인데 그걸 아무도 알아주지 않는다. 북한 이주민들은 중국에서부터 가진 '큰돈을 벌 희망'으로 북한보다 경제적으로 우세한 한국을 선택해 희망을 안고 온다. 빨리 성공하고 싶은 마음에 처음부터 대박을 터뜨리겠다는 성급한 목표를 세우게 되고 이내 좌절하고 실망하고 허탈감에 사로잡히게 된다. 남한 사람들은 북한 사람들과 함께 하고자 하지 않는다는 것을 깨닫게 된다. 같은 동포를 반기지도 않고 도와주려고 하지도 않는다. 사회 일원으로도 여기지 않는 냉담한 나라 ……. 형식적인 하나원 교육도 그랬다. 북한에서 태어나고 자란 [가] 씨에게도 자신이

생각하는 세계가 있을 것이고 시간도 필요한 것인데, 여유를 주지 않는 남한 사회는 더 많이 가지려고만 하는 사회로 보인다.

[가] 지금 여기서는 북한 사람들을 키우려고 하지 않아요. 이렇게 생각하면 돼요. 사기를 치고 왔던 살인을 하고 왔든 멍청하면 여기 오지 못 해요. 목표가 없다면 못 와요. 여기까지 오려고 했다는 자체가 새로운 생활에 대한 큰 용기가 있다는 거예요. 이렇게 보면 돼요. 와서 다 실망하고 허탈감에 비록 사로잡혀 있지만 여기 올 때는 그렇지 않았다. 그 사람은 한순간에 대박 터뜨리겠다고 생각해서 그런 거예요. 욕심 때문에 ……

라. 타협과 변화

(1) 애틋한 사랑 확인하기

[나] 씨는 처음에는 하고 싶은 말을 직선적으로 하는 [가] 씨가 부담스럽고 세련되지 못하게 느껴졌다. [나] 씨는 [가] 씨가 여기 사람들과 어울리면서 순화되는 것 같다고 했다. 북한에서 항상 과제에 쫓기는 생활을 하고, 수용 생활 등을 하다가 여유로운 생활을 경험해 보면서 말과 행동이 부드러워져 점점 나아지고 있다고 생각했다. 조급하지 않게 기다리는 것이 중요한 것 같았다.

[가] 씨는 [나] 씨가 자신에게 실망한 모습을 보여도 항상 그 자리를 지키려고 했다. 85세 된 노모를 정성스럽게 모셨다. 시댁 식구들이 북한 출신 올케에게 잘 해 주고 싶다며 관심을 가져 주는데, [가] 씨는 그 마음이 무척 고마웠다. 생일이라고 생일상을 차려주는 데 감동하였다. 한국에 오면 사기당하기 일쑤라던데 좋은 사람들을 만나 참 다행이었다. [나] 씨도 가족을 소중하게 생각하고 어른에게 깍듯이 대하는 아내가 고마웠다.

[가] 예쁜 짓을 해서 남편이 맛있는 거 사주고 싶대요.

예쁜 짓은 뭔지 궁금하시죠?

제가 시어머님을 목욕시켜 드렸거든요.

집에서 더운 물에 온몸을 깨끗이, 머리까지 다 감아드렸어요.

목욕탕에 모시고 갈려니까 어머님이 논 넓이 는다고 안 가신다고 야단이에요.

그래서 제가 집에서 깨끗이 씻어드렸어요.

전에는 목욕탕에 함께 갔었는데 어머님이 평생에 죽어도 원이 없대요.

그런데 오늘은 제가 집에서 오전에 시원하게 씻어드리고

방에 이불을 깔고 감기에 들지 않게 덮어 드렸더니 시원해서 잠이 들었어요.[편지]

사실 결혼 시작부터 긴장감이 많았다. 다른 나라에서 서로 잘 모르는 상태에서 만나서 목숨 걸고 도움을 받아 한국에서 다시 만나게 된 인연이 참 소중했다. 주변 사람들이 모두 부정적으로 생각했을 때도 [나] 씨는 [가] 씨에게 믿음이 있었다. 그러나 잘 보살펴야겠다는 마음으로 대한 행동들이 부인에게는 구속이며 통제로 느껴진다고 했을 때는 본심을 몰라주는 것 같아 섭섭했다. 그렇지만 부인을 위해 느긋하게 양보하기로 결심했다.

[가]. [나] 씨는 이제 제게 시간을 조금씩 양보해 준댔어요. 제가 며칠 전에 [나] 씨에게 '나를 너무 구속하지 말라'고 내 마음을 털어놓았거든요.

또 [나] 씨는 아내를 이해하기 위해 책을 많이 읽었다. 책을 읽고 얻게 된 정보로 아내와 대화도 많이 나누었다. 남한과 북한에 대해 진지하게 서로가 갖고 있는 단편적인 정보를 보완해 주었다. 북한에서도 이제 음식을 사서 먹는다는 이야기, 남한 사회가 더 성숙하지 못해 북한 사람을 차별한다는 이야기, 북한의 배급제처럼 남한도 일당제가 있다는 이야기, 북한의 사람 사는 이야기 등등 많은 이야기를 나누었다. [나] 씨는 북한에 관한 책과 아내가 해 준 이야기들을 주변 사람들과 재미있게 나누고 있다. 부부는 이제 '남북한을 서로 이해하니까 더 잘 살게 되는 것 같다', '내가 이렇게 해야 하는 거구나' 하고 깨닫는 것이 많아지고 있다.

[나] 씨는 아내가 '집 한 칸 마련 못 하고 뭐 했느냐'는 따끔한 충고를 했을 때 반성했다. 이제 아내가 있으니 열심히 살아야겠다는 목표가 생긴 것이다. 돈을 더 많이 벌기 위해 더 많은 노력을 하고 있다. [가] 씨는 북한에 있는 가족에게 어떻게 해서든 돈과 생활용품을 마련해 보내려고 한다. 가족에 대한 애틋함과 노력이 대단하다. [나] 씨도 북한 가족을 위해 적극적으로 돕기로 하였다.

그러나 갈등은 끊이지 않는다. 최근에 시누이가 병으로 입원을 했는데 학원 공부만 열중하는 [가] 씨에게 남편은 불평이 컸고 이해할 수가 없었다. 체력이 약해 간호사 공부하는 것이 힘들지만 최선을 다하고 있는데도 남편은 좀처럼 인정해주지 않으려고 한다고 생각했다. 반면 [가] 씨는 끈기 있게 일하지 못하고 열심히 노력하지 않는 남편 때문에 맘고생이 크다. [나] 씨는 일당이 적은 일은 안한다며 몇 달째 쉬고 있다. 게다가 얼마 전엔 자신의 몫이라며 지난 1년간 조금 모여진 돈의 절반을 가지고 집을 나갔다. 이 일로 [가] 씨와 [나] 씨는 심각하게 이혼을 생각하게 되었다.

[가], [나]의 epilogue

그래도 남북한 사람이 함께 살아보니 실제적으로 부정적인 이미지는 없었다. 가족들도 북한 사람에 대한 거부감이 거의 없었다. 다만 좀 다르다고 느낄 뿐이었다. 그러나 살아보기 전에는 당연한 것이겠지만 부정적

이미지를 가지고 있었다. 지나고 보니 남북한이 서로에 대해 욕심이 많다는 것을 알게 되었다. 그 욕심을 서로 조금씩 양보하니 여유 있게 서로를 바라볼 수 있게 되었다. [가] 씨는 현재 간호학원을 다니면서 간호조무사 자격증 취득을 위해 준비하고 있고, 남편은 [가] 씨의 꿈을 이뤄주기 위해서 '간호사'가 되는 공부를 지원하고 있다. 그리고 [나] 씨는 개성공단에 인력지원을 하고 기다리는 중이다.

> [가] 서로 욕심이 많잖아요. 나한테 너무 많은 걸 요구하지 말라고 했어요. 100% 기준에서 50%를 생각하고 있을 때 60~70% 해 주면 기쁘잖아요. 그런데 무조건 100% 해 달라고 할 때는 힘들죠, 저희도. 남한 사람도 그런 게 있을 텐데, 나한테 100%를 요구하나? 나도 내가 생각하는 내세계가 있을 것이고 시간도 필요한데 ……. 조금씩조금씩 ……. 서로가 너무 많은 것을 가지려고 하지 말고 …….

2. [다], [라] 부부 이야기

가. 만나기까지

(1) [다]의 이야기

[다] 씨는 평양에서 2남2녀의 막내딸로 태어나 량강도 B시에서 자란 30대 초반의 여성이다. 아버지는 관료였고, 어머니는 인정받는 요리사로서 생활력도 무척 강해 식량난에도 먹을 걱정이 없었다. 오빠들과 언니는 군대와 대학을 다니며 입당을 할 정도로 [다] 씨의 집안은 토대 좋은 집안이었다. [다] 씨는 소박하고 주어진 일에 최선을 다하는 성격을 가졌다. [다] 씨는 고등중학교를 마치고 B시의 전화국에서 일했다. 결혼한 큰 오빠네와 함께 살면서 외동딸로 교원을 하다 시집온 올케언니가 힘들다는 소리 한번 하지 않고 집안일을 해 나가는 것이 고마워 집안일을 도울 정

도로 인정도 많고 순박한 처녀였다.

[다] 전화국 작업반 인원이 아침, 오후, 저녁 3교대로 총 70명이에요. 저
는 저희 친오빠가 결혼하고 같이 살았어요. 북한은 다 수동식이잖아요.
여기는 자동이 많은데 …… . 수도도 안 나오면 길어다 먹어야 하고 그러
는데 …… . 형님이 저희하고 같이 4년 살았는데 물풍질(물투정)을 한 번도
안 했어요. 형님은 외동딸에 학교 교원이었어요. 제가 교환직렬에 있으니
까 3교대로 새벽에 가면 3~4시에 들어오고, 낮교대하면 오후 2시에 나가
는데 그때까지 집안일을 다 해 놓고 하니까 …… .

북한에 살 때 [다] 씨의 가족은 미국에 계신 할머니와 연락을 하면서
할머니의 도움을 받았다. 할머니는 북한에 살고 있는 아들 가족에 대해
물심양면으로 걱정이 많으셨는데, 북한 경제가 안 좋고 식량난이 심각해
지자 [다] 씨 가족 모두 한국으로 가는 것에 대해 제안하셨다. 고모가 중
국에 사는 조선족 목사를 통해 남한에 가는 일을 알아봐 주었다. 먼저 큰
오빠, 아버지, 어머니가 먼저 중국으로 탈북하였고 나중에 작은오빠, 언니,
[다] 씨가 뒤를 따랐다. 이 과정에서 먼저 떠난 가족을 만날 수 없었다.
제발 한국에서 만날 수 있게 해 달라고 기도하는 수밖에 없었다. 47년간
의 할머니의 기도와 주변의 도움으로 무사히 한국에 도착하여 먼저 들어
온 가족들과 만날 수 있었다.

탈북과정에서 기독교를 믿게 된 가족들은 모두 교회를 열심히 다니게
되었다. [다] 씨는 교회에서 사무직으로 일할 수 있는 기회도 얻었다. 통
일부에 이력서를 써서 제출해 전화국에 당장 취업하고 싶었지만 사정상
기다려야 했기 때문이다. 교회 일을 하면서 사람들도 사귀고 일도 배웠다.
특히 남한의 돈에 대해 직접적으로 배울 수 있는 기회가 되었다. 반년 정
도 교회 사무 일을 한 후, 전화국에 취업하여 창구업무도 볼 수 있었다.
북한에서도 하던 일을 남한에서도 할 수 있게 된 것이 정말 행복했다. 한

창 일에 재미가 나던 중이어서 특별히 결혼 생각은 없었는데, 주변에서 결혼 안 하냐고 자꾸 스트레스를 주더니 사람을 소개시켜 주는 것이었다. [다] 씨는 결혼을 전제로 1999년 [라] 씨를 만나게 되었다.

[다] 처음에는 여기 와서 결혼할 생각을 안 했거든요. 사람들이 '왜 결혼 안 하냐?' 그러는데 그게 약간씩 스트레스가 돼요. 맨 처음에는 회사에 바로 못 들어가고 이력서만 써서 통일부에 제출했거든요. 목사님이 교회 서무로 들어와서 일하라고 그러더라고요. 일하니까 청년들도 알고 그랬는 데, 회사 출근하고 바쁘고 그러니까 결혼에 대한 생각은 없더라고요. 오빠 친구가 '여자는 그래도 결혼해야 한다' 고 그러더라고요.

(2) [라]의 이야기

충청남도에서 자란 [라] 씨는 3남2녀 중 셋째로, 현재 30대 후반이다. 부사관 출신 직업군인인 [라] 씨는 중학교 때 아버지가 돌아가신 후, 형들의 도움으로 학교를 다니다가 기계기술을 배워 상경하였다. 방송통신고등학교를 다니면서 3년 동안 낮에는 일하고 밤에는 공부하며 형들에게 의존하지 않는 독립적인 생활을 하였다.

[라] 아버지가 중학교 1학년 때 술 때문에 돌아가셨어요. 중 1때 형들한 테 편지를 쓰는 거예요. '등록금을 내야 한다' 고. 그러면 돈을 보내와요. 그래서 중학교를 나왔고. 중학교 때도 장학생이 되려고 신청했는데 안 됐어요. 충남 직업훈련원 기계과에 들어가 1년 동안 기술을 배워 상경했죠. 상경해 직장을 다녔는데 취직해서 다니면서 …… 사람은 최소한 고등학교 졸업장까지는 있어야겠다고 생각해 방송통신고등학교에 다녔어요. 3년 동안 낮에는 일하고 밤에는 공부하고 …… 고등학교 때는 학비는 내가 벌어서 내가 냈지요. 형들한테 의존하지 않았어요. 영장도 나왔었는데 고등학교를 졸업하지 못해서 1년간 유예를 했어요. 졸업하고 그해 군대에 들어왔죠.

1998년에 어머니도 돌아가셨다. 큰형은 한식 요리사, 작은형은 중식 요리사로 서울에서 작은 식당을 하고 있다. 다들 생활이 바쁘기도 하거니와, 찾아가서 팔아 주려고 해도 형들이 돈을 받지 않아 불편해 자주 만나지는 못하고 있다.

고등학교를 마치고 군 입대 후에 부사관으로 지원해 합격하였다. 경쟁률이 높았는데 합격해 자신이 매우 자랑스러웠다. 야간 전문기술대학도 혼자 힘으로 나왔다. [라] 씨는 어린 나이부터 혼자 생활해 자기 규율이 엄격한 편이었다. 또 군부대에서 부하들을 관리하는 직업을 가지고 있어 작은 것부터 꼼꼼하게 챙기는 성격을 가지게 되었다. 매사 실력보다는 운이 좋은 것 같다고 생각하지만, 어떠한 종교보다 자신에 대한 믿음이 더욱 확고하여 자신감이 있었다.

[라] 씨는 대학 사은회, 초중등 동창회를 위한 일도 많이 하게 되었다. 군대 생활을 10년 이상 하게 되면서 점점 말도 딱딱해지고 겉늙어 보이고 생각도 단순해지는 것 같았기 때문이었다.

1999년 즈음 30대 중반이 되면서 결혼을 하기 위해 몇몇 여자를 소개받았다. 그러던 중 군대 상급자에게서 [다] 씨를 소개받았다.

나. 만남과 결혼

(1) 깨끗한 여자와 안전한 남자

[라] 씨는 [다] 씨를 처음 본 순간 '참 깨끗하다'고 느꼈다. 남쪽 나라 여자 하고는 다른 것 같았다. 자신을 똑바로 쳐다보지도 못하는 [다] 씨는 부모님을 모시고 사는 것이 바람이라고 하였다. 행동이나 생각의 수준이 우리나라보다는 20~30년 뒤떨어진 느낌이랄까. 때 묻지 않은 순수한 인상이었다. 첫날부터 자신이 어떤 남자인지 보여 주고 싶었다.

[라] 남쪽 나라의 여자하고는 틀리다. 그런 ……. 모든 생각 수준이라든가 그런 것을 봤을 때 아무래도 북한은 1960~70대 우리나라보다 분위기야. 상당히 깨끗한 인상을 받았습니다.

내가 군인이어서 명함이 없어요. 그냥 내가 개인적으로 만든 건데 '성실하게 즐겁게 아름답게 살자.' 이렇게 솨우병을 넣어서 만든 냉함에 이름, 전화번호 적어 주니까 거기에 반했나봐. 집에 돌려보내고 그 다음날 또 계속 봐야 하니까 …… 내가 어떤 남자인지 보여 줘야 하니까…….

[다] 씨는 [라] 씨에게 술, 담배를 하는지 종교가 무엇인지 물었다. 그는 술, 담배도 안 하며 기독교를 믿는다고 대답했다. 그 점이 [다] 씨는 참 마음에 들었다. [다] 씨와 가족들에게 종교는 매우 중요하다고 했다. 특히 어머니는 한국에 와서 너무 윤리가 없다고 느끼셨다며 교회에 다니며 생활력 있는 사람을 원하셨다. 처음 [라] 씨가 인사 왔을 때에도 부모님들은 종교를 중요시하셨다. 그런데 사실 [라] 씨는 술도 조금 하고 기독교도 믿지 않았는데 특별히 거부감도 없었지만 무엇보다 결혼하고 싶은 마음에 그렇게 거짓말로 대답한 것이었다. 결혼 얘기가 오가자 상사에게 '북한 여자와 결혼해도 되는지' 물어 보았다. '좋다, 뭐가 문제냐. 간첩이 아닌 이상'이라는 말을 듣고 결혼을 추진하게 되었다.

[다] 씨는 남한 사람이어야 한다든지 북한 사람이어야 한다든지 하는 생각은 따로 안 해 봤지만, 정직하고 착한 사람을 만나야겠다는 생각은 하고 있었다. 우선 [라] 씨의 직업이 마음에 들었다. 국방부에 다니는 남자. 네 살 차이니 궁합도 좋겠다고 생각했다(사실 후에 알았지만 5살 차이였다). 군인이니까 어디 가서 사기 치지는 않을 것 같았고, 나라에 어긋나는 일 안 하면 순응하면서 살 수 있을 것 같았다. [다] 씨는 첫 만남에서 [라] 씨를 안 보는 척하면서 살짝살짝 쳐다봤다.

[다] 군인이어서 그런지 얼굴이 까맣더라고요. 북에 있을 때 우리 사촌언니들이 군인 하고 결혼을 많이 했는데 찬바람 많이 맞고 하니까 많이 타더라고요. 그래서 '많이 탔나 보다' 생각했지요. 원래 얼굴이 검은 걸 모르고 ……. 여자는 마주보지를 못하잖아요. 술, 담배는 안 한다고 하고 ……. 저는 그런데 귀를 봐요. '오늘 오빠가 소개해 준 사람을 봤는데 귀가 진짜 잘생겼다, 엄마.' 이렇게 말했어요. 그런데 교회도 다닌대. 군인 공무원이니까 어디 가서 사기 치지는 않을 것 같더라고요. '나라에 어긋나는 일 안 하면 순응하면서 살 수 있겠다.' 명함을 줬는데 때가 안 묻은 거 있죠. 명함이 번득번득하지도 않고, 내용이 정직하고 '아름답고 착하게 살자.' 그 구절이 참 때가 안 묻었구나.

[다] 씨에게 [라] 씨는 직업도 안정적이고, 귀도 잘 생기고, 술 담배도 안 하고, 교회까지 다니는 거의 완벽한 조건을 가진 남자였다. 믿음과 안심을 느낄 수 있었다. 다만 [라] 씨는 부모님이 모두 돌아가셨다고 하였다. [다] 씨는 북한 여자라면 다 가지고 있는 소망인 좋은 며느리가 되고 싶은 꿈이 있었다.

[다] 가정 내력을 설명하는데 부모님이 안 계시더라고요. 참 이상하게 소개가 들어오면 한쪽 부모가 없거나 부모님 모두 안 계시더라고요. 난 좋은 며느리 소리 들으면서 살고 싶은데 ……. 안 되는구나. 그 말을 듣는 순간, 그가 참 불쌍해 보이더라고요. 형님 둘에 여동생도 둘이나 있다고 하지만 어딘가 모르게 부모가 안 계시다고 하니까 ……. 새들도 날아다니려면 정상이라야 잘 날 수 있는데, 어딘가 모르게 측은해 보이는 게 ……. 부모님 돌아가셨다는 얘기 하면서 눈곱이 젖어 있더라고요. 나도 여기 올 때 부모님이 안 계시면 남한테 추해 보이지 않을까 그런 생각이 들었었는데 …….

첫 만남에서 서로 호감이 갔던 [다] 씨와 [라] 씨는 자주 만나고 전화하며 연애를 시작하였다. [라] 씨는 적극적으로 나서야 한다고 생각하고 부하 직원들에게 연애할 때 남자가 어떻게 해야 여자들이 좋아하는지 정보를 수집하기 시작했다. 매일 전화하는 것은 물론 기념일 같은 때 꽃과 선물도 준비했다. 꽃을 사서 들고 갈 때는 정말 너무 낯설고 부끄러웠다. 둘 다 연애를 처음 하는 것이어서 어색하고 쑥스러웠다.

그러던 어느 날, [다] 씨는 [라] 씨의 적극적인 구애를 받고 감동을 받게 되었다. [라] 씨는 만난 지 100일 되는 날에 [다] 씨에게 장미 100송이를 바치고, 근사한 식당에서 식사도 함께하였다. 그렇게 데이트를 하는 내내 세심하게 배려해 주는 모습이라니 ……. [다] 씨의 가족들도 모두 놀랐다. 남자가 여자를 위해 그렇게 하는 모습이 낯설지만 좋아 결혼을 적극적으로 지지해 주어 2000년 6월 드디어 결혼하였다.

다. 갈등과 도전

(1) 절대 믿음과 종교의 자유

[다] 씨와 [라] 씨의 가장 심각한 부부 문제는 종교 문제였다. 남편이 교회에 가지 않는 것을 부인은 도저히 이해할 수 없었고 도저히 받아들여지지 않았다. 분명히 결혼 전에 기독교를 믿는다고 하지 않았던가. 교회에서 '남자 분이 안 다녀서 교회에 못 다니는 사람이 많다'고 들어서 결혼 전부터 종교를 중요한 기준으로 삼지 않았던가. 결혼 전에 가족들에게 [라] 씨를 소개할 때에도 '교회 다니는가?'가 첫 질문이었을 정도로 종교는 집안에서 중요한 문제였다. 목사님도 교회에 안 다니는 사람은 어려울 것이라고 했다. [다] 씨와 가족들에게 교회의 의미는 '할머니의 기도 덕분에 온 가족이 남한에 올 수 있었기 때문에' 중요했다.

[다] 신앙이 좋고 그래서 그런 것만은 아니고 ……. 중국에 엄마, 큰오빠, 아빠만 먼저 떠나고 나중에 절반이 떠났는데, 처음에 먼저 떠난 가족들을 만날 수가 없었지요 ……. 우리 고모가 미국에서 중국에 있는 선교 목사를 소개했어요. 사람이 물에 빠지면 뭐라도 잡고 싶은 심정인데 ……. 우리 할머니가 47년 동안 믿고 기도해서 우리가 이렇게 와서 가족들도 다시 만나고 ……. 우리 할머니가 헛되이 믿은 것도 아닐 테고 ……. 성경책을 조금씩 봤는데 틀린 말이 하나도 없더라고요. 그래서 믿기 시작했는데, 제가 기도할 줄을 알아요? 뭘 해요?

교회에 다닌다고 선의의 거짓말을 한 [라] 씨는 사실 두 가지 생각을 하고 있었다. 첫째, '북한에서 27년 동안 없었던 종교였으니까 당연히 그 믿음도 약할 것'이라고 생각했던 것. 둘째, '남한에서는 종교의 자유가 있으니까 나의 선택일 뿐'이라는 생각이 그것이다.

그런데 그게 아니었다. [다] 씨는 그 누구보다 종교에 대한 신념이 대단했다. 탈북과정에서 일어난 모든 일들이 종교적인 체험이라고 굳게 믿고 있는 사람이었다. 또한 남쪽은 종교의 자유가 있다고 아무리 설명해도, 교회를 회피하는 것은 자신과 부부관계에 대한 신뢰의 상실을 의미한다고 강하게 주장하였다. [라] 씨는 종교의 자유의 의미를 잘 모르는 [다] 씨가 답답하게 느껴졌고 화가 나기도 하였다.

[다] 씨는 북한에서 온 북한 이주민인 데다 교회에서 사무 일을 보았기 때문에 교회 사람들이 늘 자신에게 관심과 시선을 많이 보낸다는 것을 알고 있었다. 주일날 남편 없이 혼자 아이와 교회에 가는 것이 남 부끄럽고 남들의 입에 말이 도는 것도 싫었다.

남편의 말대로 그동안 믿지 않았는데 갑자기 대단한 믿음이 생긴 것은 아니다. 탈북과정에서 느낀 두려움은 기도에 의지하지 않을 수 없게 만들었고, 그 불안한 마음을 성경을 읽으면서 달래다 보니 기도도 할 줄 몰랐던 자신에게 어느덧 믿음이 생기게 된 것이다. 남한에 와서 자리 잡을 수 있게 된 것도 모두 기도 덕분이라는 생각이 들었다. 게다가 북한 사람들이 남한에 와서 가장 어렵게 생각하는 '돈'에 관한 일들-교회성금 관리, 전화국 창구 요금 수납일-을 하게 된 것에는 더욱 감사했다. 이렇게 조금씩 쌓인 체험이 27년 동안 믿지 않았던 종교를 깊게 믿게 만든 것이다. 이제 헛되이 생활하지 않게 된 것이 참 고마웠다.

> [라] 사실 종교 안 믿는 분들도 많잖아요. 국무총리, 대통령이 믿는다고
> 하더라도 내 마음이 아직까지 종교에는 …… . 친구 따라 교회 한번 따라
> 가고 그랬긴 했지. 내가 힘이 들면 내 노력으로 헤쳐 나가기도 하고 …… .
> 내가 얼굴이 까무잡잡하고 겉늙어 보이는 이유가 내가 엄청 노력하니까
> 그런 거 아니겠어요? 저는 성실하고 부지런해요.

[라] 씨는 자신이 힘들고 어려우면 스스로 노력으로 헤쳐 나가야지 종교에 의존하는 것은 자기 성미에 맞지 않는다고 느꼈다. 믿음이 있다고 하더라도 마음으로 믿는 것이 중요하지, 교회에 가서 설교를 듣는 것은 왠지 불편하고 따분한 일로 느껴졌다. 또 왜 일요일이면 꼭 교회에 가야 하는지, 다른 중요한 일이 있으면 안 갈 수도 있지 않은가 하는 생각이 들었다.

> [다] 그런데 남편 말씀한 대로 빠지잖아요. 뭐, 우선순위가 있어 빼잖아
> 요. 그러면 다음 주에 또 일이 생겨요. 그럴 바에는 안 믿는 게 낫지. 그
> 냥 마음 편하게 다니는 게 낫지. 왜 믿어요? 우선순위를 교회로 둬야 종
> 교인인 거지.

남편은 결혼해서 처음 교회에 잠시 다녔던 것으로 지금 다니지 않은 것을 정당화하는데 그건 핑계였다.

[다] 그게 스트레스가 된다는 것은 아이를 임신했을 때 ……. 안 낳고 싶더라고요.

[라] 제가 처음에는 조금 다녔어요.

[다] '내가 처음에는 다녔지 않았냐.' 그걸 계속 말하는데. 아이쿠! 한번은 교회에서 부흥회를 했는데, 부흥회에 가자고 했거든요. 차타고 가다가 …….

[라] 난 부흥회는 안 간다!

[다] 눈이 세모가 돼 가지고 ……. 내가 차에서 뛰어내리고 싶었어요. 하여간 요모조모로 피해 가는데 힘들어서 …….

(2) 낭만을 즐기고 싶은 남편과 낭만을 사치로 보는 부인

[라] 씨는 어머니가 아버지한테 맞는 것을 보고 자라서, 부인에게 잘하고 사랑으로 다정다감하게 해 주어야 한다는 확고한 신념을 가지고 있었고 실천하고 싶었다. [다] 씨는 가정에 충실하고 자신이 요구하는 것을 다 들어 주는 남편이 좋았지만 가끔 이해할 수 없는 요구를 하면 당황스러웠다. [라] 씨도 가끔 편하게 얘기하는 것들을 아내가 잘 받아들여주지 않는다고 생각한 적이 많았다.

남편은 봉급날이 되어 가족끼리 외식 좀 하자고 하면 아내가 집에서 먹자고 바로 대답하여 무색했던 적이 많았다. 좋은 기분에 외식하자고 하면, 아내는 집에서 먹으나 나가서 먹으나 다 똑같다며 거절하였다. 으레 [다] 씨는 돈 아깝다며 그 돈 있으면 자신에게 달라고 하였다. [다] 씨는 집도 없는 형편에 흥청망청 허황된 생활을 하고 싶지 않았기 때문이라고 하였다. 남편은 외식이 비일비재하면 문제겠지만 가뭄에 비 오듯 하는 것인데 아내가 좀처럼 받아들여 주지 않아 마음이 상하였다. 그래도 [라] 씨는 굴하지 않고 그렇게 살고 싶었다. 가끔 외식도 하고 가끔 모텔에 가서 자면서 기분전환도 하고 싶었다. 요즘 생활이 어떤지 부부간 대화도 하고 싶었다.

[다] 외식에 모텔 ……. 거기나 집이나 똑같은데 ……. 아깝잖아요. 그 돈이면 나한테 주라고 해요. 그러면 싫다고 그러는 거예요. 솔직히 집도 없는 형편에 언제 그런 ……. 지금 집은 군대에서 주는 거니까. 흥청망청 허황된 생활을 하고 싶지 않더라고요.

[라] 비일비새하년 문제죠. 가뭄에 비 오듯 하는 건데 ……. 기분 전환도 하고 ……. 요즘 생활이 어떤가 볼 수도 있고. 젊었을 때 하는 거지. 나이 먹어서 하는 건가?

(3) 내 집에서 살기와 친정에서 살기

이들 부부는 맞벌이라서 세 살 된 아들을 친정(서울 *동)에서 돌봐주고 있다. 군인사택은 거의 별장이었다. 남편은 아내가 집에서 생활하기를 바라지만, 아내는 퇴근 후 아이를 데리고 집까지 오는 것이 너무 무리라고 친정에서 생활하고 있다. 게다가 [다] 씨는 최근 8시가 넘어야 겨우 퇴근할 수 있고 야근도 많아져 살림하기에 벅찼다. 주중에는 남편이 가끔 집에 들러 살펴보는 정도고, 가급적이면 주말에는 집에서 함께 보내기를 바랄 뿐이었다. [다] 씨는 북한에서는 집안일 하며 직장 일 하는 게 두렵거나 힘들지 않았는데, 여기서는 어려운 것 같다고 했다. 하루 종일 회사에서 시달리다가 집에 가서 뭔가 하려니까 힘들었다. 친정에 가면 따뜻한 밥이라도 편하게 먹을 수 있으니 좋았다. 그러나 남편은 아내가 점점 가정 일에 소홀해지는 것이 싫었다. 아내가 자신이 원하는 식사를 차려 준 기억도 가물가물했다.

[다] 아이는 여기 놀이방, 유치원 다니는데 직장 갔다 오면 늦잖아요. 엄마 없으면 직장도 못 다니겠어요. 지난해까지만 해도 '팽' 하면 나왔는데 올해는 회사가 민영화돼 일은 많지 ……. 일이 많아요. 빨리 오면 8시고 늦게 오면 10시고 ……. 아침에는 8시까지 가야 하니까 …….
그런데 살림은 안 하니까 더 게을러지는 거 같아요. 애를 낳고 나서 더

게을러지는 거 같아요.

[라] 진짜 많이 게을러진 거 같아. 뭐 하나 준비하려면 상당히 많은 시간을 ……

[다] 그건 안 하다 하니까 하기 싫어져서 ……. 파출부 쓰는 사람 마음을 이해하겠다니까. 모든 게 귀찮으니까 …….

[라] 장모님이 다 해 주니까 …….

'처가에서 주로 먹는 음식들은 평범하고 북한 사람들 식성에 잘 맞는 것이었다. 장모님이 요리사 출신이어서 그런지 음식이 더 맛있었다. [다] 씨는 북한제 재료가 더 맛있다고 하였다. 다만, 미역국을 끓일 때 고추장을 풀어서 이상했다. [라] 씨는 그렇게 먹어보지 않아서인지 먹기 싫었다. 아내는 매콤해서 개운하다고 하였다. [다] 씨는 오히려 남한에 와서 반찬이 슴슴(심심)해서 젓가락이 가지 않았던 적이 많았다. 시금치를 무칠 때 북한에서는 된장으로 무치는데 여기는 소금으로 하는 경우가 많았다. [다] 씨는 주로 국수, 수제비, 콩, 두부 등 시골 음식을 좋아하였다. 북한에서 함께 온 처남은 북한에서 많이 먹었다며 감자를 먹지 않았다. 생선 중에서는 갈치도 안 먹고, 가끔 배급에 나왔던 명태나 고등어만 즐겨 먹었다. 특히 [다] 씨 입맛에 남한에는 느끼한 음식들이 많았다. 카레나 마요네즈 같은 것은 먹어 본 적도 없고 안 먹는다. [다] 씨는 피자나 양식 음식은 한 번도 사먹어 본 적도 없고 싫어한다고 하였다.

[라] 음식 같은 것은 …… 집사람이 김장을 하는지 안 하는지 몰라. 한 번도 김장해서 먹어본 적은 없으니까. 그런데 자기 딴에는 한다니까 …….

[다] 여름에 먹었잖아.

[라] 집사람은 한다는데 먹어보지 못했어. 음식도 북한 하고 남쪽 하고 차이가 확 난다던가. 북한제가 더 맛있대요. 고기도 생선도 더 맛있대요. 장모님도 얘기하고 ……. 장모님이 또 요리사 출신이다 보니 음식을 맛있게 잘해 주세요. 그런데 미역국 끓이는데 고추장을 풀더라고? 난 그렇게

먹어보지 않았어. 멸치로 육수 만들어서 파 좀 넣고 마늘 넣고 끓이는데
…….

[다] 그렇게 먹으면 매콤하잖아요. 그렇게 먹는 걸 더 좋아하거든요. 개
운하잖아요.

[라] 난 그렇게 안 먹어.

⑷ 기념일 챙기는 남한 남자와 낮설어하는 북한 가족들

　[다] 씨가 보기에 남편은 남한 사람이어서 그런지 각종 기념일들을 잘
챙겨 주었다. 결혼기념일, 어버이날, 부모님 생신에 케이크며 선물이며 잊
지 않고 준비해 주었다. 그런데 북한에서 50년 넘게 살아 온 부모님은 선
물 같은 것은 아직 적응이 안 된다고 하였다. 생일이나 어버이날에도 부
모님은 선물 자체를 좋아하지는 않으셨다. 북한에는 그렇게 많은 기념일
도 없을뿐더러 있어도 개인적으로 선물 주는 일은 없었다. 실제 북한에
서는 김일성, 김정일에 관한 기념일밖에 없고 그런 특별한 날은 나라에서
행사를 운영하니 가족들이 따로 할 일은 없었다. 여유 있는 사람들이나
가족 생일을 챙길 뿐이었다. 추석이나 명절도 국가가 행사주관하기 때문
에 결혼식을 빼고는 가족 문화 같은 것이 거의 없었다.

　　[다] 김일성에, 김정일에, 뭐 그런 날밖에 없어요. 가족 식구들 생일만 좀
　　챙기고. 특별한 기념일은 행사 운영 ……. 나라에서 …….
　　[라] 어버이날 없지? 며칠이야?
　　[다] 똑같을 걸? 거기는 어버이날은 없고 3·8부녀절, 여성의 날이 있어.
　　어린이날은 6·1절, 아동절이고, 6·6절은 소년단 애들 ……. 특별히 그런
　　날은 안 하고 김일성 탄생일, 김정일 탄생일, 신정, 조국해방 기념일, 추
　　석. 추석은 하루 쉬고 신정은 이틀 쉬고, 음력설은 안 쉬어. 이름 있는 명
　　절은 행사주관으로 하기 때문에 따로 챙기는 문화 같은 것은 없어요. 여
　　기는 개인이 하는 것이니 챙기기도 하고 그렇지. 거기는 국가가 하니까
　　……. 여기는 가족행사가 많아요. 거기는 결혼 빼놓고는 없어요.
　　[다] 무슨 무슨 선물 이런 것은 아직 적응이 안 돼. 우리 엄마 같은 경우

는 50년 동안 거기서 살았으니까 ……. 이런 게 여기서는 너무 많이 ……. 노인네들은 그런 거 별로 안 좋아해요.

[다] 씨는 남한에 오니 개인이 모든 것을 챙겨야 하는 것이 어색하기만 했다. [라] 씨는 아내에게 화이트데이나 무슨 날이 되면 꼭 생화를 보내 주었다. 결혼기념일에 남편은 직장으로 꽃바구니를 보내 주었다. '사랑해'라며 편지도 자주 써 주고, 임신했을 때는 근사한 식당에 데려가 주는 등 아내를 무척 잘 챙겼다. [다] 씨는 가슴이 찌릿찌릿하고 좋았지만, 곧 시들어버리는 꽃을 보면 아까운 마음이 들어 변하지 않는 조화나 화분이 차라리 더 좋다고 하였다. 하물며 남편이 기념일을 잊어도 섭섭하지 않을 것이다. 자신도 모르고 넘어갈 것이었다. 그런데 북한 출신 오빠와 결혼한 남한 부인(올케언니)은 그렇지 않았다. 당연히 오빠는 몰라서 못 챙기는 경우가 많고 남한 사람인 올케는 자주 섭섭해 했다. [다] 씨는 남편이 무슨 날이라고 선물을 주면, 바로 오빠에게 전화를 걸어 '오늘 무슨 날이니까 언니에게 선물해 줘'라고 알려 주기도 하였다.

[다] 생화, 받을 때는 좋아요. 그런데 며칠 있으면 시드니까 ……. 이틀 지나면 아까워요. 시드는 것 보면 사람 인생도 저렇게 시드는 것 아닌가 하고 싫어져요. 그래서 난 변하지 않는 조화나 화분이 좋아요.

라. 타협과 변화

(1) 내 가족 잘 챙기기

물론 북한에서도 고부갈등은 있지만, 이것저것 따지지 않고 한 차원 넘어서 양보하면 고부갈등은 없을 것이라고 믿고 있었다. 그래서 시어머니와 함께 모녀처럼 살림살이를 같이 하는 것을 원했었다. [라] 씨는 [다] 씨의 이런 마음이 왠지 고마웠다. '남쪽 나라 여자'하고는 틀리지 않은가.

[라] 씨는 어린 시절에 아버지를 잃고 어머니도 자신 때문에 돌아가시게 된 것이라고 생각하니 더 아쉽기도 했다. 대신 못해 드린 효도를 장인 장모께 해 드려야겠다고 생각했다. 아이도 키워주시고 가정생활을 도맡아 주시는 것이 [라] 씨는 참 고맙게 느껴졌다. 부인은 남편이 자기 가족들을 잘 챙기는 모습이 또 무척 고마웠다. 남편에 대해서는 교회에 다니지 않는 것이 늘 마음에 걸렸지만, 그것을 제외하고는 존재 자체가 고마운 사람이었다.

> [다] 남편이 맏사위 겸 막내사위 겸 아주 사위 역할 많이 하고요. 우리 부모한테 효도를 많이 해요. 우리 시어머님이 살아계셨으면 ……. 저는 엄마들한테 잘하는 걸 원했거든요. 그런데 제 평생에 없는 운인가 봐요. 친정엄마한테 하는 것은 표가 안 나고 ……. 어쨌든 시어머님한테 하면 표가 나잖아요. 전 그런 걸 원했는데 ……. 여자들은 그런 꿈이 있잖아요. '시집가면 맏며느리로서 어떻게 해야지' 그런 설계가 있잖아요. 저는 그게 좋더라고요. 제 취향이 그래요. 엄마와 같이 살림살이도 같이 하는 걸 원했거든요.

자신은 부모가 없는 남자를 만났으니 스스로 너무 불쌍하고 안됐다고 생각했다.

(2) 모르면 자연스레 물어보기

북한에 대해 궁금한 것들은 가족들과 편하게 이야기했다. [다] 씨의 오빠는 '북한에서는 개인의 생활도 눈치를 본다'고 생각하지만 실제로는 자유도 있다고 하였다. '남북한이 개방되고 안 되고' 하는 차이가 있는 것이지, 일상생활을 살아가는 데서는 같다고 하였다. [라] 씨는 북한 가족들과 곁에서 겪어 보니 그 말이 맞는 것 같았다.

북한 처가 식구들과 주로 생활하는 [라] 씨는 별로 불편함을 느끼지는 않았다. 심지어 말도 표준어와 같아서 놀라기까지 했다. 가끔 가족끼리 북한말이 오가고 할 때는 무슨 말을 하는지 잘 못 알아들었지만 그것이 문제되지는 않았다. 북한 가족들은 남한 사람인 [라] 씨가 그렇게 느낀다는 것을 전혀 몰랐다.

> [라] 북한 사람 말투가 좀 그렇다는데 ……. 사실 별로 안 그렇더라고요. '김일성 수령동지', 뭐 그런 데 톤이 좀 높고 ……. 그런데 완전 표준어야. 아냐 아냐, 사투리가 좀 있어서 그러는데 완전 표준어더라고요. 그런데 처음이어서 몰랐는데 다른 사람들은 식구끼리 말하면 북한말이 오가고 무슨 말 하는지 하나도 못 알아듣겠대. 나도 조금 그럴 때가 있고 …….

부부끼리도 간혹 그런 경우가 있다. 일전에 [다] 씨는 수염을 안 깎고 지저분한 [라] 씨에게 '꽃제비 같네'라고 하였다. '꽃제비라니? 여자들이나 유혹하는 제비 같다는 뜻인가?' 하여 의아스레 물어보니, '추하다'는 뜻이라며 거리에서 방황하는 사람들을 북한에서는 '꽃제비'라고 한다고 하였다. 남한의 노숙자를 뜻하는 말이었다. [다] 씨는 북한에서는 머리를 '빤다'고 하는데, 남한 부인과 결혼한 오빠가 머리를 빤다고 하였더니 올케가 '머리가 빨래야 빨게?'라고 했다는 이야기를 들었던 기억이 났다. 모르는 사람들과 이야기하다 이렇게 말이 다른 부분이 나오면 그냥 오해하고 지나갔을 텐데, 부부간에는 '뭔데?'라고 물어보고, 서로의 표현에 대해 설명해 줄 수 있다고 하였다.

> [다] 여기는 재능이 있는 것을 '끼가 있다'고 하는데 거기는 여자들이 꼬드기고 하는 걸 '끼가 있다'고 하거든요. 모르면 '뭔데?' 하고 물어보면 돼요. 오해하지 말고요.

맞벌이로 바쁘게 생활하는 [다], [라] 부부는 새벽에 출근해서 가끔 전화하는 정도이니 남북한 문제로 갈등할 일은 별로 없다. 그러나 남한 남편은 남들처럼 낭만적이고 여유있게 살았으면 하는 바람을 늘 갖고 있다. 열심히 살지만 부부만의 오붓함을 가지는 것을 부담스러워하는 북한 아내에게 오늘도 두드려본다. '우리 외식할까?'

[다], [라]의 epilogue

이 부부는 2004년에 [라] 씨가 강원도의 부대로 발령받아서 지방에서 생활하게 되었고, [다] 씨는 둘째를 임신하여 친정에서 생활하면서 8월에 출산하였다. 현재는 주말부부로 더욱 바쁘게 지내면서 새로운 가족생활을 설계하고 있다. 가장 갈등이 컸던 종교 문제는 남편이 노력하는 모습을 보임으로써 어느 정도 해결되어 가고 있다.

> [다] 교회 가는 것에 대해서는 지금은 많이 해 줘요. 옛날에는 한 달에 한 번 갔는데, 시간이 안 돼서 못 가지 시간이 되면 교회도 가고 그래요. 신랑도 내 아픈 마음을 많이 이해했나 봐요.

B. 남녀북남(南女北男) 이야기

1. [마], [바] 부부 이야기

가. 만나기까지

(1) [마]의 이야기

남한의 경상남도에서 태어나고 자란 [마] 씨는 현재 40대 중반의 주부다. 일본에서 공부한 아버지와 어머니는 2남1녀의 딸 아들을 차별 없이 키워주셨다. 아버지는 봉사활동을 많이 하셨고, 어머니는 알뜰하고 검소하셨다. [마] 씨는 부모님의 모습을 보고 많은 것을 배웠다. 특히 어머니에게서 검소함을 배워 생활 속에 실천하려고 노력했다. 집안 식구들이 대부분 교육자의 길을 걸었고, [마] 씨 또한 아이들을 좋아해서 동네 아이들을 보살펴 주고 함께 놀아 주는 것을 좋아했다. [마] 씨는 경남의 한 대학에서 신문방송학을 전공하였다. 그러던 중 꽃다운 나이 20세에 중매로 결혼하게 되었다. 서울에서 제법 큰 사업을 하는 부잣집으로 시집을 갔지만, 혼수 문제로 시어머니와 갈등이 이만저만이 아니었다. 교육자 집안에서 예의바르게 성장한 [마] 씨에게 시어머니는 '없는 집' 출신이라며 모욕감을 주는 경우가 많았다. 시어머니와 갈등은 남편과의 관계도 악화시켰다. 1995년 친정어머니가 위독하시다는 소식을 듣고 고향에 내려가서 임종을 기다리는데 결국 남편은 오지 않았다. 시댁에 이 사실을 알렸지만 냉랭한 반응뿐이었다. 어머니가 돌아가시고 장례를 다 치를 때까지 전화 한 통 없던 남편. [마] 씨는 그런 사람과 더 이상 함께할 수 없다고 판단하고 이혼하였다.

[마] 헤어지게 된 동기는 우리 어머니가 쓰러졌을 때. 우리 시어머님이 저한테 '너희 집에 퍼 주려고 돈 버냐!' 라고 하더라고요. 그 사람들이 보는 것은 오로지 '돈' 이었어요. 그때 '우리 집안은 괜찮다' 고 당당하게 얘기했어야 했는데, 그 당시 제가 너무 어려서 '돈이라면 뭐든 오케이' 라는 큰 막에 가려져서 너무 기죽어 있었어요. 우리 친정어머니 돌아가실 때 제 생각에 큰 변화의 계기가 생겼어요. 그때 그곳에 남편이 오지 않았어요. 이상하게도 오지 않았어요.

사춘기인 딸과 아들이 부모의 이혼으로 충격 받을까봐 남편을 지방에서 일하는 것으로 위장하여 이혼 사실을 숨겼다. 이혼 직후 남편의 사업이 어려워져 이혼 위자료나 양육비를 받을 수 없게 되면서 [마] 씨는 우울증과 생활고를 겪게 되었다. 그러던 중 주변의 권유로 1996년 지역 봉사활동에 참여하면서 차차 삶의 위안을 얻게 되었다. 그 무렵 북한 이주민을 돕는 한 이웃이 [마] 씨에게 도움을 요청했다. 북한 이주민 [바] 씨를 함께 돕자고 한 것이다. 그때 [바] 씨를 처음 만났다.

(2) [바]의 이야기

함경남도 C시가 고향인 [바] 씨는 현재 40대 중반으로, 북한관련 연구소에 다닌다. 5남매의 차남으로 태어난 [바] 씨는 제법 공부를 잘해 우수한 공과대학에 들어가 토목을 전공하였다. 경북 예천이 고향인 아버지는 한국전쟁이 나기 전에 혈혈단신으로 북한으로 가 가정을 이루었다. 자녀들에게 항상 고향을 잊지 말라고 강조한 아버지는 유교적인 가정교육을 하였다. 그런 아버지의 영향으로 [바] 씨는 북한 말투보다 오히려 경상도 말투를 더 잘 쓰게 되었다고 한다. 아버지는 김○○대학을 나와 C시에서 안전원을 하셨다. 아버지가 살아계시던 1970년대까지는 제법 살 만했지만, 고등중학교 때 이후부터는 남 출신이라는 토대 문제로 제약이 많았다. 아버지가 돌아가시고 난 후에는 세대주를 기준으로 나오는 배급도 없어지고, 도와 줄 친지도 없이 어려운 생활이 계속되어 자신감도 많이 잃게 되었다.

대학 졸업 후 수력발전소 설계를 담당하는 일을 하게 되었지만 여전히 생활이 어려운 [바] 씨는 경제적으로 여유 있는 집안의 처녀와 결혼하였다. 그러나 결혼 후에도 형편은 여전히 어려웠다. 방 2칸짜리 집에서 형부부, [바] 씨 부부, 어머니, 누이, 남동생이 함께 살면서 겪게 되는 어려움이란 ……. 서로 간의 사생활이 보장되지 못했고, 배급량의 차이로 일어나는 식량 분쟁까지 일어났다. 경제적으로 점점 어려워지자 [바] 씨는 일확천금을 벌 유일한 통로였던 러시아 벌목공을 지원하여 1991년 북한을 떠나게 된다. 러시아에서 '자유로운 세상', '먹을 게 부족하지 않은 세상'을 처음 보았다. 이때 북한에서 온 소식은 그를 힘들게 하였다. 잘사는 집에서 온 부인이 시어머니에게 함부로 대하고, 가족의 생활은 더욱 궁핍해지고 있다는 것이었다.

> [바] 우리 집은 4층짜리 72세대인데, 내가 대학갈 때 우리 집이 제일 잘 살았어요. C시에서 제일 가는 이과대학에 갔지. 김○○종합대학에 가려고 했는데 '빽'이 아주 세야 한다고 해서 ……. 그때 아버지는 철도원으로 일했고 애들 둘을 대학교육 시킬 정도로 잘 살았어요. 그러다가 대학 졸업할 무렵에는 우리 집이 제일 못살았어요. (아버님이 돌아가셔서요?) 네. (북한은) 가장 중심으로 모든 걸 준다고. 우리 아버지는 독신으로, 친척이 없잖아요. 아버지가 없으면 아버지가 받고 있던 모든 것이 다 없어지는 것이니까. 결국 우리 집의 경제적 상황은 거의 제로상태였어요. 동생이 구공탄을 훔쳤다가 들켰어요. 온 동네 망신 다 당하고 마을 사람들은 '자식새끼 공부시키면 뭐 하냐'고 하디라고요. 당 일꾼이 되든지 권력을 쥐어야 하는데 권력을 쥔 사람이 없었다고. 남자는 27~29세에 장가가는 게, 여자는 24~26세에 시집가는 게 정상적이었어요. 그때 난 대학졸업증밖에 없고 ……. 고등중학교를 졸업한 집사람은 직장에 다녔고 먹는 문제에는 걱정이 없는 집안이었어요. 그래서 우리 집에 불만이 많았죠. 러시아 간다고 하니까 시어머님한테 막 하고 ……. 여자에 대해 생각도 많이 했어요. 예의가 바라야 한다는 생각 ……. 함경도에서는 남자가 모든 걸 해 가야 해요. 그런데 처갓집에 가서 쌀을 받아다 먹고 ……. 우리는 정말 못살았으니까 ……. 에이, 러시아 간 지 네 달 만에 동생한테 그런 편지를 받았다고 …….

'잘 살 수 있다', '실력으로 해 보자'는 희망을 가진 [바] 씨는 생각하면 바로 실천에 옮기는 성격이어서 그곳을 바로 탈출하였다. 그런데 시민권 문제로 러시아에 정착하지 못하자 남한으로 올 결심을 하게 되었다. [바] 씨는 러시아와 독일을 거쳐 1994년 남한에 오게 되었다. 그렇게 서울에 거주지를 배정받아 생활하던 [바] 씨는 북한 이주민을 위한 한 모임에서 알게 된 남한 사람을 통해 [마] 씨를 소개받게 되었다.

나. 만남과 결혼

(1) 순수와 경계

　[미] 씨는 [비] 씨를 처음 봤을 때 그기 북한 사람인지도 몰랐다. 첫인상은 말도 못할 정도. 고생 많이 한 모습 그 자체였다. 그래서 50대 후반 정도로 봤다. 그러나 실제 나이 36세. 처음 [바] 씨를 보았을 때 안도와 줄 수 없을 정도로 그에게 애처로움을 느낀 [마] 씨는 때마침 설날이 다가오고 있던 터여서 지하철을 여러 번 갈아타고 어렵게 찾아가 떡국을 끓여 주었다. 한 끼라도 잘 먹이려는 단순한 마음이었다. 그런데 김치며 반찬이며 먹을 것을 차려 주는 [마] 씨가 [바] 씨에게는 의아하기만 하였다. 그냥 '남한 사람들은 인정도 많다'고 생각했다.

　　[마] 그 모습은 말할 수가 없었어요. 마르고 머리는 하얗고 이는 하나도 없고 ……. 지금 이는 틀니거든요. 정말 고생 많이 한 사람이야. 처음에는 그가 북한 사람인지도 몰랐어요. 좋은 친구, 뭐 이런 사람이 있다고 해서 갔어요. 설날이 가까워지자 떡국 한 말 하고, 김치를 싸가지고 떡국 끓여 주려 함께 가자고 하더라고요. 솔직히 처음에는 반강제적으로 갔어요. 그때는 7호선도 없었으니까 여러 번 갈아타고 갔어요. 그 무거운 걸 들고 애기까지 업고 진짜 웃기게 해서 갔어요. 첫인상이 58세 정도로 보였어요. (실제 몇 살이었는데요?) 36세. 웃었어요. 남자 몸이 52kg. 우리가 58kg인데 ……. 허리가 개미허리이고 배가 등에 딱 붙었더라고. 보는 순간 불쌍하게 보이는데 ……. 연민의 정이 느껴지고 안 도와 주면 안 되겠다는 생각이 들고 ……. 그래서 만나기 시작했어요. 양념까지 다 사 가지고 왔어. 내 손으로 한 끼라도 끓여 먹이고 싶어서 ……. 글쎄 중국집에서 쓰는 그릇들을 사 놓았더라고요. 그걸 다 버리고 예쁜 그릇을 사서 갖다 놓았어요.

　[바] 씨에게는 정착금 등으로 집과 돈이 있었는데도 두 사람의 만남에 모든 비용은 단돈 100만 원도 없는 [마] 씨가 지불해야 했다. [마] 씨는

실제로 가진 건 없어도 마음만은 부자처럼 여유 있게 살았으니까 상관없다고 생각했다. 이런 [마] 씨를 보며 [바] 씨는 '돈이 얼마나 많으면 밥값도 내고 차비도 내고 입장료도 내고 그럴까'라고 생각하였다고 한다. 게다가 만나는 사람마다 '사람 조심'하라고 하고, 남한 여자에게 사기당하고 빈털터리가 된 북한 이주민 얘기가 각인되어 있었기 때문에 [마] 씨의 행동이 의심스럽기만 하였다. 그래도 밥도 해 주고 사귀자고 하니 경계를 하면서도 왠지 기분은 좋았다. 사실 남자로서의 억눌린 욕구를 해결할 수 있다는 생각이 앞서 있었기 때문이었다. '그래도 정신 차려야지.' 혹시나 [마] 씨가 돈을 훔쳐가지는 않는지 몰래 지갑을 열어 보며 확인하였다. [마] 씨는 무엇인가를 숨기고 의심하는 [바] 씨가 이상하기만 했다.

[바] 이 사람이 친절하게 잘해요. 그릇이나 좋은 걸 가져오고 그랬는데 왜 이렇게 잘해주나 싶더라고. 북한에서 와서 동정심으로 잘해 주려고 그랬을 텐데 ……. 이쪽 사람들이 인간성이 좋은가 봐요. 그런데 이쪽 사회의 다양성이 있으니까 조심하라고 해 주는 사람들 얘기가 엄청 크게 들리는 거야. 북한 사회에서는 부정적인 것을 강조하지 않거든. 긍정적인 것만 보여 줘. 그런데 남한에서는 TV에 강도, 살인 사건, 이런 것만 나오니까 불안해하거든.

[마] 그 사람은 경계를 하는 거예요. 머리를 수그려요. 뭔가 흑심이 있다고 생각했겠죠. 그런데 저는 순수했어요. 밥 굶은 적도 없고 어려운 적도 없고 부자처럼 살았으니까 ……. 마음이 쪼들리거나 불안하거나 하지 않았으니까 ……. 배고프면 먹고, 그 정도로 만족했으니까 ……. 더 욕심 부리면 어려웠겠죠. 보니까 딱하더라고요. 밥은 잘 해 먹나 궁금해지고요. 그래서 내가 내 돈 들여서 뭘 정성껏 준비해서 가 보면 나 몰래 방에 가서 자기 지갑을 들춰보는 거예요. 내가 자기 돈 가져가지 않았나 해서요. 경계를 해요. '이 사람이 난데없이 나에게 친절을 베풀면 저 사람이 날 어떻게 할지도 모른다', '이 사람이 날 헤칠 것인가, 날 이용할 것인가' 그것부터 생각하고, 밖에 나가서는 나를 과시용으로 내보이고. 여자가 있다 이거죠. 그렇지만 계속 경계는 하고 …….

[바] 씨는 솔직히 처음에는 즐기려고 [마] 씨를 만나고 싶어 했다. 반면 [마] 씨는 허전하고 우울한 마음을 함께해 줄 동반자로 [바] 씨를 만나고 싶어 했다. 그러니 그 순수한 마음을 경계로 받아들이는 [바] 씨의 모습에 속상하기만 하였다. 그러면서도 북한 친구들에게 '나는 여자가 있다'고 과시하는 [바] 씨를 이해하기가 힘들었다.

[바] 씨는 북한에 부인과 아들이 있기 때문에 새로운 가정을 갖고 싶지는 않았다. 또 결혼을 하면 책임을 져야 하는데 생소한 남한에서 가장으로서 책임을 지는 것이 불안하고 두려웠다. [마] 씨도 빈번히 약속을 어기고 어제 했던 말을 오늘 바꾸는 [바] 씨에게 신뢰감이 없어 헤어지겠다고 하기도 했다. 그렇게 만남과 헤어짐을 반복하면서 끈끈한 정이 생겼음을 느끼게 된 [바] 씨가 [마] 씨에게 '함께 살자'고 청혼한 것이었다. 사람은 모두 똑같다는 마음으로 만남을 시작한 [마] 씨에게 [바] 씨의 이상한 행동들은 보통의 부부(포괄적으로 남녀) 관계에 대한 기대 대신 '그래 한번 해 보자'는 오기를 발동시키게 되었다. 이렇게 [마] 씨와 [바] 씨는 3년 계약으로 결혼 생활을 시작하였다.

[바] '꼭 결혼하고 살아야 하느냐? 북한 가족은 어쩌고 ……. 가족을 만들고 책임질 자신이 있느냐? 이성관계로만 지내자. 더 이상 심화시키기는 싫고 두렵고 …….'

[마] 우리가 생각하는 관계가 아니었어요. '저 사람이 순수하게 잘해 주는구나' 이렇게 보지 않고 항상 경계를 해요. 이건 부부가 아니에요. 경계지. 저는 북한에 대해서 잘 몰랐거든요. 사람이니까 내가 잘 해 준 만큼은 대가가 와야 할 거 아니에요. 그런데 아니었어요.
[마] 처음에는 약혼하자며 무릎 꿇고 그랬는데 1주일 만에 파기시키고 ……. 꽃다발까지 주고 살자고 해 놓고 그런 말 한 적 없다고 하고 ……. 수시로 약속을 어기죠. 이게 뭔가. 자꾸 흔들리니까 처음에는 정식결혼도 안 하고 정략결혼을 한 거예요. 한번 살아 보자. 제가 돌려보낼 것 같더라고요. 북한에 아들도 하나 있고, 북한에 가고 싶어 하고 ……. 남한에 와

서 다 결혼했지만 결국 보면 다 북한으로 돌아가겠다고 해요. 그래서 인정했어요. 3년만 살아 보자. 정말 보따리 많이 쌌어요.

다. 갈등과 도전

(1) 빼앗은 미안함과 버린 죄책감

[마] 씨에게 [바] 씨와 함께 살아간다는 것은 함께 죄인이 된다는 것을 의미하기도 했다. 처자식과 가족들을 그리워하며 북한으로 가고 싶어하는 남편은 식사 시간만 되면 눈물을 흘렸다. 생활이 어려워 밥 한 끼 제대로 먹지 못할 가족들이 생각나서였다. 남편은 밥을 거의 먹지 못했다. 먹어도 토하기 일쑤. 너무나 자연스럽게 [마] 씨 또한 함께 죄인이 되었다. 처음에는 남편만 식사를 하지 못하더니 어느새 [마] 씨도 함께 밥을 먹지 못하고 있었던 것이다. 가족이 된다는 것이란 참 …….

> [마] 우리가 진짜 잘해 먹는 것도 아닌데 ……. 이건 기본적인데 ……. 김하고 생선 한 토막에 된장찌개와 김치 한 종지 ……. 우리는 어릴 때부터 이 정도로는 먹고 살아 오지 않았던가. 그걸 가지고 잘 먹는다고 자꾸 그러니 나는 정말 죽겠다. 죽겠어.

> [마] 증세가 이상해요. 먹으면서 토해 버리고 ……. 병을 앓고 있는 거지요. 입양아와 [바] 씨의 증상이 똑같아요. 그리움과 죄책감에 못 먹어요. 같이 굶고 같이 죄인이 돼야 해요. 공감대를 갖지 못하면 가족이 될 수 없으니까. 공감대를 가져야 하잖아요.

[바] 씨는 가족에 대한 죄책감으로 감정의 통제가 안 되었다. 술을 많이 마셨다. 자신의 몸도 못 가눌 정도로 술을 마시고 집안 물건들을 닥치는 대로 부수고 울며 기어 다녔다. 컵이나 유리 등 깨질 만한 것을 닥치는 대로 던지고는 그 깨진 유리 파편 위를 기어 다니며 자해하였다. [바]

씨는 탈북 후 6년 동안 밤마다 탈북을 하거나 자기 자신 때문에 가족들이 피해를 보는 악몽을 꾸었다. 그럴 때마다 술과 자학으로 북한에 두고 온 가족에 대한 죄책감과 불안한 타향살이로 인한 스트레스를 풀려고 하는 것이었다. 연좌제 때문에 가족들이 피해를 입었다는 소식을 듣기도 했고 군인이었던 처남이 '옷을 벗고' 추방되었다는 소문도 들렸다. 어머니는 돌아가시고 [바] 씨의 아들은 여기저기 떠돌아다닌다고 말하는 무속인도 있었다. 좀 다르게 살아 보자고 남한에 온 것이 마음의 죄가 되고 말았다.

　　[마] 가족에 대한 그리움 때문에 방문 걸어 잠그고 엉엉 우는 사람 ……. 못 걸어 다닐 정도로 술 먹고 방바닥을 기어 다니는 사람 ……. 화나거나 그러면 컵이나 유리 같은 걸 던져요. 깨질 때 '탁' 하는 소리에 쾌감을 느끼나 봐요. 그 위를 기어 다녀 손발에 온통 피가 나고 ……. 어느 날은 선풍기, TV까지 다 부수더라고요. 처음에는 정말 꼴도 보기 싫었어요.

　그러나 [바] 씨는 [마] 씨가 자신과 감정을 공유하려고 노력하는 것을 보는 것이 힘들었다. [마] 씨가 그 과정에서 스트레스를 받아 신경이 날카로워져 있었던 것이다.

　　[마] 이 사람이랑 사는 데 즐거움이 없는 거예요. TV에 북한에는 못 먹는다 이런 거 나오면 왜 나까지 죄인이 돼야 하는지 ……. 나는 그냥 외로운 사람끼리 함께 살고 싶은 건데 ……. 이런 생활을 몇 년 동안 한다고 생각해 보세요. 못 해요.

　　[바] 이런 문제에 대해서는 집사람한테 별로 얘기하지 않아요. 집사람이 엄청나게 미안해하면서도 스트레스 받는다고 ……. 아내가 직선적이니까 그것에 대해 얘기하게 되면 신경이 날카로워져요. 그래서 얘기를 안 하게 돼요.

　[바] 씨가 악몽을 꾸고 술을 마시고 밥도 잘 못 먹는 모습을 보면서

[마] 씨도 객지 생활을 하고 있는 자기 자식들이 생각났다. 용인에 방 한 칸 겨우 마련해 주었는데 잘 지내고 있는지 걱정되었다. [마] 씨를 아직 신뢰하지 못하는 [바] 씨에게는 아이들이 친아버지와 함께 살고 있다고 하고 자식들이 나와 사는 것을 비밀로 하였다. 입양위탁 아이들을 돌봐 주며 받는 돈으로 생활비를 대주고 있었으나, 대학 학비를 마련하지 못해 휴학 중인 딸이 가장 마음에 걸렸다. 아이들에게 [바] 씨와 재혼했다는 이야기도 못 했다. 결국 혼자서 모든 것을 감내해야 했다.

[마] 아이들 둘을 경기도의 작은 마을에 두고 수시로 왔다 갔다 했어요. 처음에는 몰래몰래 했죠. 눈물도 많이 흘리고 ……. [바] 씨도 사람 같지 않은 사람이고 ……. 딸도 처음에는 많이 울고 학교도 그만둔다고 그러더니 휴학하고 어찌어찌하다가 올 8월에 졸업했어요. 아이들이 한창 예민할 때 재혼한다고 못 하겠더라고요. 애들이 쉽게 이해할 수 있을 때 이야기하자고 마음먹었지요. 처음에는 아이들에게 엄마와 아빠가 왜 못 살게 되었는지 얘기 안 했어요. 어차피 애들 아빠가 어릴 때부터 진해에서 일했으니까 나중에 애들 커서 얘기하려고 했어요. 아들 군대 갈 때쯤 망해서 집을 은행에 빼앗기고 아이들에게 '용인에 있어라. 엄마는 서울에서 일해야 하니까' 라고 말할 수밖에 없었어요. 그런데 얘가 군대 가서 눈치 챘어요. '갑자기 아버지 사업이 망했다. 너도 이제는 이겨낼 것은 이겨내야한다. 힘들어하지 마라. 너도 이제 어른이다 …….' 정말 많은 편지로 호소했지요.

(2) 북한과 남한의 부부관계는 다르다

북한에서 정치적인 것은 무엇보다 예민한 것이었다. [바] 씨는 '불평불만자'라는 별명을 가질 정도로 북한에서도 비판적 성향이 강해 정치적 불평을 자주 했었다. [바] 씨는 남한 정부에 대해서도 신랄하게 비판하였다. 북한 이주민에게 남한 정착을 위해 국가가 더 많이 해 주어야 한다고 주장했으며, 대북 정책에 대한 요구도 많았다. 이를 보면서 [마] 씨는 '물에 빠진 사람 건져 놨더니 보따리 찾아 달라'는 격이라고 생각하였다. 남편에게 '정치적인 것에 왜 그렇게 신경 쓰느냐', '당신이 그런다고 바뀌느냐'며 무조건 비판하는 태도는 나쁜 버릇이니 고치라고 질책하였다. 이런 반응에 [바] 씨는 북한 부인의 모습이 떠올랐다. 북한에서는 부인과 정치적 이야기는 거의 하지 않았다. '암탉이 울면 집안이 망한다'고 부인이 밖에서 무슨 얘기라도 흘리면 안 되기 때문이었다. 북한에서는 부부간 성역할이 분명했지만, 애정관계라기보다 사회적 의무관계의 성질이 강했다. 정치적인 것에 대해 남과 북의 아내의 서로 다른 반응을 통해 [바] 씨는 더 큰 갈등을 느꼈다.

[바] 북한 사회는 정치에 대해 회의를 가지면서도 기대감이 엄청나게 높아요. 북한에서는 정권의 정책이 전부 거짓말이라고 정책에 대해 비판을 하면서도 혹시 좋아지지 않을까 하고 기대를 걸죠. 그런 기대들이 마약처럼 몸에 배어 있어요. 일반적으로 북한의 부부관계는 애정적 관계라기보다 사회적, 의무적 관계로 볼 수 있어요. 북한에서는 집사람 하고 이념적, 정치적인 얘기는 안 했거든. 나 같은 경우는 그런 이야기는 인민학교 동창과 했다고. 북한에서는 '암탉이 울면 집안이 망한다' 고 하니까 여자하고 그런 얘기는 안 하지.

[마] TV에 대통령만 나오면 정착금이 적다고, 집이 작다고 불평해요. 물에 빠진 사람 살려놨더니 보따리 달라는 격이에요.

여가문화가 발달하지 못한 북한에서는 부부간 성관계를 매우 중요시한다고 한다. 열악한 주거 환경과 가옥 구조로 사생활에 대한 보호가 없더라도 부부간 성관계는 자주 이루어진다고 한다. 특히 북한 이주민들은 도망 다니면서 성을 억제하고 살다가 안정이 되면 더 성을 밝히게 된다고 하였다. [마] 씨는 처음에는 남편의 잦은 요구에 잘 응해 주었지만 이제는 너무 힘들어서 피하기도 한다고 고백하였다.

[마] 처음에는 나도 북한 남자는 진짜 도깨비인 줄 알았어요. 뭐 하나 더 있고 ……. 그래서 궁금하더라고. 그런데 자기는 남한 여자가 어떻게 생겼나 궁금했었대요. 서로 궁금했던 거지요. 대체로 북한 남자들이 섹스를 강하게 잘한다고 그러는데 나는 모르죠. 하여튼 여기는 레포츠, 스포츠 등 문화 환경이 잘 갖춰져 있잖아요. 그래서 관심 갈 데가 많잖아요, 그런데 북한은 문화적으로 딱 단절된 사회니까 ……. 진짜 누구 말대로 '북한 섹스는 무공해' 이런 책도 있어요. 그 사람들의 낙은 오직 그것밖에 없어요. 그거 하나만을 낙으로 사는 사람들이라 그것만 너무 좋아하는 거예요.

⑶ 북한 빨갱이와 남한 빨갱이

서로에게 말이 달라서 불편한 것은 뜻밖에 별로 없었다. [바] 씨가 경상도 말투를 많이 가지고 있어서 친숙했다. 다만 누구나 다 아는 사람들을 모른다고 할 때와 유머가 통하지 않을 때 당황하였다. [마] 씨는 북한을 조금씩 알게 되면서 신기했다. 북한은 철의 장막으로 비밀을 휩싸고 있는 곳 아니던가. 부부간에도 '동지'라고 부르는 등 철저한 공산주의로 무장한 곳이라고 생각했다. 그런데 [바] 씨는 [마] 씨에게 '여보'라고 불렀다. [마] 씨는 북한에도 그런 표현이 있느냐며 놀랄 따름이었다.

[마] 우리가 북한에 대해 철의장막, 독 안에 든 쥐를 떠올리고, 과연 '자유는 있나? 사랑은 하나?' 하는 생각을 하고, 애들 다 탁아소에 맡기고 공장가서 일만 하는 줄 알았는데 ……. 부부간에도 서로 '동지' 라고 부를 줄 알았는데 '여보' 라는 말도 하고 그러대요. 참, 사는 게 다 똑같은가 하는 생각도 했죠.
그런데 내가 우스운 얘기 하면 그가 안 웃어요. 그리고 그 사람이 우스운 얘기 하면 내가 안 웃어요. 정말 대화가 안 돼요.

[바] 씨가 북한에 대해 이야기해 줄 때마다 [마] 씨는 북한의 열악한

생활상에 놀라지 않을 수 없었다. 배급제와 가난으로 북한에는 음식다운 음식이 없고, 가정환경도 형편없다는 것이었다. 가전제품들은 물론이고 상하수도, 전기, 정화조 등 기본 시설도 잘 안 되어 있어서 사람의 힘으로 다 해야 한다는 것이었다. 처음에 [바] 씨가 [마] 씨에게 북한 음식을 대접하겠다며 차려 준 음식은 식용유에 고춧가루를 넣은 불어터진 국밥이었다. 남한에서 알고 있는 맛있는 북한 음식은 더 이상 북한에 없었다. 기본적인 의식주의 결핍은 유교적, 봉건적인 예절문화도 다 무너뜨렸다고 했다.

　[마] 밥을 어떻게 먹었느냐 하면 그냥 돼지비계 썰어 넣어서 밥을 죽처럼 끓이면 돼요. 그나마 그건 고급이에요. 돼지고기를 못 넣으면 식용유를 넣는데, 기름 둥둥 떠다니는 국밥에 배추 썰어 넣고 고춧가루 넣어 먹어 보셨어요? 먹으라는데 죽는 줄 알았어요. 고기가 너무 귀해 못 넣으니까 식용유라도 넣는데 식용유도 그렇게 귀하대요. 식용유 자체도 뇌물을 줄 정도로 귀하대요. 그러니까 일상생활에서 서민들이 살아가는 건 ⋯⋯. 어른 대접해 주고 하는 봉건주의도 다 무너지고 없대요. 형님 가족, 어머니 가족, 자기 가족 함께 한 집에 사는데, 얼마나 무너졌느냐 하면 시어머니한테 함부로 대하는 것은 물론 시어머니랑 며느리랑 밥도 따로 해 먹고 산대요. 어디서 먹을 걸 구해도 어머니는 못 먹어도 며느리는 먹겠다고 한대요. 기본적인 의식주도 해결되지 않으니까 기본적인 도덕심마저도 없어지는 거죠.

　　그러나 서로가 이미 알고 있던 사실이 다를 때는 남북한의 기 싸움이 벌어졌다. '빨갱이'에 대해 남한에서는 북한이 빨갱이, 북한에서는 남한이 빨갱이였다. 한국 역사에 관해서도 조선을 인정하느냐, 안 하느냐 등 어느 것이 먼저냐, 맞느냐로 서로 우기는 것이었다. 보통은 남한 사람의 승률이 더 높았다. [바] 씨는 남한 사람의 텃새라며 소수자로서 자신이 질 수밖에 없는 상황이라고 북한에서라면 달랐을 것이라고 생각했다.

[마] 처음에는 빨갱이로 싸웠거든요. 북한 사람은 남한 사람이 빨갱이다. 남한 사람은 북한 사람이 빨갱이라고. 이거는 일개 가정의 문제가 아니라 남과 북의 대결이에요. 북한에는 우리 고유의 문화가 다 없어지고 새로운 문화가 생겼잖아요. 그게 전통이라고 우기는 거예요. 그 사람들은 역사를 전혀 안 배워요. 고려까지만 인정하고 조선은 인정하지 않아요. 나가면 고려인이라고 해요. 왜 이성계가 만든 조선을 계속 조선이라고 쓰는 것이냐 실제로 북조선이라고 쓰지 않느냐? 라고 하면 싸우는 거예요. '너 잘났다 네가 이기나 내가 이기나 해 보자.' 완전히 기 싸움이거든요. 기 싸움에서 이기려면 책을 봐야 해요. 100% 내가 이기는 것은 아니고 한 70% 정도? 자기가 옳다는 것은 기를 쓰고 덤비니까. 우기고 볼 일이에요. 그런데 살다 보니 '텃새' 라는 게 있어요. 나는 남한의 텃새가 있어요. 북한에서 왔으니 텃새가 없어 더 이질감을 느끼고 외로워하고 그럴 텐데 …….

⑷ 무조건 비판과 현실적 비판

[마] 씨가 보기에 북한 사람들은 남을 깎고 비판하는 것이 버릇 같았다. [마] 씨는 남의 말을 함부로 하는 [바] 씨가 주책으로 보였다. 게다가 사람들 간에 문제가 생기면 법으로 해결하거나 파출소를 가는 것이 상식인데, 북한 이주민들은 단체적으로 폭력을 행사하며 자기끼리 해결하려고 한다. [바] 씨도 그렇게 하다가 법정에도 서고 벌금도 물었다. 직장에서도 북한식대로 '권력'에 따라 대책 없이 이리 가고 저리 가는 등 중심을 못 잡았다. 북한에서는 실력 있는 기술자 출신이라며 잘난 척하며 안하무인으로 행동하기도 하였다. 조금만 본인의 의견이 제대로 전달이 되지 않으면 바로 사표를 쓰고 회사에 나가지 않았다. 번번이 [마] 씨가 회사에 찾아가 사표를 돌려주어야 했다. [마] 씨는 그저 정치적 요구나 비판보다 현실적인 일이 더 중요하다며 비판에 대해 비판했다. 주변의 북한 이주민들의 모습을 보면 주로 비판만 하고, 사회에 대한 기대치만 너

무 높고, 노력하는 것을 힘들어하기 때문에 남한 사회에 제대로 적응하지 못한다고 생각했다.

[마] 주책이에요. 남의 사생활노 함부로 말해요. 남을 무시하는 언어 있잖아요. 우리는 인격적으로 대해 주려고 하잖아요. 그런데 북한 사람들은 아니에요. 북한 사람들은 대놓고 막 까요. 하물며 개 만하다, 소 만하다느니 …… 굉장히 잘난 척하는 것 좋아하고 자기네들끼리도 무지무지 많이 싸워요. 폭력이 말도 못 해요. 집단을 때리고 …… 북한에서는 가만히만 있으면 직장 줘요. 자기는 실력이 있다고 주장하더라고요. 북한에서 ○○ 발전소 설계소에 다녔었는데 실력은 있었나 봐요. 세상에 자기가 최고예요. 그런데 인간관계는 '꽝'이에요. 안하무인에 위아래도 없고 …… 걸핏하면 더럽다고 사표를 던지고 나와 어디서 돈 안 생기나 황당한 생각만 하는 거예요. 수십 번도 더 설득하고, 내가 당장 회사에 가서 사표 취소해서 계속 다니게 했는데 …… 그 마음고생이란 …….

[바] 북한 사회는 집단주의 사회야. 끊임없이 감시해야 하고 위계구조를 형성해야 해. 왜냐하면 탈북자들끼리 모여 있으면 북한의 습성들이 고스란히 나타나 위계구조를 형성하려고 해. 그 사회에서의 그런 구조를. 그쪽에서 높았던 사람은 그 높은 것을 계속 유지하려고 하고, 낮았던 사람은 이제 달라졌다고 하고 …… 그것 때문에 하나원에서도 싸워요. 왜 그 사람들이 싸우는지 여기 사람들은 모를 거야. 북한 사회의 문화거든.

[마] 대통령이 김영삼에서 김대중으로 바뀌는 순간부터 욕을 하고 매일 싸웠어요. 우리나라 사람들이 가만히 앉아서 잘사는 것 아니잖아요. 우리 아버지 시대에는 산업혁명. 죽을 만큼 일 열심히 해서 잘 사는 거잖아요. 북한 사회는 눈만 속이는 거예요. 잘하는 사람은 더 많이 주겠다고 '땅' 하고 시작하면 다들 열심히 할 텐데 …… '저 새끼보다 내가 더 똑똑한데' 남의 단점만 보이는 거야. 직장 생활에서 매일 매일 비판해야 하는 게 몸에 배어 비판거리만 매일 찾는 거야.

(5) 남녀유별과 남녀협조

　북한 남자와 사는 것은 참 힘든 것이었다. 물론 북한 남자만의 특성은 아니지만 특히 북한 남자는 남성 우월적이고 자존심이 무척 셌다. 성질도 매우 급하다. 전화를 사근사근 받지 않아도 화를 내고, 퇴근길에 마트에 들러서 뭐라도 사오라고 하면 난리가 났다. 부엌일을 하면 큰일이 나는 것처럼 부엌 근처에도 오지 않았다. [바] 씨는 여자와 남자의 역할 구분을 아주 명확하게 했다.

　　[마] 보편적으로 북한 남자는 굉장히 봉건적이에요. 남성 우월주의에 자존심이 말도 못 하게 세요. 자기 자존심을 털끝만큼이라도 건드리면 전쟁 나요. 자기 말로 '없는 자가 자존심이 더 세다' 고 하더라고요.

　　[바] 부엌일, 장보러 가는 것, 이런 것은 여자가 좀 알아서 해야죠. 남자는 부엌에 가지 않아요. 장을 왜 남자가 봐요? 전화 걸어 이거 사와라 저거 사와라 하면 신경질나지. 남자는 회사 나가서 돈벌고 하면 되지 힘들고 피곤한데 그것까지 해야 해요? 여자가 집에 앉아서 뭐하냐고요. 아내가 그럽디다. '북한 매너가 개똥' 이다 이거야. (어떤 매너가요?) 여자를 이렇게 대하는 것. 북한식으로 나 중심적으로 생각하고 나 중심적으로 말하고 나를 따라와야 한다는 것이 북한의 남성 중심적 사고라고 ……. 건강도 안 좋아졌어요. 밤에도 글 쓰고 하면 보통 새벽 2~3시에나 잠자리에 드니까 일어나도 늘 피곤해요. 그런데 마트에서 뭐 사와라 어째라 그러면 열 받지! 남자는 돈만 벌면 되는 거야. 남자로서 권위만 지키고 그러면 되는 건데 …….

　이렇게 다투게 되면 [바] 씨는 [마] 씨가 남편을 무시하고 약 올린다며 주먹으로 아내를 때렸다. 서로의 역할에 대한 생각이 충돌하면서 부부는 상대방에게 분노를 품게 되었다. 남편은 폭력을 일삼고, 부인은 비수와 같은 말들을 던졌다. [마] 씨는 사소한 일로 '전쟁'같은 폭력을 일삼는 남편의 행동에 황당했다. 그런 일이 생기면 바로 친구 집으로 가출하였다. [바] 씨는 매번 자신의 행동을 후회하는 듯 바로 [마] 씨를 찾아가 '보고 싶다'고 하며 사과해 다시 얼굴을 마주하는 즉시 폭력을 휘두르기 일쑤였다. 부인이 무슨 한풀이 대상인가. 주변에 북한 남자와 사는 부인들 대부분에게서 북한 남자의 폭력성에 시달린다는 이야기를 들은 적이 있었지만, 실제 자신에게 일어나니 숨쉬고 사는 것조차 힘들 정도였다.

> [마] 하루는 안 산다고 예전에 살던 집으로 갔는데 나 때려죽이려고 찾아 왔더라고요. 하도 얘기하자고 얘기하자고 해 가지고 정말 얘기만 할 줄 알고 문을 열어 줬더니 나한테 독이 끝까지 올라서 ……. 말도 못해요. 얼마나 나를 때렸는지 ……. 저는 맞으면서 빌었어요. 지금까지 자기 약 올린 거, 가르치려고 한 거 다 빌었죠. 친구가 경찰까지 불렀어요, 진짜로. 자격지심에 자존심이 얼마나 센지 ……. 누가 자랑 좀 하면 그 꼴을 못 봐요.
> 내가 한번은 무슨 얘기 끝에 이렇게 약을 올려 줬어요. '너네 체제가 그렇게 좋으면 잘 살고 성공했어야지, 여기는 왜 왔냐? 여기가 그렇게 나쁘다면 여기를 오지 말아야지, 여기는 왜 왔냐?' 그랬더니 약이 올라서고 ……. 그걸 마음속에 하나도 빠짐없이 다 간직하고 있다가 때리는데 …….

⑹ '돈은 곧 권위'와 '돈은 돈일뿐'

[바] 씨에게 제일 중요한 것은 돈! 1년에 1억 원을 번다는 목표를 갖고 있었다. 돈에 관한 모든 것은 [바] 씨가 관리해야 했다. [마] 씨는 살림을 하면서도 옷, 신발 하나를 마음대로 사지 못했다. [바] 씨는 돈의 가치가 다른 북한에서는 부인이 돈을 관리해도 되지만, 남한에서는 안 된다고 하였다. 자본주의 사회인 남한에서는 돈이면 다 되는 시각을 갖고 있어서, 부인이 돈 관리를 하면 부인에게 신뢰를 갖기 어렵다고 하였다. 많은 북한 이주민들이 결혼하고 돈 사기를 당했다는 소문에도 불안하기만 했다. [바] 씨는 남편이 돈 관리를 해야 남편의 권위가 선다고 생각했다.

북한에서는 돈의 많고 적음과 무관하게 남편은 존중받았지만 남한에서는 경제력에 따라 가장의 권위도 달라진다고 생각하였다. 게다가 하루빨리 돈을 모아 북한에 돌아가야 했기 때문에 경제에 관한 한 [마] 씨를 경계할 수밖에 없었다. [마] 씨는 누구보다 검소한 사람이었다. 길을 가다 멀쩡한 물건들이 버려져 있으면 주워 올 정도였다. 아내보다 돈으로 산 모든 물건들을 더 중요하게 여기는 남편이 정말 싫었다.

[바] 여기서는 돈으로 다 됩디다. 돈 없으면 안 된다. 결혼할 때 사기 치는 꽃뱀을 조심해야 한다는 것을 잊어서는 안 돼요. 북한 사람들은 일단 사귀고 나면 상대를 다 믿어 버리는 습성이 있거든요. 그러니까 조심해야죠.

[마] 북에 두고 온 가족들이 생각나서 '나랑 같이 살면 10년 안에 옷 사 입을 생각을 마라' 고 하더라고요. 하하하. 같이 외출해도 물건 파는 곳을 지나게 되면 얼른 도망가 버리는 내 남편. 어때요? 귀엽죠?

[마] 씨는 '가보(家寶)'라며 냄비 하나를 보여 주었다. 은회색 코팅이 되어 있는 3~4인용 국 냄비였다.

[마] 북한에서 코팅된 냄비는 무지무지 귀하대요. 그러니 남한에 와서 자기 돈으로 주고 산 첫 냄비가 얼마나 귀했겠어요. 어느 날 제가 수저로 냄비에 담긴 찌개를 떠먹는데 '끄르륵' 하고 소리가 났어요. 갑자기 이 사람이 소리를 지르는데 ……. 냄비 바닥을 긁지 말라는 거예요. 코팅 벗겨진다고. '내가 냄비보다 못하냐?' 엄청 소리 지르고 싸웠어요. 그 냄비 절대 안 버려요. 우리 집 보물이에요. 냄비 바닥 긁는 소리라도 날라치면 차마 냄비 깨질까봐 노심초사하는 남자. 의자에도 푹 기대지 말래. 자기는 52kg이고 난 58kg이니까 의자 부서진다고. 회전의자인데 돌리면서 앉지도 못해요. 의자 부서질까봐 ……. 내가 책 보는 걸 좋아하는데 책 본다고 돈 나오느냐고 나가서 돈 벌어오라고 하지요. 그래서 내가 웃었어요. 내가 역사책을 좋아하는데 역사에 대해 얘기하면 하나에서 열까지 말이

하나도 안 돼요. 밥을 같이 먹어도 체하고, 정말 숨쉬고 사는 거조차도 힘들었어요. 그런데 어떻게 해요. 안 보면 보고 싶어 해요.

[바] (어떤 부분이 가장 갈등적인지?) 가치관을 맞추는 것 ……. 구체적으로 어떤 사건으로 싸우는지 모르지 ……. (냄비사건이요?) 그게 사실 나한테 귀하거든요. 그런 문화가 흔하지 않거든. 처음에 그것을 산 것이 소중한 거예요. 비싼 것도 아니지만 ……. 돈 10원도 소중한 거예요. 북한 사회와 연관시키는 거예요. 아껴 쓰고 ……. 숟가락을 긁으니까 코팅을 벗겨질까봐 ……. 나보다 코팅이 더 중요하냐 이거야. 가치관의 차이잖아요. 난 개체가 갖고 있는 희소성에 중점을 두고 있는데, 그것을 소유하고 있는 사람에게 중점을 두고 있는 거야. 그게 차이지.

[마] 씨는 코팅된 냄비나 의자보다도 자신을 중요하게 여기지 않는 [바] 씨와 더 이상 함께 있고 싶지 않았다. 게다가 돈만 벌어오라고 하는 [바] 씨가 아닌가. [마] 씨는 남편의 행동에 어이가 없어 웃음만 나왔다. 있는 자가 베풀어야지 하며 참아왔지만 더 이상 참을 이유도 찾을 수 없었다. 그러고 집을 나왔다. [바] 씨는 숟가락으로 코팅이 벗겨지면 어쩌나 하는 생각에 부인에게 뭐라 한 것뿐이었는데 오히려 [마] 씨가 화를 내니 남자로서 화를 더 많이 내게 되었던 것이었다. 그러니 집을 나가도 할 수 없는 일이었다.

라. 타협과 변화

(1) 북한 이주민과 같은 운명체로 살기

[마] 씨의 친구들은 북한 남자와 사는 자신에게 그저 웃으며 '너 왜 결혼했느냐'고 하며 의아해했다. 가족들도 마찬가지였다. [마] 씨가 진지하게 결혼 이야기를 하자 '네가 각오해서 시작한 일, 제로에서 시작하라'고 충고해 주었다. 그러나 [마] 씨가 [바] 씨의 폭력 때문에 친구들 집으로

피신해 가면 '미친년 같은 삶'을 살아가는 [마] 씨의 모습에 안타까워하고 화를 냈다.

사실 남한 사회에서 북한 사람들은 사람 취급도 못 받고 결국 소외되고 버려지지 않는가. [바] 씨와 [마] 씨는 일상 속에서 북한에 대한 사회 통념의 무서움을 경험하고 있다. 실제로 이웃들은 북한 사람이라고 이들에게 말도 걸지 않는다. 뒤에서 손가락질하고 험담하는 것을 경험할 뿐이었다. [마] 씨는 주변 사람들이 그럴수록 더 잘 살아야겠다고 생각하며 다시 마음을 잡았다.

[마] 우리 여기서도 살면서 느끼는 건데 우리 옆에 사람들도 우리를 좋게 안 봐요. 우리를 조금 이상하게 보더라고. 어떻게 보느냐 하면 음, 사람들이 그래요. 솔직히 이런 아파트 하나 분양받기 굉장히 까다롭고 힘들어요. 여기에 원수 진 사람들이 옛날에 딱지 갖고 어떻게 됐는지 모르겠지만 나도 보니까 들어오기가 굉장히 쉽지가 않아요. 집 없는 사람들 안 주잖아요. 북한 사람들 굶어 죽는 것도 아닌데 여기 와서 호강한다고 말해요. '어떻게 얻었어요?' 이렇게 솔직하게 묻더군요. '그저 얻어서 사는 것 자체로 너희들은 행운인 줄 알아라', '우리 세금 내는 걸로 정착금 받아서 살지 않느냐' 다정하게 얘기하지도 않아요. 나도 그전에는 남한 사람으로서 떳떳하게 살았는데 [바] 씨 만나서 괜히 눈치 받고 살잖아요. 그런데 이런 눈치를 너무 많이 받다 보니까 다른 데 가서도 얘기하기가 싫어요. 내가 뭐 별난 죄인인가? 그래서 [바] 씨도 얼굴 뻘게지고 나도 그렇고 …….
[바] 북한에서 배운 컴퓨터 기초지식을 바탕으로 여기 와서 감으로 배운 건데 ……. 여기 사람들은 다 이렇게 생각해요. '북한에서 그걸 배웠냐? 북한에서부터 그걸 알았냐? 북한에도 그런 거 있냐? 참 골 아픈 게 그 사람들 얘기 사이의 사회적인 선입견이에요. 북한 사람은 이렇다. '무능력', '무지', '매너십의 부재', '빈곤하고 가난하고 지적이지 못함'. 이렇게 통념화된 탈북자. 어디 가면 나 보고 탈북자 같지 않다고 해요. 이 사회 통념이 얼마나 무서운지 알 수 있죠. 참, 그들을 욕하기도 그렇고 골 아파. 전문가들이 더 해.

(2) 북한 자존심 지켜주기

매일 싸우면서 살 수는 없는 일이었다. [마] 씨는 하나하나 짚어가면서 문제를 해결해야겠다고 생각했다. 남편과 헤어지고 싶은 마음도 컸지만, 한번 실패했는데 또 실패하면 안 된다는 다짐과 오기가 있었다.

[마] 씨는 [바] 씨에게 어린애 키우듯 양보해야겠다고 마음먹었다. [바] 씨에게 그렇게 가고 싶어 하는 북한으로 돌려보내겠다고 약속해 주었다. 천륜을 끊을 수 없음을 인정하였다. 북한에 보내는 돈에 관해서도 상관하지 않기로 했다. 남편만의 고유한 일로 두기로 했다. [바] 씨도 북한에 보내는 돈 때문에 남한 부인들과 싸우는 북한 이주민들을 많이 봐온 터여서 부인과 그렇게 합의하는 것이 좋았다. 북한 이주민인 남편에게 통장은 희망과도 같았다.

> [마] 남편은 벌고, 난 살림하고 ……. 북한에 보낼 돈을 따로 모으고 ……. 남편에게는 연구소 다니는 일 말고 또 다른 일이 있어요. 연구소에서 나오는 돈은 내가 관리하고, 자기 월급보다 더 많이 버는 다른 일에서 나오는 돈은 북한에 보낼 것으로 모으고 ……. 우리는 시장에 가면 남편이 지불해요. 내가 처음부터 그렇게 하기로 마음먹었어요. 난 터치 안 하기로. [바] 씨는 제안하고, 나는 동의하고 ……. 그렇게 하지 않으면 같이 살 수가 없을 거예요. 구멍을 열어 줘야 더 오래 가고 단단해져요. 자기도 낙이 있어야 살죠. 그게 또 보람이고. 그러니까 그걸 뺏으면 헤어지는 거야. 교회에 헌금을 냈는데, 북한 사람들은 헌금 내는 거 이해 못 해요. 그러다가 싸우고 헤어지고 그래요.

북한 남자로서의 자존심을 지켜주기 위해 [마] 씨는 남한에서 유명한 북한 전통음식(명태식혜 등)을 알려 주었다. 북한에서는 배급제 이후로 이미 없어진 전통음식이다. 남편은 자신이 존중받는다고 느껴 좋아했다. 생일에는 케이크 대신 남편이 좋아하는 팥 시루떡을 해 주었다. 북한에서는 귀한 날에 먹는 음식이었다.

[마] 명태식혜가 뭐냐 하면 명태 살만 발라 으깨서 푹 삭힌 음식인데 곰곰한 냄새가 나야 좋아요. 지금은 북한 전통음식이 없는데 ……. 왜냐하면 먹을 게 없는데 무슨 전통음식이요? 그렇잖아요. 한번 먹어본 기억이 나서 그 얘기를 했죠. 말하자면 남편 자존심을 지켜준 거죠. 북한에서는 찰떡 이런 것을 굉장히 귀한 날에 먹으니까 팥떡을 무지 좋아해요. (시루떡 이런 거요?) 예, 시루떡. 그것을 쪄서 케이크식으로 만들어요. 자기 생일에 그거 한 가지만 해 줘도 무지무지 좋아하거든요. 나는 그런 이벤트도 했어요.

술 마시고 폭력을 일삼는 [바] 씨와 함께 고통스럽지만 길을 잡아갔다. 남편이 충분히 괴로워하도록 놔두기로 하였다. 아픈 것은 '실컷 앓아야 낫는다'는 신조대로, 난장판이 된 거실과 손발에 피가 흐르도록 다친 남편을 놔두고 다른 방에서 잠을 잤다. 남편은 아침에 일어나 자신이 지난밤에 한 일들을 보면서 충격을 받았고, 차츰 그런 행동을 줄여나가게 되었다. 남을 깎아내리고 폭력적인 방법으로 문제를 해결하려고 하는 남편의 사고방식을 고치기 위해 [마] 씨는 [바] 씨의 욕을 받아주고 대우해 주었다.

[마] 고향 가족 생각하면 주기적으로 나타나던 그 병이 이제는 몇 달에 한 번씩 나타나요. 그때는 모른 척해요. 혼자서, 그 마음 아픈 것을 혼자 아프게 내버려둬요. 혼자 아프다 일어나야 해요. 옆에서 거들어 준다고 낫는 거 아니니까. 해결이 안 되니까 분위기 봐서 위로해 주고 어떤 때는 모른 척하고 어쩔 때는 장단을 맞춰줘요. 그리고 힘을 주고 ……. '당신이 살아서 통일은 될 거다' 이렇게 말해줘요.

[마] 씨는 북한 사람을 이해하고자 다양한 정보(책)를 접하면서 남북한을 진지하게 생각하기 시작했다. 체제가 그렇게 중요한 것인가? 우리 모두가 이데올로기의 희생양이라는 생각이 들었다. 그리고 남편 가족의

월북 이유를 어느 정도 인정할 수도 있게 되었다. 지금은 세상이 좋아져서 공산주의도 인정하게 되었고, 예전에는 말 못할 일들도 말할 수 있게 된 시대가 되었기 때문이리라.

> [마] 나는 징밀 온진한 힌국사람! 그전에는 남북 문제를 심각하게 생각할 이유가 없었는데 내가 어쩌다 이렇게 이 사람을 만나고 이렇게 많은 것을 생각하게 되었을까 싶었어요. 남북을 이해해 보려고 북한에 대한 책을 수십 권 읽어 보았어요. 이데올로기 사상, 참 그게 얼마나 많은 무서움을 가져다주는 것인지 ……. 정말 남들이 모르는 과정과 가족을 둔 이의 가슴 아픈 사연들을 접하다 보니 [바] 씨 아버님이 북한에 올라갔을 당시 무슨 마음으로 올라갔고, 올라가서 어떻게 되었고 하는 게 이해가 되는 거예요. 그전에는 전혀 이해하지 못했는데 말이에요. 그게 이해가 되니까 눈물이 날 정도로 불쌍하더라고요. 고향이 그리워서 울고 울다가 눈도 못 감고 돌아가셨다는데 ……. 왜 꼭 그렇게 해야만 했는지 ……. 어느 정도 이해가 됐죠.

(3) 장자방[25]이 되어 가르치기

[마] 씨는 '장자방'이 되어 가르치기 시작했다. 권위적인 북한 남편과 사는 것은 어려운 일이었다. [마] 씨는 사람을 만들어야겠다고 다짐하였다. 그러나 남편은 권위를 침해받고 무시당한다고 생각하기 일쑤였다. 그럴 때면 부부싸움을 크게 하였고, 남편은 밖에 나가서 사람들에게 누구 잘못인지 일일이 물어보고 다녔다. 사람들이 아내가 옳다고 하였을 때는 아내의 소중함을 알게 되었다. 심지어 사람들(주로 직장동료)이 [마] 씨가 북한 사람에게는 딱 좋은 아내라며 무조건 믿고 따르라고 충고해 주었다. [마] 씨는 남편을 해하려는 게 아니고 도우려는 것임을 강조하였다. '내 말을 들으면 자다가도 떡이 생겨'라고 말하였다. 특히 직장 생활을 잘

25] 장량[張良 ?~BC168] 한(漢)나라 고조(高祖) 유방(劉邦)의 공신으로. 자는 자방(子房)이다. 선견지명 있는 책사를 소위 '장자방'이라 이른다.

해 나갈 수 있도록 도와주었다. 온전하게 남한 사람으로 바뀌도록 배급제 타성에서 벗어나도록 도와주었고, 구두 약속이라도 약속을 지키는 것부터 시작했다. 남한에 온 이유를 깨버렸다. 돈이 전부가 아니라 살아가는 방법을 배우라고 하였다. 남한 사회는 자기책임 사회임을 알려 주었다. 돈에 대해서도 수준에 맞게 살려고 노력하는 것이 더 중요하다고 설명하였다. [마] 씨는 조금 덜 벌고, 덜 쓰고, 여유 있지만 약간 모자란 듯 사는 것을 인생관으로 두고 있다. 물론 [바] 씨도 남한에서 기죽지 않으려고 과시용으로 큰 차를 사고, 가전제품들도 최고급으로 사는 북한 이주민들의 생활이 결국 더 어렵게 되는 것을 많이 보아왔기에 아내의 말이 이해되었다. 부인의 충고대로 하다보니, 탈북 친구들과의 만남도 소원해졌고 직장에서나 학교에서나 '북한 사람 같지 않다'는 말도 듣게 되었다.

[바] 우리 집사람을 '장자방' 이라고도 하는데 그런 부분에 도움을 많이 받죠. 집사람한테 코치 많이 받아요. 상류층 문화인 우리 집사람 상당히 수준 높아요. 가정교육이 아주 잘 되어 있어요. 우리 집사람 역사 엄청 좋아하지요. 아들 딸 모두 예의라든가 신의가 굉장히 좋아요 그런 측면에서 배우는 게 많죠. 우리 집사람 말 상대가 안 되면 상대를 안 해요. 차가운 면이 있죠. 그런 집사람 하고 말 상대가 되는 걸 보면 나도 잘 배운 거야. 나도 북한에서는 대학 나오고 잘나갔거든요.

[마] 세상을 살아가는데 돈이 전부가 아니잖아요. 그 사람 남에 온 이유가 돈 많이 버는 거예요. 그것을 내가 깨버렸죠. 돈이 인생의 전부가 아니다. 자기 북한 형제들 만나면 냉장고도 사 주고 뭐도 사 준다고 그래요. 그렇지만 그것보다 더 중요한 게 있잖아요. 살아가는 방법을 가르쳐야지. 물건으로 다 사줄 거야? 살아가는 방법이 중요하다는 걸 깨기 시작한 거예요. 하루에 한 마리씩 고기를 주는 것보다 고기 잡는 법을 가르쳐 주는 게 중요하다고 강조해요. 우리는 나름대로 우리 수준에 맞게 살려고 해요. 사람들이 놀라요. 나가 보면 차 없는 사람이 없어요. 고물이라도 다 하나씩 가지고 다니는데 우리는 열심히 지하철 타고 다니잖아요. 우리는 차 사면 안 된다 하고 걸어 다녀요.

[마] 씨는 사상이 정말 무섭다고 느꼈다. 겉은 남한 사람이 될 수 있어도 속은 바뀌지 않기 때문이다. 그래도 남북한의 사상이 틀린 것이지 사람은 똑같다고 믿고 싶었다. 행복을 추구하기 위해 사랑하며 사는 것은 남북한이 같다고 생각했다. 그래서 끊임없이 노력해야 한다고 생각했다. 다 큰 사람을 가르치는 것은 힘들고 어렵지만 노력해 보기로 하였다. 가까운 가족사에서 공통점을 찾기 시작했다. 남한을 납득시키는 데 오래 걸렸지만 인내심으로 버티기로 했다.

[바] 그런데 북한 사회에서는 국가가 정해준 가치 하나밖에 없어요. 북한 사람들은 가치관의 다양성에 대해서는 전혀 받아들일 준비가 안 되어 있어요. 획일적인 가치관 문화에 젖어 있었기 때문에 이 사람은 이렇구나, 저 사람은 저렇구나 하는 것을 잘 몰라요.

[마] 나는 경주 *씨, 당신은 안동 *씨. 남과 북을 떠나 이렇게 말해 줬어요. '안동 김씨도 세력이 대단했어. 양반들도 많고 세력가도 많았어. 긍지를 갖고 살아.', '오! 안동집안의 당신!' 뭐 이렇게 불러줘요. 남편은 안동 김씨 김** 장군 아들 김*한 항렬이에요. 그래서 저는 이렇게 말해 줘요. '괜찮은 집안이야. 독립가 집안이야. 단지 당신 아버지가 옆으로 새서 그런 거지.' 그렇게 얘기해서 진정시켜 주어요. 그 할아버지도 독립운동 하신다고 중국에서 활동하다가 일찍 돌아가셨는데, 아들 셋이 모두 북한으로 가서 그런 거지. 그걸로 끝난 거예요. 아니면 독립군 자손일 수 있는데 ……. 우리는 같은 민족이라고 하죠. 너는 북한 놈 나는 남한 여자, 너는 나쁜 놈 빨갱이 이러면 안 돼요. '우리 민족 성격이 나쁘잖아. 갈라졌다 합치기를 좋아하잖아. 삼국시대도 그랬고 ……. 지랄이야.' 이러면서 농담도 하고 그러죠.

(4) 칭찬합시다

부부는 가정교육의 중요함을 새삼 느꼈다. [바] 씨도 북한에서 가정교육을 잘 받아 설득하면 설득이 되었고 합리적인 모습도 많았다. [바] 씨

부모는 엄한 편이었다. [바] 씨가 성장하는 동안 그의 아버지는 경상도 사투리를 쓰면서 고향집 주소(경북 예천), 풍습, 음식에 대해서 강조하였다. 물론 말로는 못하시고 눈치로 얘기해 주셨다. [바] 씨도 [마] 씨가 양반집에서 잘 자랐다고 칭찬해 주었다. [마] 씨는 아버지께서 해 주신 말이 생각났다. 누구에게 인정받으면 평생 그걸로 사는 것이라고 하셨다. [마] 씨도 [바] 씨에게 '똑똑하다', '결혼을 후회하지 않는다'며 그를 지지해 주었다. 점차로 남편은 더 잘 하려고 노력하는 모습을 보였다.

> [마] 부모가 엄하게 키웠어요. 정말 안하무인으로 자란 사람은 가르쳐도 몰라요. 이 이는 설득을 하면 설득되고 인정도 해요. 그게 남한을 빨리 이해하는 지름길 아닌가 몰라요. 아버지가 대학교 1학년 때 돌아가셨는데, 그때까지 항상 남한을 이야기하시며 집 주소를 잊지 말라고 주입시키는 바람에 어릴 때부터 주소를 달달 외웠더라고요. 부모지만 자식에게 말 못 하는 것들도 모두 눈치로 얘기했대요.

> [마] 내가 [바] 씨를 인정하고 싶은 것은 남들보다 빨리 따라와 줬다는 것. 자존심 버리고 나를 믿고 내 말을 따라 주었기 때문이에요.

[마] 씨가 그런 마음으로 남편을 다시 보니 칭찬할 구석들이 보였다. 흔들리지 않는 자존심, 가장의식(봉건적이지만 중요한 것이라고 생각), 아끼려는 습관. [바] 씨는 솔직하다. 그리고 빨리 인정하는 순수함이 있었다. 때로는 유명인사를 흉내 내며 코믹한 모습을 보여 주기도 하였다. 장점을 보기 시작하니 서로가 좋아하는 것을 인정해 줄 수 있게 되었다. 남편은 아내가 책 읽는 것을 존중해 주고, 아내는 남편이 영화를 보고 글 쓰는 시간을 존중해 주었다. 또한 서로 존칭어를 사용하였다. 남편이 글을 쓰면 아내가 먼저 읽고 의견을 말해 주었다. 아내도 남편을 도우면서 잠재된 재능을 쓸 수 있게 되어 보람을 느꼈다. 배려해 주고 배려 받으니 참 좋았다.

[마] 저는 남한테 구속받는 걸 참 싫어해요. 자유분방하고 자유를 좋아해요. 그런데 그 사람이 나한테 어떤 구속을 하면 바로 내 표정이 달라지죠. 감정을 숨길 수가 없어요. 그러니까 나를 너무 힘들게 하지 말라고, 서로 그러자고 말해요. 좋아하는 걸 서로 인정해 주자고 말했어요. 각자 자기 살아가는 그 어떤 나름대로의 방이 있잖아요. 그거 절대적으로 인정하자고 했어요. '하지 마! 이리 와! 나하고 해!' 뭐 이런 걸 나는 구속이라고 생각하거든요.

[마] 그 사람 장점은 솔직한 거죠. 자기 단점을 숨기지 않아요. 잘못을 지적하면 인정해요. 그게 너무 예쁘죠. 나도 그런 성격이 있는데 그렇기 때문에 서로가 맞았던 거죠. 그런데 하나가 음흉하고 하나는 솔직하면 솔직한 사람이 그 음흉한 꼴을 못 보거든요. 그런데 서로 빨리 인정하니까 더 안아주고 싶고 그래요. 그리고 북한에서 그렇게 어렵게 산 사람 치고는 나름대로 코믹한 데가 있어요. 남한테 잘 안 보이는 걸 잘 찾아내 그걸 흉내내는 거예요. 나름대로 재미있는 코믹한 면이 있더라고요. 주로 대통령이나 유명한 사람 재미있는 면 있잖아요. 가령 어떤 사람이 절룩거리면서 걷는 것 같고도 '웃기지 않냐, 저 사람이 무슨 대통령 감이냐' 이러면서 흉내 내는 거예요. 처음에는 그 꼴이 그렇게 미웠다가도 '그래, 그런 면이 저 사람에게 있지. 자기는 예리하게 관찰하려고 노력한 것이니까'라고 생각해요. 또 웃긴 게 뭐냐 하면 영화 시작하면 신난다고 어린 애들처럼 박수를 쳐요. 애들처럼 좋아하는 거 있잖아요. 애기 같은 면이 많죠. 뭐라고 지적하면 얼굴이 빨개져요. 인정한다는 거죠. 글 썼다고 봐 달라고 그러더라고요. 그래도 내가 배운 것을 이렇게 써먹게 되는구나. 숨겨놨던 재능을 이 사람을 통해 써먹게 되니 좋았지요. 책 낼 때도 도와주었어요.

'난 당신이랑 사는 거 후회 안 한다.' 이 말을 제일 좋아해요. 그리고 칭찬을 좋아해요. 칭찬하면 신나서 더 잘하려고 해요. 그래서 처음에는 '3년간 동거'가 이제는 '통일까지 동거'가 되었어요. 요즘은 말이 바뀌었어요. 통일 후에도 부인 하고 살기보다 나랑 살기를 더 원한대요.

부부가 서로의 가치를 인정하면서 있는 그대로의 모습을 받아들이기 시작했다. [바] 씨는 [마] 씨가 점점 더 많이 필요했다. 그리고 사랑을 느끼게 되었고 가정이 안정되면서 아내를 돕고 싶어졌다고 하였다. [마] 씨는 남자도 여자를 도울 수 있다고 하며 집안일을 하면 큰일 난다고 생각하는 남편에게 집안일을 함께 하자고 했다. 세대주로서의 책임감과 의무감 영역에 부인이 요구하는 것들을 하나 둘씩 포함시키기 시작하였고, [마] 씨도 가장의 권위를 지켜주면서 서로의 독립적 위치를 존중하는 것이 필요함을 강조하였다. 요즘은 퇴근 후 집에 오는 길에 마트에 들러서 필요한 물건도 잘 사오고, 집에서 아이도 잘 돌보고 있다며 쑥스러워하였다.

> [바] 나는 끊임없이 교정하려고 노력했어요. 나도 예민한 사람인데 싸우는 과정에서 기다리는 거예요. 서로가 이해되기를 기다리는 거예요. 신뢰를 얻기 위해 노력했어요. 천생연분이 있나 봐요.

(5) 세대주의 책임감 확장하기

[마] 씨와 [바] 씨의 결혼 생활이 제자리를 잡아가자 통일이 될 때까지 부부로 살기로 하면서 아이를 가질까에 대해 진지하게 고민하였다. 결국 [마] 씨도 아이가 있고, [바] 씨도 아이가 있으니 더 낳지 말자고 결론 내렸다. 대신 입양위탁 부모 역할을 충실히 잘 하자고 합의했다. 남의 자식이나 내 자식이나 다 자식이라며 위탁 부모 역할을 기꺼이 해냈다. 입양위탁아동을 돌보면서 많은 것을 배웠다. [바] 씨는 이 아이들에게서 동질감을 느꼈다. 너무 불쌍했다. 힘든 사람끼리 의지하며 힘을 얻는 것을 느꼈다. 사회에 좋은 일을 하는 것을 넘어서, 자신이 누군가에게 무엇인가를 '줄 수 있다'는 자신감이 생겼다. [마] 씨는 아이들을 이해하면서 남편을 더 많이 이해하게 되었다고 하였다. 어려울 때 서로 힘이 되는 것을 경험하면서 사랑과 보람을 배웠다.

[마] '죄를 씻자', '사회에 좋은 일 하자' 뭐 그런 의미로 아이들을 돌보기 시작했어요. 그 사람도 처음에는 아기를 되게 좋아하더라고요. 싸워서 헤어질 뻔한 것도 다 아이들이 있기 때문에 극복할 수 있었던 것 같아요. 아무리 악한 사람도 아기를 보면 마음이 풀리잖아요. 죽일 듯 싸우다가도 아기만 딱 보면 그 순간에 서로 쏠리는 거예요. 그게 그 사람하고 나하고 연결 고리가 된 것 같아요. 그 사람에게는 아이들을 돌보는 게 살아가는 데 도움이 많이 됐을 거예요. 많이 힘들어 하다가 이런 아이들을 보는 순간 뭘 느끼느냐 하면 '이렇게 어린 나이에 부모랑 떨어져서 혼자 살아가야 하는 아이도 있구나' 하면서 동질감을 느끼는 것 같아요. '너도 이렇게 힘들구나. 우리 같이 의지하고 살자.' 아마 그런 마음에서 힘을 얻었을 거예요. 그러니까 '미약한 내 인생이나마 우리 집에 와서 네가 이렇게 조금이나마 있다가 건강하게 나아서 간다면 나도 좋고 너도 좋고 하지 않을까' 하고 의미를 부여하는 것 같아요. 자기 의미가 있잖아요. '눈에 안 보이는 힘을 내가 남한테도 주고 있구나. 어린 새싹한테 주고 있구나 ······.' 그런 게 그 사람이 살아가는 이유 같은 걸 주는 것 같아요. 그걸 자기가 자랑으로 생각해. '나도 남한테 줄 수 있다. 받기만 하는 게 아니라 줄 수 있다'는 자신감.

[마] 씨가 자신의 자녀들을 몰래 돌보고 있었음을 알게 된 [바] 씨는 자신이 가정에서 안정을 찾게 되면서 아내의 자녀들에 대한 책임감을 느끼게 되었다. '멀리 있는 자식 돌보려다 가까이 있는 자식 잃겠다'며 아내의 자녀들을 돌보기 시작했다. 처음에는 북한에 두고 온 자식에 대한 미안함 때문에 망설였다. 그러나 아내의 자식에게 잘해 주면 '나중에 내 자식에게도 잘해 주겠지'라는 생각도 들었고, 무엇보다 부인의 신뢰를 얻는 것이 최우선이라고 생각하여 학비를 대주기로 결정하였다. 아내가 보여 준 신뢰감을 지켜내기 위해서 [마] 씨의 자녀를 자신의 '의무감' 영역에 포함시킨 것이었다. 북한의 자식을 위해 돈을 모으기 시작했지만 남한의 자식을 위해 더 많은 돈을 벌어야 했다. 남한에 와서 한 큰일 중 하나는 아내의 딸을 대학 졸업시킨 것이다.

[바] 사람이 세상에 나서 혈육만 중요한 것이 아니다. 사람이 중요하다. 가까운 사람한테 책임을 다하지 않으면 멀리 있는 사람한테도 책임을 다할 수 없다. 그 돈 죽어서 뭐 할 거냐. 늙어서 뭐 할 거냐. 집사람에게는 사실 나보다 자식들이 더 중요하다고요. 집사람에게 신뢰를 얻지 못하면 과연 내가 누구에게 신뢰를 얻을 것인가 생각했어요. 서로에 대한 신뢰를 위해 내 의무감의 영역에 포함시킨 거지요.

남북한 부부가 함께 살다 보니 너무나 희한하고 이상한 일들을 많이 겪게 되었다. 그렇게 벽을 넘고 넘어 하루하루 살다 보니 벌써 8년째 부부. 남북한이 같아져야 한다고 하는 것은 서로에게 강요일 뿐! 또 다른 이데올로기의 희생이라고 [바] 씨는 이야기하지만, 남한과 북한의 차이를 극복해보고자 나름대로 노력을 많이 해도 '사상의 차이'는 어쩔 수 없는 것이란 생각도 든다.

늘 북한을 바라보며 사는 남편이 언젠가 서로가 맞춰온 세월을 뒤로하고 북한으로 돌아가고 나면 [마] 씨는 어떻게 될까? 계약결혼이라는 것이 남한 부인에겐 불안함을 가져다주는 관계이다. 그동안 살아온 부부의 삶이 모래성처럼 부서져 버릴 것만 같다.

[마], [바]의 epilogue

지금 [바] 씨는 북한에 있는 가족들을 탈출시키려고 노력했지만 실패하여 실의에 빠져 있다. 그래도 북한만 생각하고 살 수는 없는 것! 지금은 곧 제대하는 남한 아내의 아들과 관계 개선을 위해 노력 중이다. [바] 씨는 통일이 되어도 북한 부인에게 돌아갈 수 없을 것이라고 생각한다.

[마] (부부가 함께 산다는 것?) 글쎄, 뭐 쉬운 말로 '사랑' 이겠지만 상대방의 아픔까지 내 아픔으로 여기고 함께해 준다는 것. 동참해 주고 같이

느끼는 것, 그런 것 같아요. 그냥 우리는 다 만날 수 있는 사람들인데, 왜 이렇게 50년 동안 못 만나고 …… 체제나 이데올로기가 뭐라고 …… 좋아하는 사람 만나고 싶고 듣고 싶은 목소리 듣고 싶고 …… 그것이 왜 안 되고 있는 것인가? 우리한테 정치라는 게 뭐가 필요해요? 우리한테 체제가 뭐가 필요해요?

[바] 남녀 관계를 보면 후에 얻은 여자 하고 살면 전에 얻은 여자에게 돌아가기가 힘들다고 하거든요. 가령 '아내' 라고 하는 드라마를 보면 남자 주인공이 사고 난 지 5년 만에 기억이 돌아왔지만 본처에게 돌아가지 못하더라고요. 나도 본처가 있지만 그 당시 집이 없다 보니까 본처 하고 한 방에서 생활한 게 1년에서 1년 반밖에 안 됐어요. (결혼하면 집 주잖아요?) 경제생활 어려울 때는 못 줬다고요. 최근에는 사람이 하도 죽어서 빈 집도 많다고 하지만 ……. 내가 과연 그 집으로 돌아갈 수 있을까 ……. 자문자답을 많이 해요. 북한 처를 만나고 인정도 하겠지만 돌아갈 수는 없을 거라고 봐요.

2. [사], [아] 부부 이야기

가. 만나기까지

⑴ [사]의 이야기

남한의 전라남도에서 1남3녀 중 막내로 태어난 [사] 씨는 현재 20대 후반의 주부다. 아버지의 권위는 상당하였고 무엇이든 그의 결정에 따라야 하는 보수적인 집안이었다. 부모님이 바쁘셔서 [사] 씨는 언니 오빠들이 하는 것을 따라하고 배우면서 어린 시절을 보냈다. 천안에 있는 간호대학에 다니면서부터 가족과 떨어져 생활하게 되었고, 그 후 그곳에서 간호사로 일하게 되었다. 그러다 집안 형편이 어려워지자 간호사 수입으로 가족을 경제적으로 책임지게 되었다. 부모님은 간호사인 막내딸을 자랑스러워하셨고, 자연스레 딸의 결혼에 대한 기대가 크고 가능한 한 늦게 하기를 바랐다.

[사] 제가 막내인데 집에서 아빠의 기대가 컸어요. 간호사라는 직업에 대한 우월의식도 있었고 사돈과 관계에 대한 기대도 높았어요. 결혼을 늦게 해서 경제적으로 도움을 주었으면 하는 기대도 하셨지요.

[사] 씨는 매사에 느긋하였고 여유로움을 추구해 왔지만, 반면 막내로 자라서인지 자기가 원하는 것은 기어이 얻어야 하고 화가 나면 바로 화를 내는 다혈질적 성격도 가졌다고 하였다. 기독교 신자인 [사] 씨는 충남에서 간호사로 지내다 전남에 있는 집에 가게 되면 그곳의 교회에 다녔다. 25세 때인 2000년 교회에 갔다가 청년들 모임에서 북한 이주민들과 대화를 하게 되었는데 그곳에서 [아] 씨를 보게 되었다. 처음 본 북한 사람에 대한 호기심으로 질문을 많이 했었지만 별 감정이나 느낌은 없었다. 짧은 만남 이후 교회 홈페이지를 통해 이메일 주소를 알게 되었다고 [아] 씨의 편지를 받았고, 친구처럼 연락하다가 [아] 씨가 천안으로 [사] 씨를 찾아오면서 그들의 만남이 시작되었다.

(2) [아]의 이야기

북한의 D시에서 태어나고 자란 [아] 씨는 현재 30대 초반으로 컴퓨터 등을 다루는 기계 엔지니어다. 아들이 귀한 집안에서 2남1녀 중 장남으로 태어난 그는 어릴 때부터 몸이 허약하여 조부모, 부모에게 특별한 보살핌을 받았다. 학교에서도 제법 공부를 잘하였지만, 결석이 많아 담임교사가 실적이 안 된다며 속상해해 업혀 가서 시험본 적도 있다.

[아] 허약체질이에요. 지나가는 감기 다 걸려요. 한 달에 한 번, 적어도 3개월에 한 번은 학교에 못 나가는 거예요. 시험 때만 가서 시험보고 …… . 담임이 실적이 안 되니까 많이 속상한 거예요. 학급에서 몇 등이다 그러니까 시험은 무조건 봐야 한다고 했어요. 그래야 학교 실적이 올라가니까

업고 가서 시험을 봐야 했어요. 어릴 때 공부를 잘했거든요. 그러니까 시험날짜에 와서 시험만 보라고 하더라고요.

대학에 가서 기계와 발효학을 공부하여 술 만드는 공장과 식당에서 정직하고 성실하게 일하였다. 23년간 목수로 일하였던 아버지와 월급만으로 살 수 없는 북한 사회에서 부지런히 생활비를 벌어 오신 어머니의 삶의 자세를 통해 훌륭한 교육을 많이 받았다. 어머니의 엄격한 생활습관은 모두가 어려울 때에도 끼니 걱정을 안 하게 하였고 다른 이들보다 잘 먹을 수 있었다. 그러다가 갑작스럽게 아버지가 병환이 나셨고, 그 병환을 치료하고자 어머니가 집안의 음식을 모두 팔아서 온 가족이 극심한 배고픔을 견뎌야 하는 힘든 때도 있었다. 이때 식당에서 일하던 [아] 씨는 음식이 남아도 서민들에게는 나눠 주지 않고 간부들이 독식하는 부패를 보게 되었다.

1995년 이후 [아] 씨는 중국제 담배나 맥주를 들여오고 집에서 두부를 만들어 장사하는 어머니를 돕기 시작했다. 그러던 1997년 어느 날 밤 친구와 둘이서 호기심으로 철없이 중국을 가 보자고 하였다. 한 달만 있다가 돌아오려고 계획하고, 밤에 중국으로 넘어가 보았다. 중국의 시골 마을의 불이 쫙 켜진 환한 광경을 보면서 그동안 속아 살았다는 생각이 들었다. 처음에는 구경이나 실컷 하고 다시 돌아가자는 마음이었다. 그런데 당장 잘 곳을 찾느라 부도난 회사의 기계 지키는 사람으로 일하게 되었고, 그곳 사람이 시내 구경을 시켜준다기에 따라나섰다가 교회에 가게 되었고, 거기서 한국인 목사를 만나 인연이 되면서 새로운 인생의 변화를 맞이하게 되었다. 그 후 그는 중국과 몽골에 있다가 북송되던 중 한국 대사관과 연결되어 1999년 남한 땅을 밟게 되었다. 남한에 대해서는 북한에서 남한 라디오를 자주 들어 알고 있다고 여겼는데 그것이 실제의 남한을 알고 있었던 것이 아니었다는 것을 이내 알게 되었다.

[아] 우리 같은 경우에는 라디오를 들었거든요. 남한 라디오 ……. 그런데 이해를 못 해요. 추석날 같을 때 고속도로에 차가 많아서 움직이지 못하는 상태. 그게 어떤 상황인지 상상을 못 해요. 우리는 고속도로에 차가 30분에 1대씩 다니니까 ……. 차가 막히면 딴 데로 돌아가지, 이렇게 생각하죠. 막힌다는 게 뭔지 이해를 못 하는 거죠. 선거할 때 찍고 싶은 사람 찍고 그런 것도 이해 못 하죠. 월급 탄다고 하면 상상 못 할 정도로 받으니까 ……. 한 달 월급 80만 원인데 병원비로 수술비가 120만 원 나온다고 ……. 그런 거 이해를 못 해요. 남한의 불쌍한 어린이 내용이 나와요. 어릴 때는 굶고 있는 남한 어린이를 그림 그려요. 지금도 그렇게 생각해요. 정보라는 것은 제한성이 있어요.

남한에 와서 교회 사람들의 조언으로 빨리 기술을 배워 돈을 벌어야겠다는 마음으로 2년제 기술대학에 진학하게 된다. 그곳에서 다양한 연령층의 친구들을 사귈 수 있었다. 2학년 되던 해 친한 북한 이주민이 살고 있는 지방에 갔다가 전남에 있는 교회를 방문하게 되었고 그곳에서 젊은이들과 이야기하면서 간호사라며 질문하는 [사] 씨를 처음 보게 되었다. 어떻게 연락을 계속할 수 있을까 하여 교회에 물어 연락처를 알아내고 [사] 씨가 살고 있다는 천안에 가서 만나기 시작하였다.

나. 만남과 결혼

(1) 적극적인 남자와 전문직 여성

[아] 씨는 우연히 한 교회에서 알게 된 간호사 [사] 씨가 무척 마음에 들었다. 북한에서는 간호사가 되기 위해 대학을 가지 않는데 남한에서는 대학까지 간다고 하였다. 몸도 허약한 [아] 씨에게 간호사라니 ……. 적극적으로 구애할 수밖에 없었다. 이를 위해 교회에서 '매너'를 배우기 시작했다. 데이트할 때 차 문을 열어 주고, 섬세하게 대해 주는 것, 주방에

들어가 요리도 하고, 남한 사람들이 하는 선물도 친구들의 조언을 구해서 해 주었다.

[사] 씨는 적극적으로 자신을 만나기 위해 노력하는 [아] 씨가 좋았다. 하물며 남한 남자보다 더 좋은 매너를 보였다. 생일에는 직접 생일상을 차려 집에서 식사를 대접하기도 하였다.

> [사] 굉장히 솔직하게 얘기를 해 주고 하니까, 가족에 대해서나 ……. 얘기를 하는데 별로 거부감이 느껴지지 않고 얘기도 잘 통하고 ……. 그냥 다음에 또 만나자고 하고 그래서 또 만나고 …… 호호. 굉장히 공을 많이 들였어요. 제가 간호사 일을 하고 있었는데 3교대잖아요. 교대 근무하는데 새벽에 찾아와서 잠깐 보고 가고, 거의 천안으로 출퇴근하더라고요. 오후 2시 근무면 아침 일찍 와서 만나고 정리해 주고 가고, 밤에 11시에 끝나면 오고 ……. 화이트데이 때도 사탕바구니 주고 가고 ……. 마음 씀씀이가 고맙고. [아] 씨 굉장히 잘생겼잖아요. 이미지도 정말 꾸밈이 없고 그런 모습이 마음에 들었던 거 같아요.

[아] 씨는 남한에서 어떻게 살아야 할지 고민하면서 주변에 사는 사람들의 모습도 보고, 남한 사람들에게 조언도 구하였다. 같은 북한 이주민들끼리 결혼해서 사는 것을 보면 같은 고향을 가지고 있어 편안한 면도 있겠다고 느꼈지만, 남한에서 생활하는 데 어려움이 더 많다는 것도 알게 되었다. [아] 씨가 제일 어렵게 느꼈던 은행일이나 관공서에서 문서 떼는 일, 대중교통 이용 등에 도움을 받으려면 남한 사람이어야 좋을 거 같았고, 아이를 낳아 키우는 데 있어서도 북한 여성은 왠지 어쩔 줄을 모르는 것 같았다. 또 경제적으로도 안정적으로 살기 위해서는 전문직남한 여성을 만나 결혼하는 것이 좋을 것 같았다.

> [사] [아] 씨는 한국에 와서 남한 여자랑 결혼해야겠다고 생각해서 북한 여자 안 만났대요. 자기는 한국 여자랑 결혼해야겠다고 생각했던 거 같아

요. 조건도 찾고 있었고 본인의 적응과 관련되었다고 생각했던 거죠. 욕심도 많아 저를 만나고 나서는 굉장히 자랑스러워하고 ……. 지금은 어쩔지 모르겠는데 처음에는 표현을 했어요. 너무 고맙다고, 행복하게 해 주겠다고 …….

[사] 씨가 친구들에게 결혼하고 싶다고 했을 때 [아] 씨가 고생을 많이 해서 나이가 들어 보이니까 '정말 결혼을 했을지 안 했을지 어떻게 아냐'는 등 의심의 말도 많았다. '혹시 그러면 어떡하나' 하는 생각이 들기도 했었다. 집안과 주위의 반대가 커서 헤어진 적도 있는데, 너무 힘들고 일도 손에 잡히지 않아 비밀리에 다시 만나게 되었다. 만남이 지속될수록 [아] 씨에게 자신이 필요한 존재임을 느꼈다. [사] 씨를 만나 사귀면서 [아] 씨는 타향살이에 더욱 힘들어지고, 자주 아팠다. 간호사인 [사] 씨는 [아] 씨를 간호하러 서울로 자주 올라오게 되었고, 그렇게 오가면서 정이 들고 아기도 생기게 되었다.

[사] 그래도 가족은 떨어져 있고 [아] 씨는 자주 만나다 보니까 정도 들고 ……. 전화도 자주 오고 ……. 제가 너무 힘들었죠. [아] 씨에게 말은 안 했지만 힘들었어요. 가끔씩 [아] 씨가 아파요, 감기처럼. 여름 끝나고 만나다가 1년쯤 됐을 때 굉장히 많이 아파서 제가 치료해 주러 갔어요. 치료해 주고 그렇게 집에 자주 왔다 갔다 하다가 …… 애가 생겼어요. 그랬는데도 아빠의 반대가 심했어요.

[아] 씨는 결혼에 대한 생각이 많았던 데다 이 여자를 놓치면 안 되겠다는 생각을 하였지만, 아직 학생이어서 아이에 대한 부담이 컸다. [사] 씨도 아이에 대한 부담을 가졌다. [아] 씨는 책임감을 가지고 청혼을 하였고 [사] 씨는 사랑에 대한 확신을 느껴 이를 허락하였다. [아] 씨는 대학을 졸업하자마자 충북에 있는 기술개발회사에 취업하였다. 국가에서 지

원받은 임대 아파트로 이사하면서 신혼살림을 시작하였고, [사] 씨는 직장을 그만두고 다음해에 딸을 낳았다.

(2) '내 눈에 흙이 들어와도 안 된다'와 '부럽다'

[사] 씨가 부모님께 처음 결혼할 사람이 생겼다고 말했을 때, 첫 질문이 '고향이 어디냐?', '부모님은 뭐하는 분이시냐?'였다. [사] 씨는 순간 말을 못 했다. '고향이 북한이다'라고 했을 때 어떠한 반응이 나올지 짐작할 수 있었기 때문이었다. [사] 씨는 그냥 '농사짓는다'고 말하고 말았다. [아] 씨를 처음 소개하러 전남에 함께 내려갔을 때가 되어서야, 고향은 북한이며 부모 형제도 없다고 솔직히 말했다. 실망이 크셨던 아버지의 첫 반응은 '북한과 우리는 사상이 다르다'며 결혼을 반대하셨다. 부모님과 언니들도 모두 '내 눈에 흙이 들어와도 안 된다', '그 사람이 외로워하거나 가족을 그리워하면 네가 감당할 수 없을 것이다'라고 하였고, 개방적인 친척들도 결혼은 그 사람하고만 하는 게 아니라며 가족들의 말에 동조했다. 두 달에 한 번씩 전남에 갔지만 문도 안 열어 줘 집에 들어가지 못할 때도 많았다. 급기야 언니가 '누그러질 때까지 오지 마라'며 당부하게 되었다. 친구들도 '간호사니 의사를 붙잡으라'고 권유하였다. 북한 사람을 만난다고 하니까 처음에는 '좀 특이한 사람 만나는구나'라고 조심스럽게 표현하다가도, 이내 현실적으로 [사] 씨가 아깝다고, 힘들 거라며 모두 거부감을 보였다. '시부모님이 없어서 힘들겠다'며 동정하는 경우도 있었다. [사] 씨는 가족들과 친구들 모두 자신의 결혼을 반대하고 받아들여 주지 않는 것에 대해 너무 섭섭했다.

[아] 씨는 '만일 자신의 부모님이 계셨다면 어땠을까' 생각했다. 배우자로서 남한 사람인 [사] 씨에 대해서도 의견이 많으셨을 것이다. 자신도 장손으로서 귀하게 자랐고 부족함이 없었는데 ……. 함께 탈북해 온 친구들은 남한 여자와 결혼을 하게 된 [아] 씨를 무척 부러워했다. 남한에서

사귄 친구들은 누구를 사귀든 '그런가보다' 여겼다. 북한 사람과 사귀면 '북한 사람이어서 그런가' 하고 생각하였고, 남한 사람과 사귀면 '남한에 왔으니 남한 사람과 사귀나'라고 생각한다고 했다. 북한 친구들은 남한 여성을 사귄다는 사실을 부러워하면서도, 남한 사회의 불안함을 잊지 말라고 당부하였다.

> [아] 인터넷이나 TV 보면 별 사건이 다 있잖아요. 한국 사회는 불안한 사회예요. 남한 사람 만나려면 제대로 된 사람 만나야 하는데 ……. 이런 불안함이 있어요. 북한 사람들 사이에서는 솔직히 '남한 사람 못 믿겠다' 뭐 이런 불안함이 있어요. 막말로 '살다가 통장 가지고 도망가면 어쩌나' 하는 …….

다. 갈등과 도전

(1) '북한 사람은 낮다' 와 '북한 사람은 결코 낮지 않다'

　[사] 씨는 남편이 다른 북한 이주민과 다르다고 믿었다. 물론 북한이 어렵고 못산다는 말을 들은 터여서 [사] 씨도 항상 뭘 먹든 남편에게 '이거 먹어봤어?' 하고 물다. 남편은 '먹어 봤다'며, '김○○대학을 나와도 귤 하나 못 먹어본 사람도 있다'고, '북한도 생활 차이가 크다'고 했다. [아] 씨는 북한에서 굶지 않아 부족한 건 없다고 생각했지만 중국에 가서 수박 등을 처음 보고는 그 많은 음식에 너무 놀랐었다고 했다. 가끔 [아] 씨는 딸아이가 먹는 투정을 부리면, 애를 북한에 보내 봐야 한다고 말하였다. [사] 씨는 그래서 '북한 사람들 체구가 작은가' 생각했다. [아] 씨를 통해 만난 북한 이주민들은 모두 남한 사람에 비해 키가 작은 편이었다. 북한 사람들은 대체로 얼굴이 마르고 작다고 하였다. [아] 씨는 자신이 북한에서는 키가 큰 편(170cm)이었는데, 남한에 오니 표준이라고 하였다. [사] 씨는 남북한 생활상의 차이에 대해서는 공감하였지만, 외모

나 생각에서나 [아] 씨가 북한에서 온 사람이라고 특별하게 느껴지지 않았다.

[사] 아이가 살 안 먹고 그러면 '아빠는 어릴 적에 바나나가 있는 줄도 몰랐다' 이러고 ……. 가끔 여기서 뚱뚱한 애들 보면 '북한에서는 배 나오는 게 소원이었다' 고 그런 얘기해요. 다들 북한에 한번 보내봐야 한다고 ……. 중국에 가서 살이 많이 쪘대요. 결혼하고는 거의 10kg 늘었고요.

[사] 씨의 가족과 친구들은 북한 사람들을 보면서 '동남아시아 사람들'을 보면서 느끼는 것과 비슷한 것을 느낀다고 하였다. 고생을 많이 한 사람의 불쌍한 이미지랄까? '북한에서 아무리 잘 나갔던 사람이라도 한국에 와 봤자 별거 아니다'라고 생각하였다. 남편을 상당히 낮게 보는 것을 느끼면서 화가 났다.

[사] 우리가 보기에도 …… 뭐라고 해야 하지? 동남아시아 사람들 하면 무척 고생하는 것 같고 …… 그런 불쌍한 이미지 …… 어, 그런 이미지를 많이 가지고 있는 것 같아요. 북한에서 아무리 잘 나갔던 사람이라고 해도 한국에 와 봤자 별 거 아니다, 뭐 이런 생각들 ……. 아직도 주변에 그런 생각들 가지고 있는 사람들이 많아요. 우리 가족도 ……. 결혼할 때도 반대가 심했는데 ……. [아] 씨가 노력해서인지, 같은 사람이니까 그런 건지, 나중에 언니들이 '하나도 북한 사람 같지가 않다' 고 하더라고요. 북한 사람 같다는 것이 어떤 것인지 ……. 결국 남북을 차별하는 것이 있는 거예요.

결혼 초 가족과 친구들의 이러한 반응에 대해 그러려니 하게 되었을 즈음, [사] 씨는 취업을 알아보기 위해 원서를 내고 면접을 보았다. 3년간 간호사 일을 쉬면서 아이를 돌보기만 해서 사회를 접할 기회가 거의 없었는데, 자신의 취업에 남편의 출신이 영향을 준다는 것을 알고 새삼 놀라지 않을 수 없었다. 국가가 운영하는 한 협회에서 간호사를 뽑는다는 소식을 듣고 알아보니 그곳은 북한 관련 사업도 적극적으로 하는 곳이었다. '잘 됐구나' 하는 마음으로 [사] 씨는 남편이 북한 사람인 것이 득이 될까 하는 생각으로 서류에 그 사실을 밝혔더니 면접시험에서 북한 이주민에 대한 호기심으로 이상한 질문이 많았다. 다른 사람들에게 물어 본 것과는 지극히 다른 것이었고 결과적으로 뽑힐 수 없다는 뉘앙스를 받게 되었다. 북한 출신인 남편 때문에 느끼게 되는 주변의 반응에 당황하면서도 이를 남편에게 말할 수 없는 답답함이란 …….

(2) '북한은 다르다' 와 '우리와 같다'

[아] 씨는 남북한이 가장 다른 것으로 '경쟁'을 말했다. 남한은 생존경쟁이 살벌하고 경쟁에서 이겨야 한다는 스트레스가 대단한 곳이었다. 남북한 간에 북한 사람이 살아가는 데 가장 힘든 것이었다. [아] 씨는 북한에서 5년간 직장 생활을 하면서 '그 분야에서만은 최고가 되자' 하고 열심히 일했던 사람이었지만, 퇴근 후에는 친구와 어울리며 쉬었다. '오늘 못 하면 내일 하지' 하는 경우도 많았다. 그런데 한국에서는 쉴 틈이 없고, 내일로 일을 미루면 받을 '돈'에 영향이 미쳤다. 북한과 비해 모든 시설과 설비가 비교도 할 수 없을 만큼 발전했지만, 살기에는 10배 정도 더 힘들다. 또 [아] 씨는 남한에서 살면서 현란한 네온사인, 대형할인마트의 복잡함, 자동차 소음과 공해에 눈도 피곤하고 정신도 없었다.

[사] 쇼핑할 때 남자들 누구나 안 좋아한다고 하지만, 대형할인마트 한번 갔다 오면 남편이 눈이 굉장히 피로하다고 그래요. 지금은 자꾸 가니까 이제 안 그러는데, 처음에는 '이 사람이 자연에서 살다 와서 그렇구나' 느꼈지요. 남편이 원래 눈이 굉장히 좋거든요. 우리 때는 학생들이 거의 모두 안경을 썼잖아요. 거기는 모두 공부하는 게 아니고 농촌지원 많이 하고 철봉을 많이 하니까 ……. 영양가 있는 것을 못 먹어서 그렇지 운동

같은 것을 많이 해서 체력은 좋은 것 같아요. 여기는 화려한 네온사인 같은 게 ……. 한국에 온 지 5년 되잖아요. 갈수록 눈이 많이 피로하다고 그러더라고요. 컴퓨터도 많이 하니까, 수시로 ……. 여기 와서 가장 놀란 게 많은 차. 한국에 있는 차 절반만 북한에 갔다 놔도 교통난이 해소될 거라고 그러내요.

[아] 북한에서 직장 생활은 5년 정도 했어요. 여기는 생존경쟁이 살벌해요. 하나라도 더 개발하고 앞서야 해요. 저기에서도 '그 분야만은 내가 최고가 되자' 하고 열심히 했지만 여기는 그런 게 아니에요. '깜빡' 하고 나면 여기까지 좇아 와 있어요. 항상 생각을 해야 하고 말이죠. 실질적으로 경쟁을 해야 한다는 게 굉장한 스트레스가 돼요. 그런 것들이 남북 간에 우리가 살아가는데 굉장히 힘든 것들이에요. 특히 이곳의 컴퓨터, TV, 휴대전화, 매체들이 사람을 더 힘들게 해요.

경쟁 사회에서 제대로 적응하며 돈을 벌려고 하니 말투나 말하는 방식이 제일 걸림돌이 되었다. 남한 사람들은 자기 싫은 것을 별로 표현하지 않았다. 하나하나 재면서 사는 곳이 한국인 것 같았다. [아] 씨는 싫은 것은 싫은 대로 표현을 해서 어색한 분위기를 만들기도 했다. 상대방이 기분 따위는 신경 쓰지 않았다. 회사 일을 하면서도 '도와주겠다'고 한 말이 회사 비밀을 공개하게 되는 경우가 됐는지, 사장에게 '회사의 경쟁력이 발목 잡힐 수 있으니 하지 말라'는 말을 듣기도 하였다. 부동산에서 집을 구할 때도 [아] 씨는 자신이 북한에서 왔으며, 무슨 일을 한다는 등 말 할 필요가 없는 말까지 다 하는 것이었다. [아] 씨는 본인의 사정을 잘 알아야 도움을 잘 받을 것 아니냐며 대꾸했지만, 사실 [아] 씨에게는 어디까지 어떻게 말하는 것이 적당한지 판단하는 것은 어려운 일이었다.

[아] 여기 사람들은 자기 싫은 것은 표현 안 해요. 저는 그래요. 그냥 막 표현해요. 어렸을 때부터 배운 거 때문인지 성격 탓인지 모르겠지만, 하나하나 재면서 사는 곳이 한국이라고 느꼈어요. 저는 아직도 안 그래요.

조심스럽게 얘기 안 해요. 듣는 사람이 기분 나쁠지 판단을 못 해요. 그런
게 조금 다르다고 생각을 했고 …….

그런데 정작 북한에서 온 [아] 씨는 남한과 북한의 차이를 그다지 대
단하게 여기지 않았다. 오히려 [사] 씨를 포함한 남한 사람들이 더 다르
다고 여기는 것 같았다. [사] 씨는 이 모두가 다 우리가 받아온 교육과정
탓이라고 생각했다. '같은 언어를 쓰지만 못사는 나라', '김일성, 김정일에
대한 우상화와 빨갱이', '공산주의에 대한 생각만 있는 사람들'이라고 생각
했다. [사] 씨는 북한 어린이들은 태어나자마자 탁아소에 맡겨져서 사상
교육을 받는다고 들었었다. [아] 씨는 두세 살 아이들이 뭘 알겠느냐며
탁아소는 놀이나 해 주는 곳이지 사상교육을 시키는 곳은 아니라고 하였
다. 유치원에 다니는 예닐곱 살 정도가 되어야 뭔가를 판단할 수 있게 되
고, 김일성 생일이 되면 선물도 주고 배급을 주니 감사하다는 것을 알게
된다고 하였다. 그래도 북한이나 남한이나 학창 시절은 비슷한 것 같았다.
[아] 씨는 남자고등중학교에 다니면서 있었던 일 등 학창 시절과 동무들
과 놀았던 일 등을 이야기해 주었다. [사] 씨는 남한과 북한의 학창 시절
이 비슷하다는 것이 신기했다. 부모님이 지극 정성으로 자녀들을 교육하
는 이야기를 들으면서도 '똑같네'라고 느꼈다. 그동안의 선입견이 놀랍기
도 하고 우습기도 하였다.

　　[사] 저는 그런데 우리가 받아온 교육과정이 좀 ……. 북한에서 왔다는
　　것에 대해 친구들도 거부감 같은 걸 많이 갖고 있더라고요. 저는 없었고
　　……. 못살고, 뭐 그런 생각을 가지고 있었는데 ……. 김일성, 김정일에
　　대한 우상화에 대한 생각만 가지고 있는 줄 알았는데 ……. 어머, 깜짝 놀
　　랐어요. '우리랑 똑같이 자랐네' 하고. 학교 때 남학생들 거울 가지고 선
　　생님 비추고 ……. 똑같이 그런 모습들 보고 놀랐다니까요. 선입견이 많
　　았던 거 같아요. 이런 느낌을 친구들에게 얘기해 줘요.

(3) '북한 가족이 먼저냐' 와 '남한 가족이 먼저냐'

누구에게나 가족은 특별하다. [사] 씨는 중요한 결정을 내려야 할 때 시부모님이 계셨으면 좋겠다는 생각을 한다. 하루 빨리 통일이 되어서 만날 수 있기를 기대하고 있다. 남편인 [아] 씨는 그러한 마음이 더욱 간절했다. 그럴 때면 북한에 대한 꿈을 꾸기도 하였다. 학교에서 밤 따러 농장 활동 나갔던 일, 친구들과 놀던 일, 가족들과 지냈던 일 등 좋은 꿈들을 꾸기도 했고, 탈북하다가 잡히거나 가족들에게 무슨 일이 생기는 악몽을 꾸기도 하였다. 때로는 상사병이 난 것처럼 이불을 둘러싸고 앓아야 했다. [사] 씨가 전남에 계신 부모님 이야기를 할 때마다 [아] 씨의 가족에 대한 그리움은 더욱 커져갔다.

그러면서 [아] 씨는 환갑이 넘은 북한 부모님께 연락할 선을 찾아서 꾸준히 돈을 보내드리려고 노력했다. 고향인 D시가 중국 국경과 가까워서 연락이 쉽게 닿을 수 있었지만, 번번이 사기를 당했다. 드디어 2004년 1월에 연락이 되었는데 부모님이 잘못되셨다는 얘기를 듣게 되었다. '보내준 돈으로 병원 치료라도 받았으면' 하고 얼마나 한탄하였던가. [아] 씨는 가족들에 대한 책임감을 많이 느꼈다. 여동생은 가정을 이루었으니 안 될 것이고, 남동생은 어디에 있는지 수소문하여 남한으로 데려오려고 노력하고 있다. 그래서인지 남편은 중국이나 북한에서 관련된 사람이 왔다고 하면 무조건 집에 데려왔다. 며칠에서 몇 주까지 함께 생활하기도 했다. [사] 씨는 어떻게든 북한 가족과 연락해 보려는 남편의 마음을 이해하면서도 독단적으로 결정하는 터에 적잖이 당황할 수밖에 없었다. 북한에 돈을 보내는 것에 대해서도 [사] 씨는 반대했다. 모아 둔 돈도 없을 뿐더러, 단돈 100만 원도 여유가 없는 경제 사정과 보낸다고 하더라도 위험 부담이 너무 크기 때문이었다. 남편은 [사] 씨의 반대에도 불구하고 마이너스 통장을 만들어서 돈을 보내 [사] 씨는 크게 화가 났다. [아] 씨는 돈이라도 보내서 미안한 마음에 대한 위안을 삼으려고 했던 것이었는데, 그 마음을 이해해주지 못하는 아내의 태도에 무척 마음이 상했다.

[사] 보통 남한 부인들이 양보하고 산다고 하는데 저는 제가 막내여서 별로 ……. 양심이 없어서 저는 우기면서 살아요. 그런데 가끔 그런, 뭐라 그러지? 내가 화 내놓고 괜히 '아, 이런 부분은 진짜 이해해 줬어야 하는데 ……' 할 때가 있어요. 가족에 대해서 ……. 그런 부분은 말없이 이해해 줘야 하는데 임대료도 인상되고 돈 낼 것도 많은 상황에 마이너스까지 만들어 보내 주더라고. [아] 씨가 '그런 건 이해해 줘야 하는 거 아냐?' 이러는데. 그런 문제에 제가 좀 이해를 못 하는 것 같아요. 다른 분들은 이해를 많이 한다고 하는데 ……. 저는 이해를 잘 못 해 주고 사는 것 같아요.

[아] 동생을 데려와야겠다고 생각하고 있어요. '동생이 혹시나 탈북했나?', '혹시 닮은 사람 없나?' 탈북자 얘기 나오면 항상 귀가 솔깃해. 혹시나 소식을 들을까? 중국에만 나와 있어도 …….

[아] 씨는 만나는 것이 불확실한 북한 가족에게 두는 관심만큼도 [사] 씨의 가족에게 있는 것 같지 않았다. [사] 씨는 명절이나 기념일을 중요하게 여기지 않는 남편이 섭섭했다. 북한에서도 성묘는 하고 차례도 지내고 가족들과 친구들이 모여서 즐기기도 하였다고 하면서도, 정작 남한에서는 명절이 되면 항상 회사일로 더 바쁘게 보내려고 하는 것 같았다. 이들 부부는 이제 명절이 되면 친정에 가서 보내고 있다. 아이가 태어난 후 아버지는 인정을 해주셨다. 그러나 북한에서 온 [아] 씨에게 명절은 별 의미가 없어서 가능한 한 피하고 싶어 했다.

남편은 여기 사람들이 추석이나 8·15를 잊지 않는 것과 같이 김일성 생일(4·15)이나 김정일 생일(2·16)이 되면 기억난다고 하였다. 반면 어린이날이나 어버이날, 가족 생일은 별로 기억하지 못하는 것 같았다. [사] 씨는 부모님과 조카들을 챙겨 주려고 어린이날과 어버이날에 맞추어 찾아가려고 하면, 남편은 '5월 말이나 가자'라며 건성으로 대꾸할 뿐이었다.

물론 북한에 계신 부모님들을 챙길 수 없으니 미안한 마음도 있겠지만 가족들에게 마음을 쓰지 않는 것 같아서 [사] 씨는 화가 났다.

　[사] 아직도 김정일 생일, 김일성 생일을 말해.
　[아] 그럴 수밖에 없는 게 엄마 아빠 생일은 잊어도 ……. 그건 잊을 수가 없지.
　[사] 그날 되면 말해.
　[아] 8·15 안 잊어버리잖아. 추석 안 잊어버리잖아. 그런 거처럼 더 쳐주니까. 김일성 생일날에는 빨간 넥타이를 받아요. 학교에서 40명, 이렇게 뽑혀 나가요.
　[사] 우리는 어린이날, 어버이날 되게 챙기잖아요. 나는 이제 조카들도 많아요. 4명이나 되니 선물도 사 주고 싶어요. 어버이날에도 꼭 부모님을 찾아뵙지 못하더라도 뭐, 용돈을 드린다거나 선물을 드린다거나 했어요. 그런데 [아] 씨는 바빠서 그러는지 모르겠는데 그런 생각을 거의 안 하는 것 같아요. 어버이날 같은 경우에도 내가 먼저 얘기하는 것이 미안하기도 한데, 남편은 이런 생각 별로 하지 않으니까 서운하기도 하고…….

(4) 북한식과 남한식

　[아] 씨는 생활력이 강한 어머니의 영향을 많이 받아 알뜰하고 신속 정확하게 일을 처리하는 편이었다. 배급문화인 북한에서는 매일매일 알뜰하게 살림을 해야 부족함이 없었다. 어머니는 항상 부족함을 느끼지 않도록 배급받으면 딱딱 정확하게 조정해서 살림을 알뜰하게 하셨다. [사] 씨를 보면 씀씀이가 너무 큰 것 같아서 불만이었다. 북한에서 살았으면 배급받은 것 다 먹고서 이웃에게 빌리러 다니는 꼴이 되었을 것이다. 있으면 있는 대로 쓰고 나중에 없어서 쩔쩔매는 [사] 씨의 모습이 이해되지 않았다. 일을 하는 것도 최대한 미뤘다가 한꺼번에 해서 답답하게 보였다.
　게다가 [사] 씨는 음식 만드는 것을 좋아하지 않고 사 먹는 것을 좋아했다. [아] 씨는 정신없는 경쟁 사회에서 적응하는 것이 힘들어 집에서 먹는 것이라도 편하게 먹고 싶었다. [사] 씨는 소시지, 치킨, 피자, 분식류를 좋아했다. [아] 씨는 된장, 동태, 생선, 김치, 젓갈, 장아찌 등 북한 집에서 먹었던 음식을 좋아했고 사 먹는 음식을 싫어했다. 움직이는 것도 싫고 돈이 드는 것도 싫어서였다. 아침에 남편은 자신이 만든 북한 반찬과 밥을 먹고, 아내는 콘푸레이크와 우유를 먹기도 하였다. [사] 씨와 [아] 씨 부부에게 제일 큰 문제가 바로 음식이었다.

남편이 직장에서 일하고 돌아오면 식사를 준비해 놓지 않아서 서운해하고 싸우는 일이 반복되었다.

[사] [아] 씨가 자기도 귀하게 컸다고 해요. 어렸을 때 워낙에 많이 아팠고 주방에서 엄마가 자기가 들어오면 못 들어오게 했다고 그렇게 말하더라고요. 맏아들인데다가 아주 귀하게 컸다고요. 그런데 제가 하면 맛이 없으니까, 또 제가 잘 안 해 놓으니까 자기가 해요. 일하고 오면 자기도 피곤한데 내가 음식도 안 해 놓고 있으니까 얼마나 서운했겠어요. 그것 때문에 많이 싸웠어요. 정말 미안해요. 나는 집에 있으면서 안 하고 …….
해 봐야 자꾸 느는데 하려고 노력을 안 하니까 그런 게 되게 싫었나 봐요.
저는 북한 사람과 산다는 생각을 음식문화에서 느껴요. 저는 소시지, 치킨, 피자 이런 거 좋아하는데, [아] 씨는 된장, 뭐 이런 거 좋아하고 동태 등 생선을 좋아해요. 좋아하는 것을 안 해 주니까 자기가 직접 하는 거예요. 장아찌, 토마토, 가지, 오이, 무를 소금에 절여서 ……. 김치도 동태를 넣어서 만드는 거예요. 본인이 본인 입맛에 맞게 하려고 해요. 친정에서 주는 것은 전라도식이어서 양념이 많아 김치 본연의 맛이 안 난다고 본인이 직접 해요. 김치를 한다고 하면 부담 갖고 그러는데 ……. '엄마가 하던 대로 하면 되지' 하면서 본인이 제대로 해요. 깍두기에 생태를 넣어서 하니까 비린내가 나지요. 저는 안 먹어요. 장아찌 같은 것은 먹어요. 염장법으로 야채를 소금에 절여서 그것을 고춧가루 넣고 볶아 먹는 거예요. 처음에 먹어 보고 내가 맛있다고 하니까 1주일에 1~2번씩 꼭 해 주더라고요. 다른 사람들이 와서 먹어 보면 못 먹던 거라 특이하다고 그래요. 생선젓갈, 장아찌 …….

(5) 북한 아빠와 남한 엄마

　[아] 씨는 원래 아이를 좋아하는 데다 어릴 때부터 자상한 조부모, 부모 밑에서 사랑을 많이 받고 자라서인지 아이에게 잘 했다. [사] 씨는 부모님이 바빠서 언니와 오빠를 보고 자라서인지 좀 무정한 엄마인 편이다. 아이를 키우면서 [사] 씨는 보통의 부모들처럼 아빠는 아이들을 놀게 하고, 엄마는 공부시킨다며 남과 북의 차이가 없다고 하였다. [아] 씨도 남북한의 교육관이 특별히 다르다고 보지는 않았다. 세상에 어떤 부모들이 나쁜 짓하라고 교육하겠는가.

　그런데 [사] 씨가 고가의 교육교재를 구입한 것을 두고 부부는 싸웠다. 아이가 2개월이 되었을 때, 교육교재 한 세트를 구입했다. 온 집안에 아이 글공부를 위한 교구들이 붙어 있었다. [아] 씨는 그렇게 비싼 책을 사는 것을 이해할 수 없었다. [아] 씨는 어릴 때는 자연에서 놀아야 한다며, 그래서 '우리 아이가 이만큼 훌륭하게 컸다'고 했다. 반면 아내는 '더 잘 클 수 있었는데 너무 논 거 아니냐'며 걱정하며 요즘은 책을 많이 읽어야 하기 때문에 책을 많이 사 주어야 한다고 하였다. 이웃의 아이 키우는 또래 엄마들도 모두 샀다고 하였다. 그래도 [아] 씨는 '생후 6개월부터 공부시키는 게 세상에 어디 있느냐'며 조기교육을 아직도 이해하지 못하고 있다.

　　[사] [아] 씨가 저한테 많이 맡기는 편이라 교재 구입하고 부모님 사랑 속에서 많이 놀게 해 주려고 해요. 아이를 키우는 문제는 남과 북의 차이라기보다 어디나 엄마 아빠의 차이라고 생각해요. 놀게 하는 것도 책을 가지고 놀게 하고 싶어서 제 결정대로 했어요. 책값도 비싸고 아기가 2개월 때부터 책 사 주고 그러니까 ……. 요즘에는 책을 많이 읽으니까 안 사줄 수가 없어요. 남편은 '어린 아이에게 무슨 책이냐'고 하고, 저는 전집으로 사고(방안 가득 아이교구가 붙어 있다) …….

그런데도 [아] 씨는 아이 양육을 부인에게 맡기기로 했다. 남한에서 클 아이에게 남한식 교육을 시켜야 한다고 생각해 왔고, 북한 출신 엄마들은 한국 교육에 대해 잘 모른다는 이야기를 듣기도 했기 때문이다. 한 북한 출신 엄마는 아이가 6개월도 되기 전에 무조건 어린이집에 맡기려고 하였다. 북한에서처럼 여기서도 아이 성장에 집단과 집단 활동에 적응하는 것이 가장 중요하다고 생각했기 때문이다.

(현장노트) 일전에 북한 이주민 여성 최씨가 아기를 6개월도 되기 전에 어린이집에 보내려고 했었다고 하였다. 북한에서는 집단 활동, 집단 생활에 아이가 익숙해지도록 가능한 한 일찍 탁아소에 보낸다. 학교에 가서 적응 여부가 여기에 달려 있다고 생각하였다. 남한에서도 그렇다고 생각하고 아이가 3개월 때 보낸다고 하니까 여기 사람들이 여기는 북한이 아니라고 하면서 말렸다. 여기는 자녀 교육에 있어서 목표가 다르다고 …….

[사] 씨는 북한에서는 무엇을 배우는지 궁금했다. 사실 남편은 그냥 흥얼거리는 동요도 전혀 몰랐다. 쉬운 노래를 불러 주면 '언제 불러 봤어?' 하며 묻는 것이었다. 교과서에도 나오는 기본이라고 하면 어느새 남편도 따라 부르려고 노력하였다. 아내가 아이를 위해 불러주는 동요를 [아] 씨도 함께 배우려고 하였다. 북한에서는 사상 노래를 불렀다고 했다. 남편은 처음에는 동요도, 동화책도 내용을 전혀 몰랐지만, 아이를 키우면서 어떤 동화책은 제목은 다르지만 내용은 북한의 것과 같다며 자신이 알고 있는 동화내용을 들려주기도 하였다.

[사] '자기는 어렸을 때 무슨 노래 불렀어?' 물어보면 사상 노래 같은 것, 그런 노래를 어렸을 때부터 배웠나 봐요. 어린애가 '수령님의 사상으로 ……' 뭐 이런 노래를 불러요. 나도 한번 불러보고 싶다고 하면 '어릴 때 북한으로 돌아가서 학교 공부 한번 해보라고 ……. 가끔 바꿔서 북한에서 교육을 받아 봐야 하는데 …….' 이렇게 말해요. 한국 교육에 대해서도 관

심이 많아요. 남편은 한국 교육이 대단하다고 해요. '골든벨' 퀴즈프로그램을 보고 '이런 것을 학교에서 배우냐'고 하면서 수준이 높다고 놀라요. 내가 '배우기는 다 배웠지만 저렇게 다 기억하는 것은 아니다'라고 해도 자기는 우리나라의 고등학교에서 다시 배우고 싶다고 해요.

[아] (부인이 '세상에 둘도 없는 바보'라는 책을 가져온다.) 말은 다른데 내용은 비슷한 것 있잖아요. 이런 얘기 북한에도 있어요. 꿀 벌어 오라고 하니까 꿀 벌어 오고 ……. 제목은 같지 않았어요. 그런데 내용이 같더라고요. 동요는 '꽃봉오리 방실 피어나라고 김일성 뭐 해 주셨죠.' 그런 노래들이에요. 다. 음정은 불러 줘도 다를 거예요. 음치여서 ……. (노래를 조금 불러 준다)

　　[사] 씨는 주로 아이의 정서적인 부분과 공부를 챙기고, [아] 씨는 놀아 주고 책을 읽어 준다. 이러한 역할 분담은 합리적인 결정이라기보다 은연중에 남편이 '나는 더 못하니까'라고 하며 '그건 자기가 해'라고 말해서 나누어진 것이라고 하였다.

라. 타협과 변화

(1) 북한에 대해 낭만적으로 공감하기

　　이제 [사] 씨는 북한에 대해 새로운 공감을 하게 되었다. 자연스럽게 남편의 북한 이야기를 들으며 잠이 들기도 하였고, 꿈에서 북한에 가는 꿈을 꾸기도 하였다. 남한 동요를 따라 부르는 남편을 보면서 자신도 북한 동요를 따라 불러 보았다. 남편이 불러 주는 북한 노래에서 남한과 굉장한 차이도 느꼈지만, 북한 동요가 꼭 사상적이기만한 것은 아니었다. 서정적인 것도 느낄 수 있었다. 어떤 면에서는 북한에서의 어린 시절이 남한의 그것보다 더 낭만적이고 즐겁게 느껴졌다. 집에서 물고기와 식물을 키우고 텃밭을 사서 무공해 채소도 기르는 남편을 보면 자유롭고 여유로운 면이 많았다. 또 '일의 추진력'과 '어떠한 상황에서도 자신 있는 모습'이 남북 교육 차이인 것 같았다. 북한에 비해 남한은 더 틀에 박힌 교육을 하는 것 같고, 부모님도 그렇게 키우는 것 같다. 온실의 화초처럼 말이다. 또한 [사] 씨는 아이를 낳고 취업을 고민하면서 마땅히 아이를 맡길 곳이 없다고 생각했다. 남편에게 들은 북한은 보육시설이 잘 되어 있어서 직장 여성들은 누구나 아이를 맡기고 일할 수 있다고 하였다. 남한보다 북한이 그 점에서는 더 잘 되어 있는 것 같다는 생각도 들었다.

> [사] 남편을 보면 굉장히 창의적인 거 같아요. 그런 것도 마음에 들더라고요. 이건 남과 북의 차이라기보다 개인적인 차이라고 보거든요. 자연적인 것을 좋아해요. 자연에서 자라서 그런가? 수족관, 화초 좋아하고, 애들 좋아하고 ……. 못 하는 게 없다는 생각이 들어요. 요리도 잘하고 …….
> [아] 씨 얘기 들어보면 북한 남자는 권위적이라고 하던데 ……. 게다가 큰아들이어서 부엌 한번 안 들어가 봤다는데 ……. 남편이 혼자서 고생하며 생활해 와서인지 ……. 중국에서는 남자들이 많이 한다고 그러잖아요. 그런 모습을 봐서 그런지 잘해요 …….

　[사] 씨는 [아] 씨와 결혼하여 살면서 북한과 북한 사람에 대한 관심이 많아졌다. 처음 데이트를 할 때부터 [아] 씨는 북한 얘기, 탈북 얘기를 많이 해 주었지만 마음에 와 닿지가 않아서 처음에는 관심도 없었다. 북한 사회, 통일, 한민족 등에 대해 별로 생각 없이 살았다. 어릴 때는 '같은 민족이니까 무조건 통일이 되면 좋겠다' 뭐 이 정도로 생각할 뿐이었다. 북한이 뭔지, 통일이 뭔지 남의 얘기처럼 듣고 그랬는데 이제는 자신의 이야기가 되었다. 남편을 만나면서 북한에 대해 동정심도 많이 가고, 정책적인 면에 관심도 많이 간다. 정부에 대해 화도 난다. 북한 이주민들의 모습을 보면서 자신의 일처럼 느껴졌고, 남편이 이렇게 귀하게 왔구나 하는 생각이 들었다. [사] 씨는 북한에 대한 이해가 많아지면서 남한보다 나은 것도 있다며 공감과 동정을 하는데, 남편은 북한에 대해서는 오히려 냉정하다. 남한이나 외국에서 지원하는 물자가 북한 국민들에게 10분의 1

도 제대로 전달이 되지 않는다며 화를 내기도 하였다.

> [사] '북한 사람들이 어쨌다' 안 좋은 얘기 들을 때는 저도 되게 속상하
> 고 '그런 마음을 갖는 게 아주 당연한 거구나' 그런 생각도 들어요. 북한
> 에서 오신 분들이 자신감을 갖고 최선을 다해서 열심히 살고 그럴 때는
> 우월감은 아니지만 저도 막 공감하죠. '열심히 살면서 당당하게 살았으면
> 좋겠다' 는 그런 생각이 들어요.

(2) 인정받기: 남한 남자보다 낫다

결혼을 반대하셨던 [사] 씨 부모님은 아이가 태어나기 전에 호적을 내
주고 혼인신고를 하라고 허락하셨다. 가정이 넉넉하지 않은 탓에 결혼식
은 [사] 씨 오빠가 한 뒤 해 주기로 하셨다. [사] 씨는 결혼하고 아이를
낳고 싶었지만, 허락을 받은 것으로 만족하기로 하였다. 주변 이웃에서는
혼인신고도 했고 아이도 낳아서 결혼식을 한 줄 알고 있다. [사] 씨는 결
혼식을 못 한 것이 내내 마음에 걸렸고, 부모님을 힘들게 해 드려 죄송하
고, 남편에게 미안한 마음이 많았다. 이렇게 결혼을 허락하게 된 이유는
[아] 씨가 열심히 일하고, 가정을 잘 지키려고 하며, 싫은 소리를 안 하
는 모습과 성실함 때문이며, 무엇보다 [사] 씨가 함께 잘 살아가는 모습
을 보면서 마음이 변하신 거 같았다.

[사] 씨에게 남편은 어려운 상황에도 꿋꿋하게 중심을 잡는 사람이었
다. 가족들에 관해 말할 때마다 본인도 가족이 생각나고 보고 싶을 텐데
말이야. [아] 씨에게 '북한의 가족들이 보고 싶지 않느냐'고 물으면 '여기
서 열심히 살고, 그래야 통일이 되어 떳떳한 아들로 만날 수 있다'며 슬
퍼하거나 그리워하는 표정을 보이지 않았다. 긍정적인 사람이었다. 열심히
잘 살아가고 있으니 좋은 날이 올 것이라고 달래 주었다. 아내에게는 좋
은 얘기만, 강한 모습만 보여 주고자 했다.

[아] 씨는 '어디에 버려 놔도 먹고 살 수 있어야 한다'는 것을 어머니

에게 배웠다. 하기 싫은 일도 배운다는 생각으로 하면 발전이 있는 것 아닌가. [아] 씨는 남한에서 인정받으려고, 친정 식구들에게 인정받으려고 부단히 애썼다.

> [아] 열심히 안 하면 그런 기회는 안 온다고 생각해요. 목표를 잡아 놓고 그것을 하나하나 해 가지고 이뤄나가야지. 일자리가 없다고들 하는데 일자리가 없는 게 아니에요. 하기 싫은 거죠. 자기 눈높이보다 높게 보니까 그런 거지. 그런 위치에서 열심히 살면 한 단계 업그레이드할 수 있는 거지. 저도 여기올 때 그랬는데. 작은 회사니까 경리, 납품, 영업 다 배울 수 있으니까 지금 그런 생각 많이 해요. 내가 오늘 안 나가면 저 회사를 어떻게 끌고 나갈 것인가 그런 생각도 해요.

말투도 고치고 요리도 하고 공부도 많이 했다. [아] 씨가 처음에 조선족 교회에 갔을 때 언어적으로 3분의 1도 못 알아들었었다. 영어도 섞여 있어서 더 그랬다. 말투를 고치기 위한 부단한 노력 끝에, 이제는 잠깐잠깐 이야기를 나눌 때에는 북한 출신인지 상대방이 모를 정도가 되었다. 물론 길게 이야기하면 눈치를 채기도 하지만 ……. 단어를 바꿔 말하는 것은 어렵지가 않은데 남한에 온 지 5년이 되어 가도 안 고쳐지는 것이 있다.

> [사] '되지 않는다' 여기서는 '안 된다' 그러죠.
> [아] 어느 게 좋은지는 모르겠는데 ……. 북한에서는 '되지 않는다'는 말이 많아요.
> [사] 아무리 고쳐도 그건 안 고쳐져요.

또 인맥이 중요한 남한에서 알게 된 사람들은 철저하게 내 사람으로 만들려고 노력했다. 중국에서 혼자 고생하며 만들었던 음식들을 생각하며 처가 식구들이 모여 있을 때나 친구들과 놀러갔을 때 해물탕이나 찌개류를 해내 다들 놀라게도 하였다.

[사] [아] 씨는 인간관계를 매우 중요시해서 어떻게 보면 거절을 잘 못 하는 그런 것도 있는데 ……. 자기가 만난 사람은 자기 사람으로 만들려 는 그게 있어서 그런 사람들한테 연락 잘 하고 자기가 만난 사람들한테, 자기 사람들에게 최선을 다하는 것 같아요. 뭐 마음에 안 드는 사람이 있 어도 …… 많이 한국 사람화되어 가는 것 같아요. 나는 싫으면 안 만나고 그러는 게 있거든요.

결혼을 반대하던 친정 식구들이 이런 모습을 보면서 '남한 남자보다 낫 다'고 칭찬하기도 했다. 자기 생활은 자기가 만들어가는 것이었다. 이런 남편의 노력에 [사] 씨는 자랑스럽고 안심이 되었다.

(3) 중간자적 입장 취하기

간혹 [사] 씨에게 남한 부인과 북한 남편인 다른 부부가 상담을 청해 오기도 한다. [사] 씨는 그런 경우 부인에게 북한 문제에 대해 고민하는 것을 어느 정도 '놔두기'를 권유했고, 북한에 대해서는 '중간자적 입장'을 취하는 것이 좋다고 조언해 주고 있다. 사실 북한에 계신 부모님이 잘못되 었다는 말을 들었을 때, [사] 씨는 북한에 돈을 보내는 것에 대해 불평했 던 것이 마음에 걸려 남편에게 무척 미안했다. 이제부터는 북한 가족과 북 한에 도움을 주는 일에 반대하거나 관여하지 않는 것이 낫다고 생각했다.

[사] '혼자 꿍하고 있을 때 어떻게 해야 되냐'고 나한테 물어 보는데, 그럴 때 나는 별로 터치하지 않는 편이에요. 들추면 본인이 더 힘들 거 같아서 나는 내버려 두거든요. 그런데 어떻게 보면 내버려 두는 게 좋은 방법은 아닌 것 같아요. 그러다 더 꿍해질 수 있으니까. 그런데 [아] 씨가 원하는 것은 그런 거 같아요. 처음에는 막 그런 얘기를 하면 '그런 것은 자꾸 물어 보지 말라. 얘기하게 되면 그냥 그리움만 커질 뿐이다' 그렇게 말했던 것 같아요. 그런 부분이 힘들지 나머지는 뭐 ……. 우울하니까 아 내에게 많이 의지하는 부분이 있는 것 같아요. 북한에서 오신 분들은 뭘

결정할 때라든가 뭐 어떨 때 막 함부로 하지 않아요. 그리고 배려를 많이
해 주려고 하는 거 같고 그냥 …….

[사] 씨는 남한 사회에서 어려움을 겪었던 관공서나 은행에 관한 [사]
씨의 일을 문제없이 처리해 주었다. 가정생활을 하는 데 서로 맞지 않아 불
편한 점도 많지만, [아] 씨가 남한에서 살아가는 데 [사] 씨의 역할은 컸다.

> [사] 은행 업무를 싫어하더라고요. 은행에 가서 계좌이체하고 이럴 때 있
> 잖아요. 항상 따라다녀요. 병원에 갈 때도 ……. 미용실 갈 때도 따라 가
> 서 머리 이렇게 했으면 하고 ……. 내가 죄송해 가지고 그런 거 뭐 …….
> 어떻게 보면 아내가 너무 참견하나?

[아] 씨도 남한의 가족들에게 좀 더 신경을 써야겠다고 생각했다. 처음
에는 [사] 씨의 가족들이 반대를 많이 하였지만 아이가 태어난 후에
[아] 씨를 어엿한 가족으로 받아들여 주었고, 부인도 마음의 안정을 찾았
기 때문이다. 이들 부부는 성관계를 통해 많은 갈등을 해소하고 있었다.
남편의 적극적인 요구가 부담스럽기는 해도 서로 간의 사랑을 확인하면서
어려운 문제들을 극복하고 있다.

> [사] 나는 어떨 때는 어떻게 보면 너무 밝히는 거 같아요. 이런 것을 느
> 낄 때가 있어요. 나도 가끔 적극적으로 할 때가 있는데 ……. 가끔씩 그럴
> 때가 있어요. 그래도 여자는 많이 안 원하잖아요. 그러니까 막 이렇게 많
> 이 원하는 편은 아닌 거 같아. 내가 하기 싫을 때는 안 했으면 좋겠는데
> ……. 그 어떨 때는 내가 안 해 주면 그걸로 싸우게 되고 점점 그 사람이
> 갈수록 사랑스러워지고 …….

[사] 씨와 [아] 씨는 지극히 사적이고 가정적인 문제로 다투기도 하지
만, 남북한의 서로 다른 환경 때문에 싸우는 것은 아니라고 했다. TV를
보는데 늦게까지 본다거나 등 다른 남한 사람들도 싸우는 내용으로 티격

태격하는 것이라고 했다. 명절 등 남북한의 문화는 같다고 보면서, 문화적 차이보다 성격적 차이가 크다고 보았다.

> [아] 추석에는 다 쉬니까 산에 가서 성묘하고 그랬죠. 지금 여기는 기독교가 들어서서 안 하는데도 많은데 벌초하고 성묘하고 음식 차려 놓고 먹고 술 한 잔 부어 놓고 …… 그렇게 보내는 거예요. 자주 못 가니까 ……. 설날에는 새해 복 많이 받으시라고 어른들 모셔 놓고 ……. 다른 명절들은 거의 놀아요, 추석 빼고는 ……. 간만에 친구들과 같이 모여서 ……. 그러니까 저는 이렇게 생각해요. 똑같다고 봐요.

그러나 여전히 [사] 씨는 점점 음식을 하는데 자신 없어하고 북한 음식을 더 좋아하는 남편이 부담스럽기도 하다. 그렇다고 자신의 취향을 바꿀 수는 없지 않은가? 또 아이는 점점 커가고 제대로 교육시키기 위해 써야 할 돈도 만만치 않다. 씀씀이도 크고 살림도 잘 못 하는데 아이 때문에 직장을 갖지 못한 것이 마음에 걸렸다. 맞벌이를 계획하고 있지만 양육과 가정 일을 남편과 어떻게 조정해 나가야 할지 막막해 하고 있다.

[사], [아]의 epilogue

2003년 10월 [아] 씨의 아버지가 돌아가시고, 어머니도 2004년 1월에 심장마비로 갑자기 돌아가셨다. 여동생은 결혼해서 아이를 낳았고, 남동생은 행방불명이라고 하였다. 언젠가 만날 거라는 기대에 우리 부부 모두 열심히 살았는데 ……. 비보를 접하고 무척 힘들었다. 이제 [아] 씨는 이제 남한에서 더 잘 살아 보겠다고 생각한다. 남한에 처음 왔을 때는 컴퓨터도 몰랐지만 지금은 기술이 부족하다는 생각이 들지는 않는다. 다만 2년제 대학을 나왔다는 학벌에서 밀리는 것 같아 공부를 더 할 생각이다. 가장으로서 가정의 경제를 책임져야 하는 부담이 있지만 서울로 직장도 옮기고 원하는 공부도 시작하였다.

[사] 씨는 남편에게 경제적인 부담을 전적으로 지운 것이 내내 미안했다. 쉽지는 않겠지만 서울로 집을 옮기면서 직장을 알아보려고 노력하고 있다.

3. [자], [차] 부부 이야기

가. 만나기까지

(1) [자]의 이야기

남한의 서울의 독실한 기독교 집안에서 태어나고 자란 [자] 씨는 현재 40대 후반으로, 외국계 기관에 근무하는 엘리트 여성이다. 어머니와 본인을 제외한 다른 가족들(오빠와 언니)과 친척들도 대부분 미국에 거주하고 있어서 미국식 문화에 익숙하다. 무섭고 권위적인 아버지와 자상한 어머니 밑에서 막내로 자란 [자] 씨는 겁이 없고 당차고 고집 세며 자신이 맡은 일에 완벽함을 추구하는 성격이다.

결혼에 대해서는 자신만이 꿈꾸는 그림이 있었고, 꼭 신앙을 가진 사람과 결혼하겠다고 생각해 왔다. 결혼해서 사는 주변 사람들을 보면 꼭 행복해서 사는 것 같지 않아 결혼에 회의도 느껴 30대 후반까지는 독신을 고집했다. 그러던 어느 날 교회 집회에서 한 북한 이주민의 간증을 직접 듣고 '저 사람은 정말 의미 있는 삶을 살 수 있는 사람'이라고 느끼게 되었다. 그 후 교회 사모님에게서 남자를 소개받고 나간 자리에 바로 그 북한 이주민이 앉아 있는 것을 보고 운명임을, 연분임을 느꼈다.

　　[자] 나는 이때까지 살아오면서 결혼을 하기 위해 여러 명을 만나보았지만 다 도둑놈들 같아 보였어요. 그런데 이 사람 만나고 생각이 바뀌었어요.

(2) [차]의 이야기

북한의 평남 E시에서 자란 [차] 씨는 현재 40대 후반의 나이로, 북한선교와 출판사업을 하고 있다. 북한에서는 대학에서 생물을 전공하고 농업과학원에서 근무하면서 식량 문제를 연구하였다. 아버지는 한국전쟁 이전에 남한에 부인과 딸을 두고 월북하였고, 북한에서 다시 결혼하여 5남매를 두었다. 부모님 모두 철저한 공산당원이었다. [차] 씨는 5남매의 장남. 북한의 사상대로 충실히 생활하는 모범생으로 가정과 학교에서 리더십을 발휘하였다.

> [차] 어렸을 때는 지나칠 정도로 무서운 원수 같은 아버지였어요. 그런데 그런 아버지가 우리한테 비전을 심어준 게 하나 있어요. 세계지도를 보며 꿈을 키워 주셨어요. 그 가르침이 현재 나의 모습에까지 영향을 끼쳤어요. 내가 세계를 돌아다니는 게 그래서 그런 건지 모르겠어요.

식량 문제를 연구하면서 현장에서 직접 생산량을 늘려보겠다고 김정숙군(압록강 끝에 있어 중국의 장백지구를 마주보고 있다)을 택해 농민들과 함께 현지시험을 하게 되었다. 결국 '내 것이 되지 않는 체제'의 문제를 깨닫게 되어 1호 편지(김일성에게 보내는 편지)를 써 보내는 등 노력했다. 그러나 '정치적인 문제이므로 과학자는 연구나 하라. 또 그러면 반동으로 될 것이다'라는 회신을 받고는 북한에 희망을 버리고 탈북을 결심하게 된다. 이때가 1990년으로 두 해 전 결혼해 아이를 둔 상태였다. 미리 이혼을 하면 자신이 탈북 후 가족들이 피해보지 않을 것 같아서 부인에게 자신을 '고발하라'고 일러둬 가족들을 안전하게 한 뒤 중국의 장백지구로 탈출하였다.

> [차] 정권유지가 우선인 북한 사회, 다 알면서도 안 하는 북한 사회, 또 그런 걸 지적하면 반동으로 보는 북한 사회가 잘못 된 걸 그때 제가 알게

된 거예요. 원래 극에서 극으로 돌아선다고 그토록 충실했던 내가 탈북하게 된 동기가 된 거죠. 거기에 희망이 없어진 거니까 거기에서의 삶도 의미가 없어진 거죠.

중국으로 탈출 후 잡혀와 정치범으로 감옥에 갇혔다가, 다시 소련으로 탈출하여 선교사의 도움으로 모스크바 한국공관에 도착, 유엔탈북난민 UNHCR 제1호로 1995년 남한에 오게 되었다. 소련에서 신학공부를 시작하였으며, 남한에서는 신학대학원에서 공부하고 선교활동을 하고 있다. 다른 북한 이주민보다는 직장을 가지기에 쉬운 위치에 있었지만(그 당시 대북 농업연구원은 [차] 씨 하나였다), 사명감으로 살기 위해 공익적인 일을 찾게 되었다. 자신의 배경에서 잘할 수 있는 공익적인 일은 '통일'과 '북한선교'라고 생각했고 이와 관련해 자신을 필요로 하는 곳이라면 어디든 찾아다녔다. 1년 동안 집을 마련하지 않고 교회 2층에서 생활하기도 하였다. 이런 생활로 제때 식사도 못 하고 잠도 깊이 못 자니 점점 건강도 안 좋아졌다. 이러한 사정을 헤아려 교회 사람들이 소개한 여성([자] 씨)에게 편안함을 느껴 결혼을 전제로 만나기 시작했다.

[차] 사람이 이렇게 건강이 나빠지고 제때 못 먹으니까, 또 남자 혼자 살다 보니까 잠을 깊이 못 자요. 여러 가지 원인이 있겠지만 가족 생각, 애들 생각, 여자 생각 이런저런 오만가지 생각과 번민이 겹쳐 안정이 안 되는 거예요. 일단 이런 거 저런 거 다 헤아려 교회 측에서 여자를 얻어 살아야 된다고 하더라고요.

나. 만남과 결혼

(1) 환상과 안식처

[자] 씨는 무엇보다 참되고 보람된 생활에 대한 의지가 있었다. 그런 차원에서 [차] 씨는 더없이 좋은 상대로 보였다. 북한에서 온 사람과 사

는 것이 문제가 될 것이라는 주위의 반대에도 불구하고, '인간과 인간의 관계로 결혼하는 거지, 북한 남한이 뭐가 중요한가'라고 생각했다. 그것 자체를 문제 삼을 필요도 없었다. 실제로 북한 사람들과 같이 살아 보았는가 말이다 '북한에 대한 고정관념으로 부정저으로 생가하겠거니' 하고 무시해 버렸다.

직업도, 돈도 없고 사회에서 인정받을 배경 하나 없는 [차] 씨에 대한 주변의 반대는 심했다. 특히 [자] 씨 어머니가 결사적으로 반대하셨다. 어머니는 '뭐가 모자라서 한번 갔던 사람한테 가냐? 애도 있고 북한 사람이어서 돈도 없고 뭣도 없고 ……. 시집도 안 간 딸을 어떻게 그런 데 보내느냐?'며 노발대발하셨다. [자] 씨의 친구들은 물론이고 교회의 교인들마저 '동정과 연민은 오래가지 못한다'며 결혼을 반대하였다. 문지방이 닳도록 교회에 가서 그들의 생각을 바꾸게 해 달라고 기도하였다. 신앙의 힘으로 믿음과 확신을 얻은 [자] 씨는 자기 신념대로 '하나님이 만나게 해 주신 사람을 반대하지 말라'며 [차] 씨와 삶을 함께하기로 결심하게 된다.

[자] 북한 사람들은 다 이기적이고 교만하다고 하는데, 좋은 점은 생활력이 강하다는 거예요. 사람들이 너무 부정적으로만 보는 거예요. 그런데 그 당시에는 나에게는 그런 편견이 하나도 문제되지 않았어요. 단지 저 사람의 가치 하나만을 본 거지. '얼마나 정신적으로 강했으면 그 어려운 사선을 넘어 여기까지 올 수 있었을까' 그런 점을 나는 높이 평가했어요. 그래서 나는 그런 마음의 자세라면 이 세상을 잘 살아 갈 수 있겠다고 생각했어요. 저는 그 사람이 '큰일을 할 사람이다, 미래가 있는 사람이다' 그런 걸 발견했어요. 그런 사람을 뒤에서 보조해 줄 수 있는 역할만으로도 거기에서 얻는 성취감이 있지 않을까. 좋게 말하면 희생에 대한 기쁨도 있지 않을까 생각했어요.

[차] 씨는 한국에서 새 생활을 시작하면서 예상치 못한 어려움을 겪었다. 북한 사람들을 '거지같은 놈들', '밥이나 얻어먹으러 온 놈들'로 보는

남한 사람들의 관점 때문에 열등감을 느꼈다. 또 매월 날아드는 고지서 쪽지들이 제일 무서웠다. 전기세, 수도세 등등 북한에서는 보지 못한 그 세금 쪽지들은 돈에 대한 압박으로 다가왔다. 많은 번민이 겹쳐 심적으로 안정이 되지 않았다.

[차] 씨는 안식처가 필요했다. 주변에서도 남한에서 제대로 건강하게 살려면 여자를 얻어야 한다고 했다. 그러다 [자] 씨를 소개받았다. 성공한 콧대 높은 여자였다. 그런데도 참 검소하고 소박하고 사람을 만나는 데 어떤 조건도 없어 보였다. [자] 씨 어머니의 반대와 교인들의 반대가 대단했지만, [차] 씨는 '여자가 어디 그 여자뿐인가' 하는 생각이 들어 배짱을 부렸다. 결국 [자] 씨가 알아서 처리할 일이었다. [차] 씨는 [자] 씨가 확고한 태도를 보이고 결혼을 강하게 추진하자 결국 그녀를 선택한다. [차] 씨는 1995년 남한에 와서 1년 만에 결혼하여 안식처를 얻게 된다.

　　[차] 좌우간 첫 만남에서 서로 빠져 선택을 하고 말았어요. 내가 왜 안심을 했냐 하면요, 자기가 영어를 잘한다고 자랑하든가, 돈을 따진다든가, 결혼식을 크게 해야 한다든가, 뭘 해 달라든가 이런 게 하나도 없어. 귀걸이 이런 거 하나도 안 해. 그런 면에서 굉장히 소박해. 어떤 조건도 없어.

　　[자] 나는 신앙을 갖고 있기 때문에 신앙적인 면으로 많이 생각했어요. 결혼을 결심할 때는 그런 신앙적인 차원에서 무엇이든지, 어떠한 어려움이든지 다 신앙적으로 이겨낼 수 있으리라 믿었어요. 그런 단순한 마음을 안고 시작하게 된 거예요. 그때는 그런 생각밖에 할 수 없었어요. 그러니까 결혼까지 하게 된 거겠죠.

다. 갈등과 도전

(1) 순종을 바라는 남편과 거부하는 아내

사람들의 도움으로 교회에서 간단하게 결혼식을 하였다. 결혼식을 준비

하면서 남편은 아는 게 없다는 이유로 부인이 혼자 다 준비하도록 하였다. 그러나 돈 쓰는 일과 같은 중요한 결정은 꼭 [차] 씨 자신이 해야 했다. 신혼집에 가구를 들여 놓을 때였다. [차] 씨는 장롱을 들여놓는 데 반대를 하는 것이었다. 그리고 '포단'을 치자고 하였다. 북한에서는 엄마들이 결혼할 때 수놓은 천을 벽에다 걸어 놓고 썼다는 것이다. [자] 씨는 '여기서는 그렇게 안 한다'며 제일 싼 가구를 들여놓았다. [차] 씨는 자신의 말을 듣지 않고 가구를 샀다며 도로 환불하라고 하였다. [자] 씨는 여자로서 신혼집을 예쁘게 꾸미고 싶다며 최소한 이불과 옷은 어디다 넣어야 하지 않겠느냐고 주장했다. 남편은 아내에게 정신이 나갔다며 그런 것에 가치 부여를 하지 말라며 언성을 높였다. [자] 씨는 '정말 이럴 줄은 몰랐다. 결혼하지 말자'며 청첩장을 던지고 집에서 나왔다. 나중에 담당 형사가 중재하여 결국 결혼은 하였지만. 그 후로도 [차] 씨는 사소한 물건을 사는 데도 잔소리가 심했다. 신혼여행도 갈 필요 없고 신혼여행 사진도 필요 없다고 할 정도였다.

[자] 씨는 남편의 그런 모습에 권위적이었던 아버지의 모습이 겹쳐지면서 스트레스가 쌓였다. [자] 씨는 무조건적으로 자기주장만 강요하는 남편의 말들이 가당치 않은 이야기로 들려 받아들이기가 너무 어려웠다.

[자] 저 사람이 어디 신혼여행에 돈을 들여서 가겠습니까? 그래서 '홍익회' 에서 하는 기차 신혼열차를 탔어요. 그때 당시 30만 원이었어요. 그것도 돈 들었다고 얼마나 욕먹었는지 아세요? 신혼여행에서 그쪽 사람들이 사진도 찍어주고 비디오도 찍어주고 나중에 그걸 팔아요. 선택을 해야하는데 욕심 같아서는 그걸 다 가지고 싶더라고요. 그런데 아무것도 안 사겠다는 거예요. 돈을 왜 버리느냐 이거야. 필요가 없다는 거야. 끝내 비디오테이프는 못 사고 사진만 간신히 샀어요. 남들은 해외여행도 간다는데 우리는 그것도 신혼여행이라고 열차 타고, 나 참. 신혼여행을 누가 그렇게 가요? 잔소리를 얼마나 많이 하는지 …… 어떻게 저런 소리를 들어가면서 살아야 되나 생각하니까 막 스트레스가 쌓이는 거예요. 나도 모르

게 욕이 탁 나와요. 그러면 난리가 나요. '남자한테, 세대주한테 어디다 여자가 눈을 똑바로 뜨고 말대답을 하느냐' 이거예요. 그렇지만 우리는 그게 아니거든. 잘못된 건 잘못됐다고 말해 줘야 하거든요. 자기가 잘못한 것은 시인해야 하고요. 하여튼 그렇게 결혼식을 했어요.

[자] 씨는 깨끗하고 알뜰하게 살림을 하는 편임에도 남편의 성에 차지 않아 항상 욕을 먹어야 했다. 밥과 음식을 너무 많이 해서 낭비한다는 것이었다. 반찬이 3가지 이상이어도 안 되고, 식후에 과일을 먹는 것도 비판의 대상이 되었다.

[차] 김치 하고 채소랑 놓고 먹으면 되잖아요. 그런데 또 사과를 깎아서 내온다고. '김치 하고 채소에 비타민C가 충분하다. 이미 칼로리가 차고 넘친다. 뭘 더 먹으면 살찌고 낭비다. 사과 값이 얼마냐? 낭비하지 말라. 김치나 채소가 없을 때 과일을 내와라. 비만하고 살 빼느라고 정신없는 놈들, 다 미친놈들이다' 라고 말해요. 그런데 이 사람들은 내 말이 정말 또 웃기는 거야.

[자] 씨는 그렇게 말하는 남편을 이해할 수 없었다. 사람 사는 게 그게 전부가 아닌데 어떻게 김치만 먹고 사는가 말이다.

(2) 사상성 없는 아내와 시대착오적인 남편

[자] 씨는 결혼을 결심하면서 '현실'은 생각하지 않았었다. 그러다보니 결혼 초부터 현실적으로 문제가 많이 생겼다. 생각도 틀리고 살아온 과정도 틀려 여러 가지 부딪침을 경험하게 되었다. 그럴 때마다 '아 내가 북한 사람과 살지' 하며 뒤로 물러섰다가도, 다시 불만이 생기면 마찰이 일어났다. 북한에 대해 많은 것을 알게 되고 이해하게 되었는데, 정말 1960년대 사고방식이라는 생각이 많이 들었다. 어떨 때는 '내가 정말 겁도 없이 단순한 마음으로 결혼했구나' 하는 걸 느꼈다. 결혼을 앞두고 부모들

이 가정의 내력을 보고 형편이 비슷한 사람끼리 결혼시키려는 이유를 그 때서야 이해하게 되었다.

[자] 씨는 남들이 버린 것을 주워 오는 [차] 씨를 이해하지 못했다. 아파트 앞에 버려 놓은 가구를 주워 오기도 하고 옷도 남들에게 얻어다 입는다. [차] 씨는 당연히 돈을 주고 사는 것은 대부분 반대한다. [자] 씨는 자신을 '사치한 부르주아지'라고 비판하는 남편에게 '거지근성'이라고 맞받아치고는 [차] 씨가 주워 놓은 것들을 다시 있던 자리로 돌려놓거나 버렸다. 부부는 기 싸움을 하듯 남편은 계속 주워 오고 부인은 다시 버리는 것을 반복하였다. [자] 씨는 돈 쓰는 것을 나쁘게 보는 남편이 싫었고, [차] 씨는 부인의 사상이 문제라고 보았다. '나라, 통일에 대한 조국애는 없고 자기 자신만 챙기는 사람'이라고 부인의 사상성을 비판하였다. [차] 씨는 남한은 물질적으로나 문화적인 것은 선진적일지 몰라도 사상성은 부족하다고 보았다.

[차] 집사람을 가만히 보면 나라나 통일은 중요하지 않아요. 오로지 우리가 어떻게 살아야 하는지만 생각하는 거예요. 뭐, 여기는 개인중심이라나요? 우리가 볼 때는 완전히 '미국 놈', '숭미 사대주의자' 예요. 조국애도 모르고 자기밖에 모르는 ……. 그런데 이 사람은 내가 가정이고 여편네는 모르는, 그저 통일, 북한선교 이런 데만 떠돌아다닌다고 싫어해요. 이런 게 자꾸 충돌이 되더라고요. 저는 이렇게 말해 줘요. '이 여편네야, 나는 돈 주고 새 옷 사 입으면 좋은 줄 모르냐? 기껏 내가 절약해서 모은 돈이 얼마나 된다고 ……. 그런 게 아니다. 어찌 보면 이 과정을 나는 철저한 사상단련이라고 생각한다.'

(3) 본질추구와 '로마에 오면 로마법'

[차] 씨는 부인을 '여편네'라고 불렀다. 북한에서도 부인을 우리 '집사람', '애엄마', '안사람', '처'라고 하기도 하지만 여편네가 제일 편한 말이었다. [자] 씨는 그 말을 듣고 기절할 뻔하였다. '여편네라니! 그것은 무

식한 사람들이 쓰는 말이 아닌가.' 남편은 북한에는 근사한 문화에 매너라는 것은 없다고 했다. 아무리 북한 사람들이 매너가 없다고 해도 부인은 너무했다는 생각이 들었다.

또 어린이날, 결혼기념일 등 챙겨야 할 날들에 전혀 의미 부여를 하지 않으니 부인의 투정은 계속되었다. 생일이나 기념일에 [자] 씨는 꽃 한번 받아본 적이 없었다. 남편은 그런 문화에 익숙하지 않아 쑥스럽고 거부감이 난다고 하였다. [자] 씨는 일부러 무슨 날만 되면 케이크도 사 놓고 기념이벤트를 마련하여 남편이 익숙해지도록 노력한다. 김일성, 김정일 생일은 기억하면서 부모님이나 자신의 생일은 기억하지 못하는 남편이 이상하다. [차] 씨는 사소한 걸 가지고 왜 자꾸 시끄럽게 구느냐며 부인을 나무라고, 자신은 '본질을 추구한다'고 말로는 절대 지지 않았다. [자] 씨가 볼 때 여기 사람 기준으로 [차] 씨는 굉장히 매너가 없는 사람이다. 그러나 본인은 북한의 인텔리 출신으로서 부인에게 반말도 안 쓰고 존댓말을 쓰는 등 인텔리 출신의 자부심이 대단하다고 한다. 여편네라는 말도 부인을 폄하하는 말이 아니라 그냥 편하게 쓰는 말일 뿐이라고 한다. 발끈하는 아내를 보면서 자존심을 지켜야겠다는 생각에 '여편네는 여편네'일 뿐이라고 단호한 태도를 보였다.

[자] 그런 매너 같은 거. 우리는 와이셔츠 같은 옷 입을 때 다 여미잖아요. 그런데 거기는 다 풀어 가지고 러닝셔츠를 보이게 한다고. 아니, 여기서는 그러면 안 되잖아요. 그런데 자기만 시원하면 된다나? 상대방이 매너 같은 것에 대해 얘기하면 그걸 받아들여야 되는데, 그런 문화에 젖어 있기 때문에 더 배격하더라고요. 그래서 우리가 항상 주장하는 게 '로마에 오면 로마법을 따르라'. 그러니까 그게 사상이, 주체사상이 강하기 때문에 그런 게 무너지기가 쉽지 않아요. 그래서 내가 저번에도 우스갯소리를 했는데, 내 생각에는 통일이 안 됐으면 좋겠다고 했어요. 우리 사는 것을 보더라도 이거 통일돼 가지고 머리 터지게 싸우기만 할 것 같고 ……. 네가 잘났니, 내가 잘났니, 떠들어대고 ……. 고집들이 있어 가지고 …….

(4) 빵만으로 살 수 없는 남편과 빵을 벌어오는 아내

[자] 씨는 결혼을 결심하면서 남편이 하는 일을 내조하는 것만으로도 만족할 수 있다고 생각했었다. 가사와 경제활동 모두를 [자] 씨가 책임지고, 남편은 북한선교만을 위해 온 정신을 쏟는 것이 이렇게 힘들 줄 몰랐다.

> [차] 우리 집사람이 언제 어떤 짜증을 내냐 하면 본능적인 짜증이에요. 직장을 갔다 와요. 직장이 광화문에 있는데 전철 타고 오니 얼마나 스트레스를 받는지 모른다고요. 이 분이 짜증을 내는 때가 언젠가 하면 '고달파 고달파' 하고 저녁에 들어 올 때예요. 그때 나는 컴퓨터를 하고 앉아 있는 거예요. 북한선교 글도 써야 하고 대학원 공부도 해야 하니까 ……. 그러니까 이건 남편들이 벌어다 주어야 되는데 자기가 버니까 ……. 이게 본능적으로 인간이기 때문에 그런 거예요. 그런 거 없이 살았지만 정작 맞춰보니까 짜증이 나는 거지. 오면 뭐 이렇게 '여편네 고생했어' 하면서 안아주든가 반갑게 맞아주든가 뭐 그런 것도 아니고, '왔어?' 하면 다행이고 매너도 없으니 …… 여러 가지 면에서 나 같아도 반대로 짜증이 날 거라고. 난 더했을 거라고. 안 그래도 큰소리치고 앉아 있는데 …….

하루는 교인들이 [자] 씨를 대변해 주기 위해 집에 찾아와서 [차] 씨를 설득하려고 하였다. [자] 씨가 못 하는 말을 대신 전하고 싶었던 것이다. 부인이 돈도 벌고 살림도 하는데 남편도 좀 도와주라는 것이었다. [차] 씨는 말로는 절대 지려고 하지 않는 사람이다. '차라리 잘 됐다'며 교인들에게 이렇게 말했다. '한국에서 제일 돈 많이 들어가는 것이 첫째 집, 둘째 자녀 교육 아닌가. 내 덕분에 정부에서 주는 집 얻어 살고 기초생활보장자이기 때문에 자녀 교육비까지 받는 것 아닌가. 그런데 부인이 외국계 기관에 다니기 때문에 오히려 그나마 그 덕도 더 이상 못 보는 것 아닌가 말이다. 우리 문제는 나 때문이 아니다.' [차] 씨는 배짱을 내세워 오히려 그들을 설득시켰다. '부인이 돈 좀 벌어 온다고 남편을 우습게 본다. 남자가 뭔가. 여자가 다 한다는 것은 있을 수 없는 것이다.' 사

회에서는 '북한 이주민들은 남한에서 벽돌 한 장 쌓은 거 없다'며 이들에게 열등감을 조장해 주눅들 판인데, [차] 씨는 겁도 없이 오히려 배짱을 가지고 살기로 했다.

그러면서도 [자] 씨는 집안 대소사를 결정하는 문제로 [차] 씨의 의견을 물으면 정작 [차] 씨는 자신의 일에 몰두하느라 아무 관심도 없었다. 그러면 [자] 씨는 '북한선교면 다냐? 왜 묻는데 대답을 안 하느냐'며 언성을 높이게 된다. 그러면 [차] 씨는 '남편이 바쁘면 도와주지는 못할망정 오히려 반대를 하고 있다'며 부인을 크게 나무란다. 말싸움으로는 도저히 [차] 씨를 당해낼 재주가 없었다. [차] 씨도 오히려 '오죽하면 마흔이 되도록 처녀로 있었겠느냐'며 부인을 보통 여자가 아니라고 했다. 순간 부인에 대해 '먹고 살기 힘들어 그런 게지'라며 이해도 해 보지만, 남편의 일에 반대를 표현하는 부인에 대해서는 도저히 용서할 수 없었다. [자] 씨의 꿈은 평범한 여자로 한 가정을 이루고 사는 것인데, 남편은 '빵만으로 살 수 없다'며 다른 꿈을 추구하였다. [자] 씨는 가족이 먼저 있고 그 다음에 나라가 있는 것이지, 가족은 나 몰라라 하고 나라만 위해 살아야 한다고 하는 남편을 이해하기 힘들었다. 하루하루 벌어서 살아가는 자신을 '빵만 먹고 사는 무식한 여자, 아무 의미 없이 사는 불쌍한 사람'으로 취급할 때는 정말 어이가 없었다. 정말로 이혼하고 싶었다.

[자] 정말 나는 평범한 여자로 살고 싶은데 이 사람은 자기가 추구하는 게 있으니까 이게 같지 않죠. '빵만으로 살 수 없다, 먹고 살기 위해서 내가 여기로 왔느냐?' 뭐 이런 식으로 이야기할 때는 '그럼 가족이라는 건 뭔가? 왜 결혼을 했느냐?' 이렇게 반문하고 싶죠. 그러면 나한테 '애국자들, 유명한 사람들 부인들은 남자를 어떻게 내조했는가'에 대한 책을 사서 읽어보래요. 난 정말 답답한 거지, 여자로서. 나는 여자의 입장에서 이야기를 하는데, 집안 문제에 관해 이야기하고 싶은데, 그건 뒷전으로 하고 북한선교라든지 인권이라든지, 뭐 이런 여러 가지 문제 때문에 혼자서 바쁘다 보니까 서로가 물과 기름인 거지. 오히려 본인 하는 일에 관심을

안 가져주고 물어보지도 않고 자기 일에 협조를 안 해 준다고 나한테 불만이 많죠. 나는 나대로 또 불만이 많고요.

(5) 눈먼 사랑과 야수적 행위

아이를 키우는 과정에서 [자] 씨와 [차] 씨의 의견 차이는 점점 커졌다. [자] 씨가 직장을 다니기 때문에 아이는 [자] 씨 어머니가 키워 주셨다. [차] 씨는 아이 외할머니의 양육방법에 대해 불만이 많았다. 할머니가 아이를 과잉보호한다고 생각했다. 돈도 아이가 달라는 대로 다 주고, 씻고 먹고 입고 자는 등 아이가 혼자 할 수 있는 일도 할머니와 엄마가 다 해 주는 것처럼 보였다. 아이를 독립적으로 키우고 싶었다. 사실 북한에서는 자녀들을 교육할 시간이 별로 없었다. 어른들과 마찬가지로 아이들도 조직 생활을 해야 했고, 집에 오면 육체적으로 피곤한 데도 빨래나 청소 등 집안일까지 해야 했다. 부모에게 듣는 말은 '당에 충실하여라. 학교생활 잘해라. 말 주의하고 공부 잘해라' 하는 정도였다. 북한에서는 집단과 사회를 더 존중하도록 배웠다. 사상을 잘못 하면 집안이 망하니까 '말조심'이 제일 중요했다. 자녀들이 좋은 대학에 가기를 바라고 편한 직장에 가기를 바라는 가족이기심도 물론 있었지만, 무엇보다 중요한 것은 투철한 정신력과 독립심이었다.

[차] 부모님에게 예의를 꼭 지키고 동생들도 이를 지키도록 인내성 있게 교양한다. 형제들 간에 공시적 원칙을 지켜 나가도록 나 자신은 물론 그들에게도 일깨워 준다. 가정의 유지와 문화적으로 살기 위하여 언제나 습관적으로 청소를 누구보다도 제일 모범이 전형되며 형제를 이끈다. 청소, 집일, 양 방목, 개, 돼지, 닭 간수, 관심을 크게 돌려 부모님께 근심을 사지 못하게 노력하며 동생을 이끌어 나갈 것. 여동생으로서 물 긷는 것. 밥하는 것. 부엌건이 일들을 책임지도록. 여동생들은 적조를 방지한다. 물걸레, 방 쓸기, 빨래 등. 공부도 하고 집일도 하며, 생활하는 이 벅찬 환경 속에서 언제나 충실하고. 바쁘고 힘들수록 더욱 적극적으로 나의 생활을

밀고 나갈 것. 이렇게 어제와 같이 안일하고 해이한 생활을 버리고 항일 유격대원들처럼 학습도 생활도 사업도 진행하자. 항일 유격대. ([차]의 일기, 1975년)

따라서 남한에서도 아이를 키울 때, 사랑을 해도 아이를 위해 쓰러져도 일으켜주지 않는 냉정함이 있어야 한다는 것을 [차] 씨는 강조하였다. 위험한 곳에 가지 않도록 방지해 주면 되는 것이지, 절대로 일으켜주는 게 아니라고 했다. 아이가 조금 크면 무전여행을 시키겠다고 선언도 하였다. [자] 씨는 [차] 씨가 이런 얘기를 할 때마다 '천금같은 아이인데, 그렇게 하다가 잘못되면 어떻게 하냐?'며 반대하였다. [차] 씨는 망명생활 이야기를 하면서 자기가 몸소 부닥쳐서 깨닫는 것이 중요하다고 강조하였다. 용돈도 그냥 주어서는 안 되고, 아르바이트를 꼭 시켜야 된다고 하였다. 자신도 돈 한 푼 없이 탈북해서 살았다며 사람은 절대로 죽지 않는다고 하였다. [자] 씨는 아직 여섯 살인 아이에게 [차] 씨의 주장은 너무 과격하다고 생각하였다. 요즘 부모들은 아이를 위해 살고 원하는 것은 다 해주려고 노력하는데, 남편은 너무 엄격하기만 하였다. 학습에 관해서도 [차] 씨는 자신의 교육방침은 원리중심인데 아내는 '잔소리가 많은 겉핥기식'이라고 아내의 교육방침을 비판했다. 암기 위주로 공부한 부인은 아이 교육을 제대로 못 시킨다고 자신이 맡아야 한다는 것이었다.

[차] 지금 애들은 고생을 못 해서 결함이에요. 그 정도의 고생도 안 시킨다는 것은 이건 너무 남의 애를 키우는 것과 같거든요. 그런데 이 분은 그렇지가 않아. 공산주의가 어떻게 망했는데요. 일을 많이 한 사람이나 적게 한 사람이나 골고루 나눠 주면 서로 감탄해서 잘 살 거 같지만 절대 그렇지가 않아요. 인간의 속성에 대한 문제인데 나는 좀 원리적인 거, 본질적인 걸 추구하는 거죠. 여자 하고 남자 하고 차이가 뭐라 그래요? 책을 보면 여자는 감각적인 데 비해 우리는 좀 더 뚜렷해요. 좀 더 뚜렷하고 …….

애 교육도 그렇거든요. 애 교육도 가만 보면 좀 달라요. 여자는 감성적이
고 단순해요. 학원 가야 하고 어디 가야 하고, 뭐 이런 식이지. 난 달라요.
내가 애를 교육하고 싶어요. 어떤 수박이 있다 그러면 나는 수박이 자란,
만들어진 원리를 가르치려고 하고 이 사람은 수박만 가르치려고 해. 그래
서 나는 원리 하나만 가르치면 여기서 옥수수 다 해결한다고 그러죠. 그
런 교육 방법이 좀 다르죠. 나는 그 다음에 자기가 공부를 하도록 만들어
야지. 세수하거나 일어나거나 뭐 하거나 이런 건 절대로 애에게는 냉정해
요. 냉정하게 자기가 하도록 만들어야지. 그런데 이 분은 자기가 다 해 준
다고. 그런 차이인데 …….

[자] 굉장히 아이한테 엄격하고 어른처럼 아이를 훈련시키려고 하는 그런
게 있어요. 우리는 아이가 잘못해도 사랑으로 덮어 주고 그렇게 하는데,
남편은 그 자리에서 아이를 때리고 야단치고 하니 애가 주눅이 들잖아요.
물론 우리 애가 주눅이 드는 그런 성질은 아니에요. '아빠는 그런 사람이
다' 하고 아이가 생각을 하니까 문제요. 물론 부모지간에 천륜이라는 게
있지만 애가 '나 아빠 싫어' 이렇게 말해요. 이건 뭐 아이한테 살갑게 구
는 그런 게 없으니까요. 예를 들어서 TV를 보다가 남편이 교육적인 측면
에서 '지구본을 가져와라, 일본을 찾아와라' 그래요. 그럼 아이가 그걸
잘 모르잖아요. 그럼 '그것도 몰라?' 하다고요. 나는 이제 애한테 그렇게
표현을 하지 말라 이거죠. 아이는 당근과 채찍을 줘야 한다는 거죠. 눈으
로만 해서는 안 된다는 거죠. 자극을 줘야 한다는 거죠. 남편은 아이한테
윽박지르고 그런다고요. 그러다가 아이 때문에 막 둘이서 싸워요. 아이한
테 내가 그러면 아이한테서 아빠의 권위를 빼앗는 것이라고 그것 때문에
나한테 뭐라고 그러고 ……. 그럼 아이는 울어요. '나 아빠한테 안 배울
래' 해요. 우리 어머니들이 1960년대에 우리를 가르치듯 그런 식으로 해
야 한다는 거예요. 그런 거 때문에 많이 싸워요.

당사자인 아들은 엄마와 아빠의 방식이 다른 것에 대해 헷갈려하는 것
같기도 하였다. 아버지 하고 있을 때는 스스로 잘한다고 생각하지만, 이
는 곧 아버지의 훈육 방법 탓이다. 잘못된 습관을 고치기 위해 몇 번의
경고를 주다 윽박지르고 두드려 패서 가만두지 않았기 때문에 아버지가
무서우니 어쩔 수 없이 하는 것이라고 생각했다. 편안하게 자라왔던 [자]

씨에게 남편의 교육관은 냉정하다 못해 '야수적 행위'라며 동의하지 않았고, [차] 씨는 부인이 비전은 없이 쓸데없는 사랑만 한다며 '눈먼 사랑이 더 나쁘다'고 비판하였다.

[차] 집사람한테 욕을 먹는 방식인데 아이를 두드려 패죠. 욕사발을 하고 아주 이건 가만히 안 놔둬요. 야수적 행위라고 그러대요. 북한 교육은 사상우선하고 혁명화 로동계급화하니 아주 냉정한 면이 있죠. 이북 사람들이 또 옛날부터 그런 게 좀 있고요. 그런 전통에다 북한식 혁명문화도 좀 가미되어 있고 ……. 내 경우는 조금 다른 게 있어요. 저는 지식적 견지에서 경험한 것으로 딱 판단을 내리는 통찰력과 확고한 의지가 있는 편이죠. 다른 사람들은 꼭 그렇지 않죠. 뭐 비전도 없고 한테 나 같은 경우에는 좀 특별하죠. 아마 한국에 있는 모든 분들도 저와 같은 경우를 겪었다면 똑같이 그렇게 될 거예요. 특출한 건 아니지만 그래도 좀 식견을 가지고 애들 교육은 이렇게 해야 한다. 그거 때문에 내가 막 그랬어요. 집사람한테 '이제 우리 앞으로 애 때문에 싸우겠다' 그랬어요. 저는 비전이 명확한데 집사람이 뭐 어쩌고 그러면 집사람한테 '당신 비전 있으면 내놓아 보아라' 그래요. 그러면 나는 '비전도 없으면서 뭐 어쩌고 하나. 쓸데없는 사랑하지 말라' 고 해요. 그러면 집사람은 그래요. '당신 냉정하고 말이야, 아주 냉랭하다고 말이야.' 그럼 난 그러죠. '그런 소리 하지도 말라' 고, '사랑을 하지 않는 줄 아냐' 고, '당신 그 눈먼 사랑이 더 나쁜 것' 이라고 …….

(6) 흑백논리와 편리의 가치

[자] 씨가 보기에 결국 아이에게 책을 읽어 주고 과제를 챙기는 것은 결국 자신이었고 남편은 손 하나 까딱하지 않았다. 심지어 남편은 아이가 시끄럽고 공기가 나쁘다며 경기도 농촌에 작업실을 만들어 집을 나갔다. 주중에 남편은 시골에서 살고 부인은 아이와 서울에서 살게 되었다. 주변에서 이 사실을 알고 '주말부부냐? 부부가 같이 사는 거냐, 마는 거냐? 갈라지면 안 되는데 ……' 하며 말이 많았지만, [차] 씨는 자신은 농촌주

의자이고 부인은 도시주의자라며 이렇게 사는 것은 어쩔 수 없다고 하였다. [차] 씨는 아이의 교육을 위해 경기도에 있는 초막집으로 이사를 가자고 끊임없이 요구하기 시작했다. 부인은 직장을 계속 다녀야 하고 아이학교와 학원을 생각하니 이사하는 것이 불편했다. 게다가 도시의 아파트에서 깔끔하게 살다가, 화장실도 수세식이 아닌 농촌에서 살기란 쉽지 않을 것이다. [차] 씨는 남들이 하는 대로 아이를 학원에 보내고 아이에게 암기 위주의 학습, 컴퓨터 게임 및 TV 등 기계적인 것에 익숙한 환경을 제공하는 것이 옳지 않다고 보았다. 아이가 잘 되기를 원하면 다르게 길러야 한다며, 자연을 접하고 능동적으로 책을 읽는 환경을 주어야 한다고 했다. [자] 씨가 자신의 의견에 논리적으로 반박하지 못하면서 계속 반대만 하는 것도 납득되지 않았다. [자] 씨는 '공산당이 되어서 남의 결함만 찾아 약점을 공격한다'며 불평하였다.

> [자] 일단 여기서 살았기 때문에 편안함을 먼저 추구하는 건 당연한 거예요. 다들 편하거든. 그러기 때문에 아이도 당장 가서 놀고 그런 건 좋은데, 거기서 생활하는 것에 대해서는 아이 자신도 싫다고 하는 거지. 그리고 아빠가 아이를 그렇게 교육시킨다고 하는데 아이 자신도 그게 이제 부담스러운 거야.
>
> [차] 같은 값이면 깨끗하게 사람 사는 것, 그 차이예요.
>
> [차] 남과 북의 사고방식. 싸우고 가만히 생각해 보면, 내 일기장 보면 내가 옳아요, 내가. 옳은데 이것을 절대화할 수는 없어요. 나는 절대화해서 압력을 가하니까 ……. 이건 절대적으로 진리인데 ……. '네가 따르지 않으면 너하고 갈라진다.' 이번에 갈라진다고까지 그럴 정도로 됐거든요. 이 이북식 사고, 흑백논리가 내게 굳어져 있어요. 여하튼 집사람 입장에서는 그래요. 돈벌어 온 사람의 자본주의적 사고방식, 이게 배어 있거든요. 그런 본질이 있어요. 또 그걸 부인할 수가 없어요. 그런데 나는 삶의 의미가 더 중요하다고 생각하는 사람이거든요.

주말에 집에 오면 항상 아이 문제로 싸우게 된다. 부부싸움은 반복되었다. 보통 아이 문제로 싸울 때는 서로 한 치의 양보도 없었다. 그럴 때마다 남편은 오히려 큰소리치며 이혼하자고 하였다. 부인은 당황하여 '적반하장! 누가 큰소리를 쳐야 하는데' 하고 소리쳤다. 결혼 초에는 아이를 들쳐 업고 집을 나오기도 여러 번. 지금은 '원수 같은 놈'이라고 하고는 싸움을 그만둔다. '어떤 뜻에 의해 우리가 만났는데 이렇게 쉽게 갈라질 수 있겠느냐'고 생각하면 말을 아예 할 수가 없었다. 반복되는 싸움 속에서 결국 부부는 이혼에 대해 진지하게 생각하게 되었고, [자] 씨의 가족들이 이를 중재하기 위해 미국에서 직접 오기까지 했다. 미국 가족들 앞에서도 [차] 씨는 아이는 내가 맡겠다며 [자] 씨에게 아들의 양육을 맡길 수 없다고 주장하였다.

[자] 매일 출근해야 되니까 이렇게 발발 떨면서 산다고요. 그러면 남편은 '왜 그렇게 사냐? 피곤하게. 좀 느긋하게 살아. 그런 건 나중에 하고. 그거 안 하면 오늘 지구가 꺼지냐?' 그래요. 그런데 여자는 애 먹을 거 준비해야지. 학교 뭐, 이거 해야지. 정말 갔다 와서 멍하게 앉아 TV 볼 시간도 없어요. 오자마자 정리하고, 애 씻기고 ……. 공부 가르치고 내 일 할 거 준비하고 그러면 애 재울 시간이에요. 애 책 읽어 주고 또 책 읽고 그러다 보면 애 자고 ……. 그때 일어나서 내 일 한다고요.
[차] 그런데 이 분이 남한 사람이어서 좀 개성이라 그럴까요? 좀 완벽주의가 있어요. 나는 본질주의자로서 항상 본질을 추구한다고. 나는 완벽주의는 아니에요.

[자] 내가 생각해도 북한 사람들 너무 교만하고 너무 잘났어. 그리고 말을 너무 잘해요. 이 사람도 잘 하죠. 다 잘 해요, 너무 잘 해요. 말 못 하는 북한 사람 없어요. 진짜 말로 못 당해. 그러면 나보고 논리적으로 말을 해 보래. 그럼 내가 못 해요. 그럼 나보고 무식하다고 그러지요. 그런 식으로 나를 막 몰아대며 욕해요. 그래서 내가 너무 열 받아서 애를 데리고 집을 나왔는데 …… 갈 데가 없는 거야 …… 갈 데가 …….
[차] 이성을 잃는 거야. 내가 이성을 잃는데, 물론 여자가 좀 더 숙련되면 '여보 내가 잘못했어' 이렇게 해야 하는데 이 여자는 또 말을 안 해요.

그러니까 더 배알이 나는 거야. 이 분은 워낙 정직하고 순진한데 애교라는 게 없어요. (목소리는 애교스러우신데요?) 아니, 그건 그거고 실제로는 그렇지 않아요. 굉장히 강하고요. 또 저 사람이 나에 대해서는 더 그래. 내가 굉장히 강하고 절대 속으로 내가 옳다는 것은 절대 안 꺾어요. 그런 갈등이 지금까지도 있있어요. 그래서 미국에 있는 집사림 믿오빠가 있다가 갔었어요. 처음으로 이혼한다는 소리를 해 가지고 …….

라. 타협과 변화

(1) 남한과 북한의 모습 돌아보기

[자] 남한이 아무리 잘 살고 아무리 뭐가 세다고 해도, 그래도 남한은 북한 사람을 휘어잡지 못해요. 못 하겠더라고요. 그런데 우리 [차] 씨를 보더라도 그런 주체사상 속에 주입되어 있는 그게 쉽게 변화되지 않아요. 노력은 하죠. 그죠? 여기 와서 노력은 하고 여기서 적응해서 잘 살아야겠다고 마음먹지만 우리도 우리의 성격이 변화되지 않듯이 그 몸에 배인 주체사상이 변화되지 않아요. 그리고 강해. 우리가 일상적으로 아는 것도 북한 사람들은 강하다고, 북한에서 오신 분들 다 강하다고 생각하잖아요. 어른들, 오래 되신 분들도 생활력이 있어요. 그게 장점도 되지만 단점도 된다고요.
[차] 그 주체사상이 사회주의, 북한 정부가 들어와 형성되어 있는 것도 있고요. 전통적인 것도 가미되어 있어요. 북한 사람들이 강하잖아요. 생활력도 강하고. 그것을 또 장점으로 보고 밀어줘야 해요. '너네들 대단하다' 고. 또 정신력을 살려 줘야 한다고. 사람이 정신력을 잃으면 모든 걸 못 해요. 가난함은 문제가 아니에요. 정신력을 존중해 줘야 해요.

[자] 씨는 자유로운 인권을 가진 사회에서 고생을 전혀 모르고 살다가, [차] 씨 같은 집단주의 군사 문화에 익숙한 고생 많이 한 남자를 만나 살게 되어서 그런 것 아닌가 싶었다. 정말 남한 아내와 살면서 [차] 씨는 북한에서 배운 교육의 영향이 무섭구나 싶었다. 혁명 교육은 '남을 사랑하라'는 게 아니라 '남을 타도해야 한다'는 것을 가르쳤다. 상대에 대한

부정적인 시각도 보는 연습을 통해 호상비판을 하고 서로 싸우게 하는 문화였던 것이었다. 그래서 남한에 대해서도 부정적인 것들만 보이고, 같은 북한 이주민들을 만나도 피하고 싶은 감정이 들었던 것인가 생각하게 되었다.

> [차] 여기의 그 자유로운 인권과 자기 개인중심사회와 문화가 있고, 저쪽의 집단주의 문화, 조국 수령 뭐 이런 군사적인 문화가 있고 ……. 나는 탈북해서 고생을 많이 한 사람이고 집사람은 고생을 전혀 안 한 사람이고 ……. 이런 차이가 있는데, 이게 다 남북한 충돌이라고요. 그쪽 사회의 교육이 그래요. 혁명교육이거든요. 혁명을 해야 된다니까 남을 타도해야 하는데 '사랑하세요'의 교육이 아니에요. 미워하려니까 미워하려면 부정적인 걸 봐야 한다고 ……. 사람들이 그게 숙련이 되어 있다고 ……. 사람들이 조직 생활 속의 사상단련을 한다고 하는데 조직 생활 속에서 호상비판을 하게 한다고요. 부정적인 면을 보게 해서 서로 싸움을 시킨다고요. 그 속에서 자랐기 때문에 탈북자들끼리 만나보면 우리도 지겨운 게 있어요. 막 피하고 싶어요.

매일매일 남북한이 함께 산다는 것은 보통의 부부들이 겪는 그 이상이다. [자] 씨는 무조건 남편이 자신을 몰아세울 때는 너무 황당하고 화가 나지만, 서로가 40년 동안 정말 다르게 살아왔는데 부딪치는 것이 당연하다고 생각한다. 그래서인지 책에서나 사람들을 통해 동서양의 국제결혼 부부들 이야기라도 듣게 되면 얼마나 힘든지 공감이 간다. 기다려야 한다고 스스로에게 다짐해 보기도 한다. '언젠가는 내 말이 옳다고 하겠지' 하며 …….

> [자] 그래서 패티김이 글 썼잖아요, 국제결혼한 사람들에 대해서. 이것도 국제결혼과 마찬가지예요. 남한과 북한. 그 패티김이 그런 얘기를 했더라고요. 자기가 싸울 때는 자기도 모르게 그냥 막 한국말이 나온대. 이 표현이 안 되니까 영어로 이걸 못 하겠으니까 ……. 막 한국말로 싸운대. 국제결혼한 사람들의 애로점, 그런 건 국제결혼한 사람만이 알 수 있을 거라

고 쓰인 책을 내가 본 적이 있는데, 이 북한 사람들과 산 사람들만이 그 애로점을 알 거예요. 그러잖아요. 진짜 남한 사람끼리 살아도 서로가 틀린 점도 싸우는 점도 많은데 북한 하고 남한 하고 정말 40년을 서로 다른 문화권에서 살아왔는데 얼마나 부딪치는 게 많겠어요 …….. 그래서 신앙이 있기 때문에 그래도 이렇게 만나게 해 주셨던 것은 나의 품성을 변화시키기 위해서였나보다, 이렇게 생각하니까 나에게 유익이 되지. '아, 나는 왜 이런 사람을 만나서 살아야 되는가' 이렇게 불행하게 생각하게 안 되고 …….. 그걸 다행으로 생각해요.

[차] 씨는 부인 덕분에 과분할 정도로 남한에 잘 정착해 무서운 게 없어졌다. 성공한 여자가 자신을 선택해서 살면서 오히려 죄인처럼 기죽고 사는 것이 오히려 미안했다. 많은 남한 부인들은 '북한 남자 하고는 다시는 안 살겠다'고 하고, 북한 남자들은 '남한 부인들과 사니 갈등과 차이가 있지만 그래도 매너도 배워서 좋고 일을 맡기면 알아서 다하니 좋다'고 하였다. [차] 씨는 부인에게 참 고맙다. [자] 씨가 남편의 잘못을 지적하면 남편은 자기가 잘못했다고 하는 면들은 고치려고 노력하였다. [자] 씨 또한 '나도 100% 옳다고는 못 한다. 그래도 남편이니까 나한테 지적해 주는 것 아니겠는가' 하며 스스로를 돌아보게 되었다.

매일매일의 싸움 속에서도 [자] 씨는 남편에 대해 '마음이 깨끗하고 정의의 사도처럼 열심히 사는 인생'이라며 존경심을 갖고 있다. 세상 사람들은 먹고 사는 데 급급하지만 남편은 세상에 대한 사심이 없다. [차] 씨는 부인이 든든한 가족 버팀목으로서 모든 면에 안정을 주는 것이 좋다. 싸우지 말고 감사하게 생각하자는 마음을 되새기면서 오늘을 살고 있다.

[자] 사람들이 그래요. 남편 눈을 보면 '사람이 참 선하게 생겼다' 고요. 그러면 내가 '선하긴 뭐가 선하냐?' 그래요. 말은 그렇게 하지만 마음이 깨끗해요. 또 정의로움에 불타 있고 정의의 사도 같다고 생각해요. 신앙적으로 뭐든지 북한선교를 위해 열심히 하니까 그런 걸로 많은 문제가 희석되죠. 많은 충정이 되죠. 막 사는 인생이 아니니까 그러다가도 또 다시

희석이 되고 본궤도로 돌아가고 그러면서 사는 거죠.

[차] 일단 가족이 중요한데 집사람이 든든한 가족버팀목으로 서 주니까
……. 뭐든 여기에서 내가 뭘 불평할 게 있나? 둘만 똑바로 하면 뭐든 할
수 있고 두려운 게 없고 ……. 그런데 내가 게을러서 그런다 그러면서 감
사하게 생각하고 있거든요. 장점은 그거예요. 안정을 주니까 모든 면에서
…….

[자] 서로 진실한 면을 아니까 살아보면서 느끼잖아요. 이 사람은 어떤
여자구나, 이 사람은 어떤 남자고 뭐 그런 걸 서로 느끼니까 서로를 인정
해 주고 존경해 주고 사는 게 부부니까 ……. 또 그렇다고 항상 좋을 수
만은 없고, 또 싸울 적도 있겠지 ……. 또 그러다가 이렇게 서로 신앙으로
서로 잘못된 점은 인정하고 그런 데서 기쁨을 얻고 '아, 이런 게 부부구
나' 하는 생각이 들죠.

(2) 남한식 매너의 의미 찾기와 배워보기

남편은 아이의 교육 차원이라고 하면서 스스로 어떤 의미를 찾는 것
같았다. 지난해 결혼기념일에는 3,000원짜리 화분을 사 가지고 와 아들에
게 '부모의 결혼한 날을 기념하기 위해 사 왔으니 잘 키워야 한다'고 말
해 주었다. 아이는 정말 소중하게 화분을 대했다. 아이가 부모의 애정 표
현을 보면서 정서적으로 안정을 찾는다고 하는 아내의 말에 남편은 무척
쑥스럽지만 일부러 아이 보는 앞에서 포옹하는 모습을 많이 보여 주고
있다.

[차] 씨는 매너를 배우면서 싸우고 난 후 부인의 마음을 풀어 주는 법
도 연습하게 되었다.

[자] 싸움을 하면 잊어버리더라고요, 나는 가슴에 남아 있는데 ……. 이
제는 자기가 그렇게 해 놓고 어떤 식으로 나를, 내 마음을 풀어 주냐 하
면요. 나한테 전화해서 '어이구, 여편네 오늘 싸우고 나가서 마음 꽁하고
있을 텐데, 내가 신경이 쓰여 전화했으니 마음 풀어' 라고 그래요. 나는

또 여자 입장이니까 그럴 때 훈계를 하려고 드는 거예요. 마음에 갖고 있던 말을 그때 하는 거지. 그런데 기분 상해하더라고요. '아, 이럴 때는 남자가 자존심 상해하는구나! 나는 이제 마음의 내 생각을 표현하는 건데 남자는 또 그것 때문에 자존심이 상하는구나' 하고 느껴요. 그렇지만 남편이 표현을 안 하면 모르지, 표현을 하니까 나도 알게 되는 거죠. 안 그러면 나도 내가 잘났다고 계속 이야기를 하게 될 것이지만 이렇게 표현을 하니까 '이럴 때는 이러면 안 되겠구나' 하는 걸 나도 깨닫게 되는 거죠. 그렇게 부부가 살아가면서 부딪치면서 서로가 서로를 알게 되는 것 같아요.

가끔 서운하기도 한데 사람이 서운하다고 해서 그거 내가 다시 되찾을 수 있는 건 아니니까 제가 조금씩 포기는 해요. 그래도 내가 조금씩 찔러 보는 거지. '언젠가는 변하겠지' 하고 기대해 보는 거죠. 지금도 조금씩 변화되는 것 같은 느낌을 받으니까 …….

[차] 씨는 매너를 더 많이 배워야 한다고 생각하고 있다. 여자에게 차 문도 열어 주고 손도 잡아 주고, 뽀뽀도 해 주고 …….

[차] 신사적인 면을 배우면 좋기는 좋죠. 미국도 가고 일본도 가 보니까 정말 배울 게 많아요. 그 사람들의 질서의식과 여자에 대한 존중과 …….
참 일본도 정말 검소하고 …….

[자] 여자는 항상 조그마한 일에 고마워하고 감사하고 조그마한 일에 삐지고 그러잖아요. 여자한테 표현해 줘도 교만해지지 않아요. 정말 인색해, 북한 남자들은!

(3) 남북한 가족 새로 만들어가기

[차] 씨는 북한에 있는 자식을 생각해서 남한에서는 아이를 원하지 않았었다. 그런데 막상 아이가 생기자 오히려 그동안의 상사병과 죄책감이 사라지며 쓸데없는 걱정을 안 하게 되었다.

[차] 아이가 생기니까 참 이상하더라고요. 그전에는 이북에 있는 애들 생각에 밤잠을 못 자고 생각이 나는데 싹 해소되어 버리더라고요. 그게 참 내가 냉정해져서 그러는 게 아니라 오히려 애가 생기니까 쓸데없는 걱정을 안 하게 되더라고요. 그리고 쟤들을 도와주는 건 내가 돈 보내 주는 게 있거든요. 그래서 원래는 아이를 원치 않았지만, 인간적인 죄성 때문에 그런 것이지 ……. 그건 내 주관이에요. 있는 게 좋더라고요.

[자] 씨는 어느덧 주변 사람들에게 북한을 이해시키려는 입장에 서게 되었다.

[자] '여편네' 라는 말을 처음에 들었을 때는 내가 아주 기절할 뻔했잖아요. 그 여편네라고 하는 말을 듣고 제가 7년을 살았거든요. 이제는 그 말이 아무렇지도 않아요. 그런데 주변 사람들은 '어머나 어떻게 그런 말을 듣고 사느냐' 고 그래요. 그럼 이제 '거기서는 그렇게 쓴대요. 거기서는 그게 나쁜 소리가 아니래요' 라고 이렇게 상대를 이해시키려는 입장에 내가 선다고요.

아이에게도 아버지가 북한 출신이라는 것을 당당하게 자연스럽게 말해 주고 있다. 북한에 대해 궁금해 하면 지도를 보고 북한을 알려 주고, 자신감을 가질 수 있도록 교육하고 있다.

[차] 학교에 가면 탈북자 아들이라는 걸 다 알아요. 그런데 애들이 자꾸 '북한, 북한' 뭐 이런 말을 하니까 애가 집에 와서 나한테 '북한이 어디예요?' 하고 나한테 물어요. 그럼 제가 '아버지가 살던 데지' 하고 지도를 꺼내 가르쳐 줘요. 그러니까 애가 주눅도 들지 않고 자신감이 있어요. 한번은 어린이집에 가니까 이러더라고요. '아유, *준이 때문에 ……. 애들 열 명 다루기보다 애 한 명 다루기가 정말 힘듭니다.' 그렇게 장난이 심하고 난리를 피우고 돌아다닌대요. 이북 사람 기질이 있어서 그런가 봐요.

또 한번은 애들을 쳐가지고 ……. 애가 힘이 좋아요. 애가 치는 것도 아프
다고요. 뼈가 굵어가지고 ……. 반면 리더십이 있어요. 자신감이 있어서
애가 목소리도 크고 다 데리고 다니고 내가 제일이라고 하니까 ……. 그
러면서도 줄 건 다 남 퍼주는 성격이 있고 말이죠.

[자] 씨는 [차] 씨의 북한 가족에 대해서도 도와줄 수 있으면 도와주
는 게 당연하다며, 가장으로서 가족들 생각 안 할 수 없음을 이해해 주고
있다. 그래도 [차] 씨는 북한 얘기를 물어 오면 불편해서 이야기를 안 하
고 피할 때가 많다. [자] 씨는 북한 아내를 '아우'처럼 이야기한다. 북한
가족에게 돈을 보내고 연락을 하는 일은 남편이 직접 알아서 하는 일로,
아내에게 비밀로 하지는 않지만 굳이 세세하게 알리지는 않고 있다.

[자] 남편이 이미 결혼한 건 다 알고 있었으니까 ……. 뭐 그런 면들은
다 감안했고 가족이잖아요. 그리고 내가 남도 그렇게 도와줄 수 있는데
하물며 가족인데요. 그래서 난 그런 거에 대해서는 별로 불만이 없어요.
[차] 그 문제가 참 말하기 힘든 문제인데요. 탈북자들이 대체로 이런 경
우가 큰 문제예요. 아주 이렇게 이해해 주는 집은 괜찮고 그게 안 되서
거짓말하며 살다 들켜 이혼한 친구들도 있어요. 여자로서는 배신당한 거
죠. 처녀로 들어와서 살았는데 말이죠. '가족이 있는데 왜 거짓말 했느
냐'며 따지고 싸우고요. 신앙이 없는 사람들이 대체로 이렇더라고요. 큰
돈 보내지는 않아요. 100불이면 실려 놓으니까 그거 가지고 속일 필요는
없는 거고 ……. (매달 보내주세요?) 아니오. 1년에 한 번씩 보내 주죠.

자식에 대한 문제는 아직도 이 부부가 타협하지 못한 갈등의 핵심이다.
아이가 학령기가 되면서 갈등은 더 커지고 있다. 본질주의자 북한 남편과
완벽주의자 남한 부인은 사상적 가치관의 차이가 양육 문제에서도 양보하
지 못하는 큰 이유라고 말하고 있다. 그래서 오늘도 아이 문제로 부부는
대립하고 있다.

[자] 그래서 그때 얘기했어요. '방학 때만이라도 아빠한테 가서 공부를 좀 하는 방법으로 하는 게 어떨까' 그런 식으로 얘기했어요.

[차] 방학 때만 하는 게 아니라 교육이라는 것은요, 그게 아니에요. 같이 있으면 같이 살 때 하는 게 가장 좋아요.

[자], [차]의 epilogue

지금 [차] 씨는 아버지가 월남하기 전에 남겨 둔 남한 가족들과 관계가 어렵다. 남한의 가족들─사촌형과 가족들─은 [차] 씨 아버지의 월북으로 연좌제 피해를 입었다며 [차] 씨를 냉랭하게 대하고 있다. [차] 씨도 북한에서 남한 가족들로 인해 피해를 보았는데 …… 아직도 남북한 대치의 역사를 가족들이 아프게 겪고 있다.

[차] 심각한 문제인데 우리 사촌 형네예요. 얼마나 심각하냐 하면, 우리 아버지가 월북을 했어요. 그때 남한에서 공부하고 똑똑한 사람들은 다 갔어요. 우리 아버지랑 나랑 똑같아. 여기에 부인이 있어요. 여기에 누님이 있어요. 딸 하나 나왔다고. 그런데 그렇게 막힐 줄 알았어요. 그쪽에 우리 어머니가 날 하나 낳았어요. 넘어오니까 이쪽에 가족들이 얼마나 쌀쌀하게 대하는지 몰라요. 사촌 형네는 자기 아들이 육사에 가려고 했는데 우리 아버지 월북 때문에 못 붙었다는 거예요. 정치기관이니까 그럴 수도 있겠죠. 그것 때문에 나한테 얼마나 쌀쌀한지 몰라요. 그놈은 나한테 전화도 안 한다고 처내버리고 그랬거든요. 후에 알고 보니 '이래서 이놈이 나한테 그랬구나' 알았어요. 내가 한번 진지하게 이야기를 하려고 해요. 지금은 많이 나아졌지만 그래도 한번 만나서 진지하게 이야기하려고 해요. 우리는 또 남한의 삼촌들 때문에 김○○대학에 못 갔어요, 심지어 나는 군대에도 못 가게 되었어요. 이렇게 더 피해가 있는 거야 우리는 ……. 그런데 여기는 여기대로 또 피해가 있다고 그러는 거예요, 그럼 둘이 싸워야 되겠느냐? 절대 그렇지 않다는 것! 남북한 상황이라는 게 이런 걸 더 동정하고 이해해 주어야 한다 이거예요.

남북한 이문화 부부의
가족과정 경험의 의미

남북한 이문화 부부의 내러티브를 총체적으로 포착하기 위하여 '풍경' 도식을 빌려왔다. 본 연구의 이야기 공간으로써 풍경은 은유적으로 남한강과 북한강이 만나는 '두물머리'에서 그 의미를 찾을 수 있었다.

두물머리
- 김남주 -

만나면
금방
하나가 된다는 물은
천봉만학
천 갈래 만 갈래로 찢어져
골짜기로 흐르다가도
만나면
만나기만 하면 물은
금방 하나가 된다 어디서고
웅덩이에서고
강에서고
바다에서고
나 오늘
경기도 양평땅에 와서
두물이 머리를 맞대고 만난다는
두물머리란 데에 와서
남한강 물 북한강 물
두물이 하나가 되는 기적을 본다.
어인 일인가 그런데
인간 세상은
만나면
만나기가 무섭게 싸움질이다.
남과 북이 그렇고
동과 서가 그렇고
부자들과 가난뱅이들이 그렇다.

출처: 유고시집 『나와 함께 모든 노래가
사라진다면』에서. 1995

연구자는 연구 문제를 사고의 중심에 두고 남북한 이문화 부부들의 이야기를 읽고 또 다시 읽음으로써 그들의 이야기가 우리에게 무엇을 말하려고 하는지를 알기 위해 노력하였다. 남북한 이문화 부부의 가족과정 경험에 관한 이야기들 그리고 이러한 이야기들이 연결된 경험의 내러티브들은 모두 개인적으로 볼 때는 개인적인 삶을 반영하고 있으며 사회적으로는 이 부부들이 살아온 주위 환경이나 맥락을 반영하고 있다. 부부들의 삶의 공간인 '가족' 안에서 이러한 맥락은 매우 복잡하게 구성되어지는데 이러한 맥락의 복잡성과 다양성을 포착하기 위해서 연구자는 클랜디닌과 코넬리(Clandinin & Connelly, 1999)가 제시한 풍경(Landscape) 도식을 빌려왔다. 풍경이란 공간과 장소, 시간 간의 관계성에 의해서 구성된 다양한 사람과 사물, 사건들로 가득 찬 내러티브 탐구의 공간을 의미하는 것이다. 이러한 풍경은 내러티브적으로 구성되기 때문에 우리가 풍경 속으로 들어간다는 것은 이야기의 장소로 들어간다는 것을 의미한다(김대현, 박경미, 2003:40).

남북한 이문화 부부의 가족이라는 맥락 속에서 이러한 풍경은 은유적으로 남한강과 북한강이 만나는 '두물머리[26]'에서 그 의미를 찾을 수 있었다. '두물머리'의 풍경은 남한강과 북한강이 만나는 지점을 이르는 말인데, 북한에서 출발한 물줄기인 북한강과 남한에서 출발한 물줄기인 남한강이 '두물머리'에서 만나 한강을 이뤄 바다로 흘러가는 것이다. '두물머리'는 '만남의 삶'을 의미하며, 그전까지는 북한 사람은 북한강에서, 남한 사람은 남한강에서의 과거의 삶을 가진다. '두물머리'에서 만난 두 남녀는 한강으로 흘러가면서 역동적인 상호작용과 미래의 삶을 보여준다.

이에 남북한 이문화 부부들의 가족과정 경험의 의미는 〈두물머리에서

26] 두물머리[兩水里]는 금강산에서 흘러내린 북한강과 강원도 금대봉 기슭 검룡소(儉龍沼)에서 발원한 남한강의 두 물이 합쳐지는 곳이라는 의미이며 한자로는 '兩水里'를 쓰는데, 이곳은 양수리에서도 나루터를 중심으로 한 장소를 가리킨다(경기도 관광안내, 2004).

만나는 과정〉으로 은유할 수 있겠다. 이것은 '남북한의 이문화 간 상호작용 과정(intercultural process of the North-South Koreans)'을 의미하는 것으로, 남한 주민과 북한 주민들이 결혼을 통해 하나의 가족을 이루면서 문화적 차이로 인해 경험하는 심리·관계·사회적으로 당면한 갈등과 도전에 대해 능동적으로 타협과 변화를 만들어가며 상호 교류하고 새로운 문화를 만들어가는 역동적인 과정을 의미한다.

이러한 〈두물머리에서 만나는 과정〉의 풍경은 크게 '두물머리 수면 위의 장소'와 '두물머리 수면 아래의 장소'로 다시 구분할 수 있었다. 전자는 사회구조적 풍경과 남북한 이문화 부부의 상호작용을 의미하며, 후자는 남북한 이문화 부부의 상호작용과 심리관계적 풍경을 의미하고 있다. 이와 같은 경험의 의미는 남북한 이문화 부부 다섯 쌍의 이야기로부터 구조화된 것으로 각 나름대로의 고유한 의미를 가지고 있으며, 또한 각 의미가 연결되어 하나의 경험의 패턴을 가지고 있다.

A. 두물머리 수면 위의 이야기: 사회구조적 풍경과 남북한 이문화 부부의 상호작용

'두물머리 수면 위의 장소'란 외부적 시선과 환경이 만나는 곳이다. 남북한 이문화 부부를 둘러싼 사회의 이데올로기와 역사적인 경험을 포함한다. 사회적 담론으로 이야기되는 신성한 이야기(sacred story)를 가지고 있는 공간이다. 사회, 이웃, 확대 가족들이 공유하는 남북한에 관한 관점이 존재하는 공간이다. 본 연구에서 연구자는 이러한 두물머리 수면 위의 장소를 '사회구조적 풍경과 남북한 이문화 부부의 상호작용'이라고 보았다. 이는 다시 동문화 결혼 담론(The discourse of homogamy) 채택 후의 경험을 은유하는 〈두물머리에서 우리는 같음〉과, 이문화 결혼 담론(The discourse of heterogamy) 채택 후의 경험을 은유하는 〈두물머리에서 우리는 다름〉으로 해석되었다.

본 연구에서 남북한 이문화 부부는 이문화 결혼이 가지는 사회적 의미와 담론을 반영하고 대항하며 〈두물머리에서 만나는 과정〉을 보여주고 있다. 이문화 결혼은 한 사회의 다양한 문화의 사람들을 통합하며, 사회의 편견과 선입견 감소에 긍정적인 역할을 한다(Blau, Beeker & Fitzpatrick, 1984). 그럼에도 불구하고 이문화 부부는 문화적으로 다른 사람들을 싫어하는 편견, 부정적인 낙인과 같은 선입견, 상호작용을 거부하는 차별을 직접적으로 경험하게 된다.

남북한 이문화 부부가 가장 영향을 받는 사회적 시선은 '동문화 결혼 이데올로기'였다. 동문화 결혼 담론은 배우자 간에 인종, 민족성, 국가, 사회적 계층, 교육 수준 등이 다른 이문화 결혼 부부들을 정상 결혼 원칙의 예외로 다루는 것을 말한다(Gadberry & Dodder, 1993). '유유상종(유사한 환경과 조건을 가진 사람과 결혼해야 한다)'이란 말은 자문화중심주의(ethnocentrism)와 다른 것에 대한 배타성이 배우자 선택에 기준에 영향을 주는 대표적 어구이다. 연구 과정에서 남북한 이문화 부부는 자신들은 '보통의 부부와 같은 동문화 부부다'라고 보거나, 특정 상황이나 거의 모든 상황에서 '이문화 부부다'라고 보고 있었다. 이들은 동문화 결혼 담론을 채택할 것인지, 거부할 것인지를 놓고 혼란을 경험하고 있었다.

1. 두물머리에서 우리는 같음: 동문화 결혼 담론 채택 후의 경험

두물머리에서 만난 남북한 부부들은 남북한 사람들의 결혼을 동문화 결혼으로 보고자 하였다. 자신들의 서로 다름 — 문화적, 사상적, 계층적 차이 등에 대해서 강조하지 않음으로써 동문화 결혼 담론을 채택하고 동시에 자신들만의 담론을 만들어 갔다. 이들은 '남북한은 한민족이다'라는 관점(지배 담론)을 믿고 싶었다. 남북한은 최근 50년의 분단 이전에는 한

나라였으며 하나의 문화를 가지고 있었으니, 사용하는 언어도 같고 생김 생김도 같다. 굳이 세상 사람들에게 본인이 또는 배우자가 북한 출신임을 드러내지 않으면 아무도 알지 못하는 동문화 부부인 것이다.

실제로 5쌍의 모든 남북한 이문화 부부들은 '이문화 부부다'라는 인식으로 결혼 생활을 시작하지 않았다. 가족이나 친구 등 주변 사람들로부터 심한 결혼 반대에도 불구하고 당사자들은 '설마 그렇게 다르랴' 하고 생각하고 결혼을 결심하였다. 북한 출신 배우자의 경우는 어느 정도 다르겠지만 '남한에 사는 데 도움이 될 것'이라는 막연한 기대를 가지고 시작하였다. 이러한 서로에 대한 정보의 부족은 동문화 결혼에 대한 사회적 담론을 수용하면서, 동시에 이문화 결혼에 대한 주변화된 담론을 내면적으로 받아들일 수밖에 없는 조건을 만들었다.

주변의 반대와 호기심 어린 관심으로 결혼 생활을 시작한 남북한 부부들은 결혼 초기부터 서로의 문화적 차이에 대한 강렬한 감정을 경험하면서도 이것을 개인적인 문제의 탓으로 돌리고, 대외적으로는 문화적 차이가 없어 보이는 행동 전략을 선택하였다. 같은 종교(주로 기독교) 생활을 하거나, 같은 고향의 사투리를 사용하거나, 북한 출신 배우자들은 특히 외모나 말투가 남한 사람으로 보이도록 배우고 가르치거나, 남한의 직장 생활에 몰입하는 모습을 보여주었다. 이러한 전략을 통해서 남북한 부부들은 남한식 문화나 주류 종교에 편입함으로써 본인들의 이문화 결혼 상태에 대해 사회적 승인을 얻고자 노력하였다. 이러한 가족 전략의 효과는 '우리와 똑같이 사네'라는 말을 들으며 동문화 결혼 담론에 부분적으로 승인을 받거나 북한 배우자에 대해서 '북한 사람 같지 않다'거나 '남한 사람보다 낫다'는 등의 지속적인 확신을 얻어가는 모습으로 나타났다.

북한 출신 배우자의 경우에는 보다 적극적인 전략을 선택하는 노력을 보였다. 자신과 다른 북한 이주민과의 차이점을 지나치게 강조하면서 사회적으로 북한 이주민에 대한 차별과 선입견에 대응하려는 모습도 보였다. 다른 북한 사람과 다르다는 북한 출신 배우자들의 경험담과 주장은 남한 배우자에게 '내 배우자는 우리와 다르지 않다'는 믿음을 갖게 하기도 했다. 또한 남한 출신들은 북한 배우자를 통해 알게 된 북한 사람들에 대해 '배울게 없다. 만나지 말라'고 충고를 하기도 했다.

북한 이주민에 대한 사회적 시선에 대해서 매체와 정부 정책의 영향이 크다고 보는 사례도 있었다. 대중 매체에서 북한에 대해 지나치게 선정적으로 다루어 사회적 편견을 가중시켰다는 것이다. 사실 이것은 북한 이주민들이 남북한의 대립적인 정치적 상황을 알고 자신의 탈북과정을 정당화하기 위해서 북한에 대해 지나치게 왜곡된 정보를 제공하였던 경험이 부메랑처럼 자신들에게 돌아온 것일수도 있다. 연구 과정 동안 북한과 탈북과정에 대한 연구자의 질문에 대해서 북한 이주민 참여자들은 북한을 '단편적'으로만 보아서는 안 된다는 의도를 강력하게 표현하였다. 결혼 초기 남한 배우자들의 호기심 어린 질문에 대해서 '사람 사는 건 남한과 같다', '사상보다 인정이 많은 곳'으로 북한을 설명하기도 하였다.

정부 정책에 대해서는 정부 지원으로 사회적 편견이 가중된다고 느끼면서도, 지원이 없으면 기본적인 생활수준도 맞추기 어려우니 필요하다는 양가감정을 표현하였다. 북한 출신들은 정부가 일관되지 않은 정책으로 남한 정착금을 축소하였다고 비판하거나, 북한 사람의 능력만으로도 잘할 수 있으니 정착금 주면서 기죽이지 말라고 주장하거나, 아무것도 없는 북한 사람에게 정착 지원은 매우 큰 자원이 된다고 필요성을 강조하기도 하였다. 그러나 남한 배우자들은 결혼을 추진하는 과정에서 북한 이주민이 가지고 있는 '집'과 '생계 및 의료 지원 등'을 상당히 유력한 자원으로 인식하였다. 실제로 연구 참여자의 대부분은 정부가 '북한이탈주민지원법'에 의해 제공한 임대아파트에서 생활하고 있었다.

그러나 이러한 정부 지원에 대한 사실이 알려지면 이웃이나 친구들로부터 '불공평'이라는 비방과 호기심 어린 시선, '노력 없는 대가'라는 시비에 시달리는 경험을 하게 되었다. 본 연구에서 [마], [바] 부부의 경우, 남한 아내가 취업을 하는 데 있어서 남편이 북한 출신이라는 것을 밝히는 것이 불리한 조건이었음을 알게 되었다. 북한 관련 사업을 하는 조직이라 남편의 출신이 유리할 것이라고 예측했으나 실제 면접과정에서는 북한과 남북한 부부의 생활에 대한 호기심을 경험하였기 때문이다. [자], [차] 부부의 경우도 남한 아내는 직장에서 남편의 출신이 북한이란 것은 비밀이다. 알려서 좋을 게 없고 오히려 부정적인 영향을 줄 것이라는 이유에서다. 북한 배우자들은 자신들이 어설프고 하고 싶지 않은 일들―은행가기, 관공서가기 등의 업무를 남한 배우자들이 하도록 역할 분담을 함으로써 공공/대중에 북한 사람으로 드러나기를 원하지 않기도 하였다. 이처럼 부정적 사회적 시선을 경험한 남북한 부부들은 지역사회와 이웃들에게 남북한 이문화 부부라는 것을 굳이 밝히지 않게 되는 것이었다.

2. 두물머리에서 우리는 다름: 이문화 결혼 담론 채택 후의 경험

두물머리에서 만난 남북한 부부들은 또한 자신들을 이문화 결혼으로 보고자 하였다. 비록 첫 만남에서 결혼까지는 동문화라고 믿고 싶었지만 결혼을 결심한 이후부터 강렬하게 이문화임을 경험하고 있기 때문에 도저히 '우리가 한민족인가'라는 지배 담론을 믿기가 어려웠다. 물론 결혼과정에서 주변의 반대를 경험하였기 때문에 대외적으로는 우리는 다른 부부와 같다는 동문화 담론을 취하는 것처럼 행동할지라도, 집안으로 들어온 순간부터 문화적 차이로 인한 갈등과 대립은 계속되고 있다.

이들 부부들이 선택한 이문화 결혼 담론은 그들의 결혼에 대해서 가족들과 친구들, 그들을 돕는 신변보호담당관(경찰), 동료 교인들로부터 부정적인 주의를 경험한 것에서 출발하였다. 북한과 남한은 사상이 다르고, 북한 사람은 남성 중심적이며 가부장적이고, 남한 사람은 흥탕거리고 돈

만 안다는 등의 부정적인 정보들은 남한 사람과 북한 사람이 부부로 의
사결정을 조정하는 데 영향을 주었다. 이것은 지난 50년간 지속되어온 남
북한의 대립적 관계로 인해 만들어진 표현들을 반영하고 있다. 북한 사람
들은 절대적인 권위주의 사회에서 명령에 복종하는 데 익숙하고, 국가가
모든 것을 해결해주어 주는 대로 다 써버리는 습성(한만길, 1996)이 있
다. 남한 사람들은 황금만능주의에 젖어 이기주의적이고, 약자를 배려하지
않는 비인간적인 모습(윤인진, 2003)의 특성이 있다는 것이다. 북한 사람
은 신민(臣民)성이 있고, 남한 사람은 시민(市民)성이 있다(서재진,
1995)는 주장도 있다. 이러한 사회적 인식은 북한 사람을 남한 사회의 이
방인으로 위치시키며, 그들과 결혼한 남한 배우자들도 이방인으로 바라보
게 하였다. 또한 1990년대 중반 이후 북한의 생활상이 선별적으로 보도되
면서 북한 사람은 못살고 불쌍한 사람으로 이해되면서, 국가의 정책에서
도 90년대 이후 사회적 보호계층으로 분류되면서 '생활보호수급권자'로서
지원을 받게 되었다(통일부, 2004). 남한 사회에서 북한 이주민은 이방인
에서 2등 국민으로 계층적으로 낮아지게 되었다.

이러한 북한 이주민에 대해 남한 배우자는 함께 이방인, 2등 국민이 되
는 것을 거부하고, 동정과 연민으로 다가가면서 사회의 관용성을 보여주
는 영웅적 생각을 하기도 한다. 북한 배우자들을 '나 정도 되니까 당신을
이해한다', '내 말을 들으면 자다가도 떡이 생긴다'는 식으로 무조건 따라
야 한다고 주장한다. 이러한 태도는 사회적 편견에 시달려온 북한 배우자
의 '자존심'을 건드리게 된다. 북한 배우자는 '나를 무시 말라'고 단호한
태도를 보이면서, 남한 배우자의 단점과 문제를 표현하기 시작한다. 이렇
게 시작되는 남북한 이문화 부부간의 갈등은 기존의 남북한에 대한 이미
지나 정보를 가지고 서로의 행동을 해석하며 격해지고, 폭력이나 가출로
마무리될 정도로 심각해지기도 한다.

더욱이, 북녀남남 부부 유형의 경우, '남남북녀 이데올로기'가 영향을

더한다. 북한 여성이 착하고 순종적이며 얼굴도 미인이라는 '남남북녀'식 미화적 표현은 남한 남성들에게 과거 남녀역할이 현재에도 유지될 것이라는 환상과 기대를 갖게 만드는 것이다. 김귀옥(1997), 김정미(1999), 이새롬(2002) 등 다수의 북한 여성 연구를 보면 북한 여성의 이중적 특성이 나타나는데, 유교적 순종적 여성상과 사회주의적 혁명적 여성상을 함께 가지고 있다는 것이다. 이 중 북한 여성의 '자기주관을 뚜렷이 견지하는 경향과 결단력 있는 특성(혁명적 여성상)'은 남한 남성이 기대하지 않는 모습이다. 북한 여성 배우자가 자주적이고 강한 모습을 보여줄 때, 남한 남성 배우자는 당황하고 저항으로 느끼면서 부부 갈등으로 표출시키기도 하였다. 실제 중국에서 아내를 맞이하는 남한의 총각들에게 북한 여성은 조선족 여성보다 낮은 위치에 점해져 있어, 매우 순종적인 모습을 보여주기도 한다. 시민권 문제로 중국에서 더 이상 생활하기 곤란한 여성들이 조선족으로 위장하여 남한 남성과의 결혼을 시도하기 때문이다. 그러나 본 연구에서 [가], [나] 부부의 사례가 보여주듯이, 북한 여성이 남한에 들어오면 바로 시민권을 얻을 수 있기 때문에 조선족 여성과 위치는 반대가 된다. 게다가 정부 지원까지 받아 안정된 생활을 할 수 있는 기반을 마련한 북한 여성은 남한 사회에서 상대적으로 열악한 위치에 있는 남한 배우자에 대해 '북한 여성의 또 다른 특성'을 발휘하게 된다. 북한 여성의 독립적이며 자기주장이 확고한 모습을 보여주면서 남한 사회의 '남남북녀 이데올로기'는 편견이었음을 증명해준다. 순종적인 여성상을 기대했던 남한 남편들은 이런 북한 부인의 태도에 놀라고 당황하게 된다. 남한 남편들은 북한 여성에 대한 환상을 버리게 되고, 북한 사회 일반적 특성 - '혁명적 교육', '비판하는 습관', '저돌적 임무 완수', '하나만 믿음' 등으로 아내의 행동을 해석하려는 노력을 보인다. 이와 같은 남남북녀 이문화 부부에서 나타난 모습은, 북한 아내가 가족들과 함께 남한에 정착하여 지지자원을 확보한 상태일 때 더욱 선명하게 나타난다. 남한식 문화를 원하는 남편에게 북한식 문화를 요구하기도 하기 때문이다. 남한 남편과 갈등이 적당히 타협되는 것이 아니라, 북한 아내가 바라는 바대로 이뤄지도록 끊임없이 강요하는 것이다. [다], [라] 부부의 경우에서, 북한 아내는 오로지 절대 믿음 외에는 인정하지 않는다. 남한 남편은 남한 사회가 가지는 '종교의 자유'에 대해 설명하지만 아내는 북한 가족들의 지지를 얻으며 전혀 설득되지 않는다.

남북한 이문화 부부가 대외적으로 동문화 부부로 보이는 전략을 선택하면 할수록, 가족 내부의 과정 속에서는 각자의 문화적 정체성을 확보하기 위한 이문화 전략을 끊임없이 사용한다. 자신의 문화적 특성을 거부할수록 자신의 과거와 가족에 대한 정당성에 대한 '상실감'을 경험하기 때문이다. 본 연구에서 [사], [아] 부부의 경우는 어느 부부보다 '우리는 동문화 부부다'라고 강조하였지만, 북한 남편은 스스로 북한식 김치를 담가 먹으면서까지 북한 문화적-가족적 특성을 지키려고 하였다. 대부분의 북한 배우자들은 남한 배우자들에게 북한이 남한보다 더 나은 점들을 설명하고 설득시키면서 스스로의 정체성과 사회적 열등감을 회복하려고 하였다. 북한이 더 인간적이며, 자연주의적이고, 원리 중심적이고, 본질적이고, 거시적 사상적 정신력이 앞선다는 것, 추진력도 있고 알뜰하며 말도 잘한다는 것, 모두 다 굶는 것은 아니라는 것 등이다. 이에 대해 남한 배우자들은 20-30년 전 남한에서도 그랬다며 여전히 북한을 후진적으로 바라보거나, 북한적인 것이 더 낮다는 것을 동의하면서도 현재의 남한에서 필요한 것은 아니라는 태도를 보이기도 하였다. 그러나 무엇보다 북한 사회의 다양한 모습에 대한 이해의 폭을 넓히는 기회가 되었다.

남한 배우자들 역시 남한 사회의 다양성에 대한 이해를 높이고자 노력했다. 남한에서 돈보다 사람이 더 중요하고, 분수에 맞게 사는 것이 중요하며, 자기 책임과 경쟁 사회로서 능력 있어야 인정받으며, 도시적이고, (예의, 매너 등) 갖추며 사는 것을 추구하고, 구체적이고 일상적인 개인과 가족 중심적인 사회, 자유와 여유가 존중되는 곳 등이다. 이러한 배우자의 설명은 남한 사회에 관한 왜곡된 정보들을 수정할 수 있는 기회가 되었고, 신뢰할 수 있는 남한 배우자로부터 제대로 남한 사회를 배워야겠다는 다짐도 하기도 하였다.

이와 같은 남북한 상대 문화에 대한 이해를 넓히고 배워야겠다고 수용하기까지는 남북한 배우자들이 각자 가족생활에서 행동으로 보여준 신뢰가 바탕이 되며 상당한 시간이 필요한 것이었다. 남북한 부부들은 처음에 서로의 차이에 대해 갈등하고 대립하다가 포기하고 좌절하기도 하였으며, 상대 문화에 대한 가치를 알게 되면서 전략적으로 자기의 것을 양보하고 상대의 것을 존중하는 모습을 보여주었다.

그런데 남한과 북한의 문화적 정체성을 존중하려는 노력은 '자녀 양육' 과정에서 다시 대립하기도 하였다. 이문화 부부는 자신이 고유하게 갖고 있는 특성을 상대에 대해 비판하거나 존중하면서 자녀에게 주려고 하기 (Killian, 2002) 때문이다. 남북한 부부들은 공히 자녀들이 북한적 분위기 대신 남한에서 잘 적응하고 앞설 수 있도록 기대하였다. 그럼에도 자녀 교육에 있어서 남북한 부부가 대등한 부모 역할을 수행하는 것에 합의하는 것이 어려움을 경험하고 있다. 당연히 남한 배우자는 남한식 교육방식에 대해 양보하지 않는다. 북한 배우자는 아이가 남한 사회에서 앞서길 원하거나 아이가 보다 인간답게 자라기를 바라면 북한식 교육방식이 더해져야 한다고 주장한다. 자녀가 성장할수록 이문화 부부의 부모 역할에 대한 갈등은 지속될 것으로 보인다.[27]

서로의 정체성을 지키려는 갈등과 대치는 주로 원가족 생활에 대한 이해를 통해 해소되기도 했다. 남북한 이문화 부부는 '가족에 대한 사랑'을

27] 본 연구에서는 참여자들의 자녀들이 0세~7세까지 학령전 영유아였다. 부모로서 남북한 교육 문화 차이로 인한 갈등을 구체적으로 어떻게 해결해 나가는지 보여주지 못하는 아쉬움이 있었다.

통해 공통점을 발견하는 것으로 나타났다. 기존의 학자들이 주장해온 남북한 문화의 공통적 특성인 유교적 가부장 특성은 남북한 부부에겐 가장 이질적인 갈등 원인으로 나타났고, '가족애'가 가장 동질적인 부분으로 경험하고 있었다. (이러한 결과는 '부부'를 탐색하였기 때문일지도 모른다.) 북한 출신 배우자의 가족에 대한 그리움과 죄책감이 부부간에 문제가 되었지만, 남한 배우자가 북한 가족을 돕거나 돕는 것을 지지하고, 북한 배우자가 남한 가족들을 자신의 가족처럼 챙기는 모습으로 부부간의 신뢰와 타협을 만들어 갔다. 또한 개인적인 선물이나 매너에 의미부여를 안했던 북한 배우자가 생화보다는 화분으로 의미를 찾아 선물을 하는 등 남북한 문화를 공존시킬 수 있는 새로운 방법들을 찾기도 하였다. 나아가 입양위탁아동을 돌보면서 사회에 기여하는 방식으로 합의를 이루기도 하였다. 이와 같이 '이문화 부부(heterogamy) 담론'을 선택한 부부들도 그들의 차이에 대한 타협과정에서 새로운 '이문화(intercutural) 부부 담론'을 만들어 가는 모습을 보여주었다. 남북한 이문화 부부가 만든 새로운 부부 담론은 서로가 상대 문화에 대하여 이해하고 경험한 바를 토대로, 그들에게 사회적 편견을 강요하였던 주변 사람들을 설득하고, 북한 배우자와 북한 사회를 대변하는 모습으로 발전되기도 하였다.

남북한이 통일되는 과정에서 서로 다른 역사적 문화적 경험은 잠재적인 판도라의 상자처럼 여겨지게 될 것이다. 남북한 이문화 부부들은 서로의 관계 유지를 위해 지배 담론을 수용하거나 거부하여 주변 담론을 만들 것이다. 나아가 '이문화 부부가 다양한 문화의 사람들을 통합하고 공존하게 하는 것을 촉진한다(Blau, Beeker & Fitzpatrick, 1984)'는 주장처럼 이는 새로운 '통일 부부 담론'을 이끌어 갈 것이다.

B. 두물머리 수면 아래의 이야기: 남북한 이문화 부부의 상호작용과 심리관계적 풍경

　다음으로 '두물머리' 수면 아래의 장소는 남북한 이문화 부부에게 있어서 외부적(사회구조적) 제재로부터 보다 자유로울 수 있는 공간이면서 동시에 부부관계에 관한 이야기를 자유롭게 펼쳐 나갈 수 있는 편안한 공간이기도 하다. 여기서 부부의 이야기는 본질적으로 비밀스런 이야기 (secret story)의 성격을 띠며, 터놓고 지내는 가까운 사람들 사이에 공유되기도 한다. 그러나 수면 아래의 장소에서의 비밀 이야기는 수면 위의 장소로 나갈 때 꾸며낸 이야기(cover story)로 변하는 경우가 많다. 남북한 이문화 부부들은 있는 그대로 자신의 이야기를 하기보다는 사회적 요구나 기대 속에서 자신의 이야기가 수용될 수 있도록 자신의 이야기를 꾸며가며 전달하게 되는 것을 말한다.

　본 연구에서 연구자는 남북한 이문화 부부의 상호작용과 심리관계적 풍경을 의미하는 '두물머리 수면 아래 장소'를 세부적으로 〈두물머리에서 준비 없는 만남-낯선 물보라〉, 〈두물머리에서 혼란스레 섞임-굽이치는 물살〉, 〈두물머리에서 만난 서로 다름-거센 소용돌이〉, 〈두물머리에서 찾은 서로 다양함-흐르는 오색물〉로 은유하였다. 이들은 다시 남북한 이문화 부부의 만남의 과정을 의미하는 '만남-물보라', 심리 정서적 도전과정을 의미하는 '섞임-물살', 관계적 도전과정을 의미하는 '다름-소용돌이', 타협과 변화 과정을 의미하는 '다양함-오색물'로 해석되었다.

1. 두물머리에서 준비 없는 만남-낯선 물보라: 만남의 과정

　어느 결혼이나 게임과 같다. 그러나 이문화 결혼은 더 복잡하고 더욱 심각한 게임이다. 왜냐하면 각 배우자가 서로 다른 규범-가치, 습관, 관점, 타인과 교류하는 방식, 차이를 타협하는 전략 등—을 가지고 있기 때문이다(Romano, 2001). 이러한 이문화 부부의 복잡한 게임은 그 시작부터 독특하고 예측하지 못했던 상황에 직면하게 한다. 특히 결혼의 동기, 목적과 의미, 주변 사람들의 반응에 대해 부부가 상호작용하면서 경험하는 것들은 결혼을 결심하면서 서로를 잘 알고 있다고 생각해왔던(사랑만을 준비했던) 사실을 낯설게 느끼게 하는 계기가 된다. 특히 부모의 반대, 결혼 의식의 차이 등은 직접적으로 스트레스가 되기도 한다(Eaton, 1994). 게다가 부부 각자가 서로 다른 사회경제적 지위를 가지고 있을 경우에 문제는 더욱 심각해진다. 본 연구에서 남북한 이문화 부부는 남한에 이주해온 북한 이주민과 남한 주민이 남한 사회에서 만나 결혼에 이르는 과정을 보여주고 있다. 북한 이주민은 대부분 가족을 북한에 두고 혼자 남한에 온 경우가 대부분이며, 가족들이 함께 왔다고 하더라도 남한 배우자에 비해서 사회구조적 지지와 자원이 열악하다. 따라서 본 연구에 참여한 남북한 이문화 부부는 이문화 부부의 복잡한 게임을 얼마나 어렵게 시작하게 되는지 그들의 만남에서 결혼 결심까지의 과정을 〈두물머리에서 만나는 과정〉의 '준비 없는 만남—낯선 물보라'로 보여주고 있다.

가. 결혼에 대한 의심과 호기심의 만남

남북한 이문화 부부는 만남에서 결혼을 결심하기까지 남북한의 서로 다른 입장을 가지고 출발하였다. 남한 배우자는 동정과 연민에 의한 사랑을 느끼고, 북한 배우자는 안정과 필요에 의한 사랑을 느꼈다. 남한 사회에 온 북한 이주민들은 소수자로서 사회적 지지자원이 없어 열등감과 북에 있는 가족들에 대한 그리움과 죄책감 등 복합적인 감정을 겪었다. 그들은 가족이라는 '안식처'를 통해 안정을 찾고자 하였고, 남한에 적응을 하기 위해서는 남한 배우자의 도움이 필요하다고 보았다. 남한 주민들은 그런 북한 이주민을 남한 사람과 '다른' 면을 가진 사람으로, 동정하거나 순진하게 바라보았다.

본 연구에서 [가], [나] 부부의 만남은 남한에서 결혼시기를 놓친 남한 남성이 순진하고 도움을 필요로 하는 북한 여성을 소개받았고, 북한 여성은 쫓기는 삶에서 벗어나 '안전'하게 살기 위해서 능력 있어 보이는 남한의 남성과 만남을 원했다. 조선족으로 위장하여 코리안 드림을 꿈꾸는 북한 여성과 도시저소득층 노총각 남한 남성의 결혼이었다. [다], [라] 부부는 남한 남성이 북한 여성에게 남한 여성에겐 없는 '깨끗함'을 느꼈고, 북한 여성은 부도날 위험이 없는 안전한 직장을 가진 남자에게 호감을 가져 시작되었다. 북한가족들이 모두 함께 탈북하여 정착한 안정된 북한 여성과 원가족이 없는 노총각 남한 남성의 결혼이었다. [마], [바] 부부는 북한 남성은 이성관계로, 남한 여성은 도와주고 싶은 마음에 만남을 시작하였다. 북한 남성은 끊임없는 의심과 경계를 보였지만 남한 여성은 한결같은 모습을 보여주어 동반자 관계를 맺을 수 있었다. 사춘기 자녀를 둔 이혼한 남한 여성과 북한에 처자식을 두고 온 북한 남성의 결혼으로 재혼부부의 관계를 보여주고 있다. [사], [아] 부부는 남한에서 안정적으로 정착하고 싶은 북한 남성과 자상하고 성실해 보이는 북한 남성에 대해 애정을 느낀 남한 여성의 결혼이었다. 남한의 보통 부부들과 다르지 않은 만남의 과정을 가졌지만, 맞벌이가 가능한 전문직 여성에 대한 기대감과 남한 남성보다 나아지려 노력하는 북한 출신에 대한 동정과 호기심이 결혼 결심에 영향을 주었다. [자], [차] 부부는 이상적인 남성관과 종교적인 신앙심을 가지고 북한 남성을 존경하면서 결혼을 결심한 남한 여성과 북한에 부인과 자식이 있지만 남한에 정착하기 위해서 결혼을 결심한 북한 남성의 만남이었다. 미국식 배경을 가진 전문직 엘리트 여성과 북한 엘리트 출신의 북한 남성의 결혼이었다.

북한 남성과 남한 여성으로 이뤄진 부부와 북한 여성과 남한 남성으로 이뤄진 부부의 만남의 배경과 동기와 목적이 다소 다르게 나타나기도 하였지만, 북한 사람에 대한 남한 사람의 호기심 어린 순진한 시선과 남한 사람에 대한 북한 사람의 의심 어린 안정하고 싶은 시선의 만남으로 남한에서의 낯선 두물머리의 준비 없는 만남은 시작되었다.

나. 주변의 부러움과 우려의 만남

'두물머리'에서 낯선 물보라와 같은 만남은 시작부터 순탄하지 않았다. 남북한 이문화 부부는 결혼의 시작과정에서부터 주변의 반대가 대단했다. 보통의 이문화 부부들이 주로 경험하는 것과 같이 이들은 자신들이 가장 친밀하게 여겼던 사람들로부터 지지를 받지 못하고 결혼 생활을 시작하였다.

남한 여성 배우자의 가족들은 '사상이 달라서', '혹시 해를 당하지는 않을지', '아무것도 없기 때문에', '뭐가 모자라서' 등 북한 배우자와 결혼을 반대하였다. 남한의 남성 배우자들의 주변에서는 '간첩이 아닌지', '도망갈 수도 있는데' 하며 부정적인 주의를 표현하는 정도로 결혼과정에서 남한에서의 남성과 여성의 입장이 다소 차이가 있음을 보여주었다. 그러나 상대적으로 남한에서 사회적 지지망이 약한 북한 배우자들은 남한 가족들의 반대에 '왜 반대를 하느냐'거나 '북한이라면 우리 부모님도 ……'라며 의아함과 아쉬움을 표현하기도 하였다. 남한에 가족들과 함께 이주해온 경우에는 북한 출신 가족들이 결혼 결정과정에 적극적으로 참여하여, 종교나 생활습관(술, 담배)에 대해 조건을 타진하기도 하였다.

북한 여성들의 이야기에서, [가] 씨는 신변보호 담당 형사가 '조촐하게 하라'고 하여 지인들에게 제대로 알리지 못하고 결혼식을 하였다. [다] 씨는 가족이 없는 북한 이주민과 달리 가족들의 조건에 맞는 남한 남자와 결혼에 지지를 받으며 식을 올릴 수 있었다. 남한 여성들의 이야기에서, [마] 씨의 경우는 친자녀들과 형제들에게 북한 남성과의 결혼을 숨겼다. [사] 씨는 집안의 반대에도 불구하고 아이가 생겨 동거를 하였고 아직 결혼식을 올리지 못한 상태였다. [자] 씨의 경우는 반대가 컸지만 '우겨서' 결혼식을 올렸다.

친지들의 반응은 북한 배우자들의 북한 출신 친구들은 '조심하라'와 '부럽다'는 반응을 동시에 보여주었다. 남한 배우자들이 돈을 가지고 도망가는 경우가 많기 때문에 조심해야 하고, 남한 사람과 가족이 되었으니 막강한 자원을 얻은 것과 같으니 부럽다는 것이었다. 남한 배우자들의 남한 출신 친구들은 '네가 아깝다', '제로에서 시작하라', '동정으로 시작하면 안된다'는 반대와 우려를 보여주었다. 남한에서 결혼은 단순히 사랑으로 이뤄진다기보다는 자원과 자원의 결합의 의미도 크기 때문에 가족도 없는 북한 이주민은 결혼 상대로 부족하며, 결혼 생활은 아무런 기반 없이 힘겹게 살 것이라는 예상이 담겨있다.

두물머리의 만남은 단순히 두 물줄기의 만남이 아니라 물줄기를 둘러싼 낯선 물보라와 같은 환경과의 만남이다. 안정감, 동정과 연민, 사랑의 이유로 결혼을 결심하지만 서로 교류의 경험이 없던 남북한의 사회문화적 심리관계적 차이에 대한 이해는 모호한 채 '설마' 하는 마음으로 만남을 시작하게 된다. 대다수의 북한 배우자들이 북한에 대한 이해를 높이기 위해 정보를 주는 노력들도 남한 배우자에게는 '졸리거나', '상관없는' 이야기로 들린다. 이처럼 준비 없이 만남과 결혼을 시작한 부부들은 각 가족과 친지의 결합이기도 한 결혼을 추진하면서, 결혼과정에서 보여준 가족과 친지의 반응을 통해 이문화 부부에 대한 사회적 시각을 새롭게 인식하게 되고 상대 배우자와 그 문화에 대해 다시 생각하는 기회를 갖게 된다. 주변의 반응에 놀라고 당황하면서 서로의 관계를 견고히 하기도 하지만, 남한 사람끼리 결혼하거나, 북한 사람끼리 결혼했다면 아마도 반대가 되지 않았을 이유－사상 차이, 우월감, 피해의식 등을 이들 남북한 이문화 부부는 겪어야 했던 것이다.

2. 두물머리에서 혼란스레 섞임 – 굽이치는 물살
: 심리 정서적 도전과정

본 연구에서 남북한 이문화 부부는 이문화 결혼이 가지는 심리 정서적 의미를 반영하고 독특한 경험에 맞게 대응하며 〈두물머리에서 만나는 과정〉을 보여주고 있다. 이문화 부부는 자신의 문화적 가치가 위해를 받거나 문화적으로 기대된 행동이 무시 받을 때 강한 감정적인 반응을 경험한다(Cushner & Brislin, 1996). 서로 다른 문화를 가진 부부는 모든 것이 다르다는 느낌으로 인한 놀람, 어떻게 해야 할지 모르는 불확실성, 내 방식대로 하면 틀리다는 거부증세를 경험하는 불쾌감을 가진다(Osawa, 1991)는 것이다. 그동안 남북한 이문화 부부의 심리적 특성에 대해서는 거의 논의되지 않았고, 북한 이주민의 심리적 특성에 대해서만 알려져 있었다. 본 연구에서는 남북한 이문화 부부의 생생한 경험 이야기를 통해서 심리 정서적 경험의 의미에 대해 이해할 수 있었다. 보통의 이문화 부부들과 마찬가지로 남북한 이문화 부부도 놀람, 불확실성, 불쾌함, 당황함, 불안함 등 다양한 감정적 경험을 하였고, 북한 이주민이 가지는 심리적 특성으로 인한 독특한 경험도 보여주었다. 이를 본 연구에서는 '섞임 – 물살'로 보고자 한다.

가. 놀람

처음으로 남북한 사람들이 경험한 감정은 '놀람'이었다. 서로가 다른 것에 대한 놀람뿐 아니라, 자신이 상대 문화에 가지고 있었던 편견이 사실이 아니었음을 알게 되면서 놀람을 경험하였다. 언어, 관습, 사상, 가치 등 일상생활의 많은 부분에서 서로 다름을 경험하면서 새삼 놀란다고 하였다. 또한 남북한이 분단 대치하면서 서로를 공격하였던 논리들이 왜곡되었다는 것을 알게 되면서 가장 놀랐다고 하였다. 예를 들어, 남한 배우자들은 북한은 김일성과 김정일에 대한 우상화와 억압 공산사회로 말 한 마디 못하고 잡혀가는 나라이며, 철의 장막으로 비밀에 휩싸여있는 곳이다. 부모형제도 없이 부부간에도 '동지'라고 부르며 당에 반동하면 무조건 신고, 고발하는 나라다. 북한 사람들은 배급제로 열심히 일하지 않으며, 다 굶어죽고 탈출한 불쌍한 사람들이라고 보았다. 북한 배우자들은 남한은 사건·사고가 많은 불안한 사회이며, 몰인정하고 어려운 사람을 돕지 않는다. 황금만능주의, 숭미 사대주의로 남한 사람들은 돈이면 최고라고 생각한다. 북한 사람들을 무시하고 기다려주지 않는다고 보았다. 이러한 선입견은 상당 부분 서로에 대한 오해로 인한 것이었음을 알게 되면서, '놀람'의 감정은 서로에게 가졌던 부정적 이미지를 없애고 새로운 이미지(보다 긍정적인 이미지)를 만드는 심리적 경험의 과정으로 나타났다.

나. 모호함과 불확실성

다음으로 남북한에 대한 '모호함'과 '불확실성'을 경험하였다. 주로 의사소통 과정에서 모호함과 불확실성을 경험하는 것으로 나타났는데, 정보를 제공할 때 어디까지 어떻게 말해야 하는지, 하고 싶은 말을 했는데 상대가 왜 기분 나빠하는지 모르겠는 경우가 많았다. 남한 부인은 남편이 북한 출신이라는 사실을 외부 사람들에게 얼마나 밝혀야 하는지, 북한 남편도 자신의 상황과 정보를 얼마나 보여주어야 하는지 등 어떻게 해야 할지 난감해하였다. 또한 남북한 사회에 대한 정보 부족으로 인한 모호함은 불안으로 이어지기도 하였다. 혹시 어떤 말이나 행동을 했을 때 상대가 의심을 하거나, 폭력을 쓰거나, 가출을 하는 예측할 수 없는 결과가 나올 수도 있었다. 예를 들어 남한 부인이 남편 말에 다른 의견을 냈는데 무시한다며 남편이 폭력과 폭언을 사용하였을 때, 이후 부인은 남편과 대화하는 것에 대해 '불안함'을 경험하게 된다. 또한 부부가 되었음에도 북한 남편은 부인에게 재정적 상황을 비밀로 하고 무조건 통제하면서 불신으로 인한 불안함을 보여주었고, 남한 부인이 도망을 갈 수도 있다는 주변사람들의 말은 이러한 불안을 더욱 가중시키기도 하였다. 무엇보다 북한 배우자의 북한 사회와 탈북과정에서 겪은 경험으로 인한 심리적 특성이 표출될 때 왜 그러는지 공감하지 못하는 불확실함을 경험하였다. 감기처럼 앓거나, 음주가 심해지거나, 격한 슬픔을 보일 때 남한 배우자는 어떻게 반응을 보여야 하는지 모호했다.

다. 당황과 어이없음

가족과정을 겪으면서 남북한 이문화 부부들은 '당황'하고 '어이없음'의 심리적 표현을 가장 많이 보여주었다. 결혼을 허락 받는 과정에서 북한 이주민 배우자들은 남한 배우자의 가족들이 '반대'하는 이유에 대해 납득하기가 어려웠다. 남한에서 가진 자원이 없어서 그럴 수는 있지만, 북한에 대해 잘 알지도 못하면서 무조건 반대하는 것 같아 어이가 없기도 했다. 그리고 가정생활을 해 나가면서 남한 배우자들은 남한 사회에서 상식적으로 행하는 것들이 북한 배우자와 함께 하는 것이 어렵다는 것을 알게 되었을 때 당황하였다. 이후에 그러한 행동에 대한 이유를 들으면서 어이없음을 경험하였다. 본 연구에서 남한 남편은 월급날 기분 좋게 가족들과 간단한 외식을 하자고 했을 때 북한 배우자가 거절하여 당황하였고, 그것이 사치 낭비이기 때문이라는 말에 어이가 없었다. 결혼기념일이나 생일에 기념을 하는 선물과 애정 표현을 원하는 남한 부인에게 그런 것에 의미부여하지 말라며 단호히 거부하는 북한 남편의 말은 황당한 것이었다. 반대로 북한 배우자들의 경우에는 어떤 일을 하다가 실수를 하였을 때 '북한 사람은 다 그러냐'는 반응을 남한 배우자가 보일 때, 어린 아이를 조기교육한다고 비싼 교재를 산 남한 부인의 행동에 적잖이 당황하였다.

라. 화와 불쾌함

이와 같은 황당한 경험들이 반복되어 일어나면서 부부들은 서로에게 '화'를 내고 '불쾌함'을 경험하였다. 특히 남한 배우자가 우월의식을 보였을 때 북한 배우자들은 자존심을 지키려고 불쾌함을 표현하였다. 남자가 집안일을 하는 것을 터부시하는 북한 문화를 가진 남편에게 시장보기, 아이보기, 요리하기 등을 남한 부인이 부탁했을 때, 북한 남편은 자존심 상하는 것을 생각하고 화를 내거나 불쾌함을 나타냈다. 또 남편의 이러한 반응에 당황한 남한 부인은 존중받지 못한다는 생각에 불쾌하게 느끼게 되었다. 특히 자녀 양육에서의 서로 다른 방식들은 부부간의 감정적인 대립을 극심하게 하였고, 이러한 서로의 행동에 대한 화와 불쾌함은 남북한 사람들은 함께 살기 어렵다는 생각으로 이어져 별거나 이혼을 고려하게 하였다.

이러한 남북한 이문화 부부의 심리적 갈등은 북한 이주민의 심리적 특성과 그들을 배우자로 선택하는 남한 주민의 심리적 특성이 복합적으로 작용하는 것으로도 볼 수 있다. 북한 이주민은 타인에 대한 불신과 의존성, 영웅심리와 열등감, 순진성과 공격성 등과 같은 서로 모순된 감정들이 공존하는 심리적 특성을 본 연구에서도 유사하게 보여주었다. 그런데 본 연구에서는 남한 주민에게도 동정심과 냉정함, 순진함과 노련함, 수용과 불신, 우월감과 열등감 등 모순된 감정들도 함께 나타나는 것을 알 수 있었다. 남북한 부부들의 모순된 감정들은 상황을 정확하게 이해하고 대처하는 데 어려움을 가중시켰다.

남북한 이문화 부부의 가족과정에서 나타난 심리 정서적 갈등과 도전의 경험은 처음에는 부부 각자가 극심하게 감정적으로 당황하며, 어떤 일들이 일어난지도 모른 채 복잡한 부정적 감정들을 경험하고, 불편하게 만드는 상황을 피하려고 노력한다. 이에 대해 부부들은 배우자가 자신에게 불충분하고 부당한 지식과 행동을 강요하고 억지를 부린다고 생각하며 개인적인 문제로 원인을 돌리며 부정확한 해석을 하고 판단을 내린다. 이때부터 이문화 부부는 상대에 대해 어떻게 해석하고 그의 세계 속의 의미를 찾아야 하는 요구를 받기 시작한다.

3. 두물머리에서 만난 서로 다름 – 거센 소용돌이
   : 관계적 도전과정

본 연구에서 남북한 이문화 부부는 이문화 결혼이 가지는 관계적이고 맥락적인 의미를 반영하고 독특한 경험에 맞게 대응하며 〈두물머리에서 만나는 과정〉을 보여주고 있다. 이문화 부부는 동일 사회에서 성장하여 결혼한 부부들이 경험하는 가족생활로 인한 갈등을 갖고 있으면서 동시에 결혼의 의미와 목적, 성역할, 가치, 사상적 표현, 의사소통, 문제해결 방법, 주변과 관계 맺기, 양육 문제까지 다양한 영역에서 문화적 차이로 인한 독특한 경험을 한다(McGoldrick & Preto, 1984). 이러한 경험들은 가족 생활주기에 따라 문화적 갈등과 타협의 전환점과 위기를 직면하게 된다(Callahan, 2001). 본 연구에서는 남북한 이문화 부부의 관계적 도전과 갈등을 '다름 – 소용돌이'로 은유하여 해석하고자 한다.

가. 서로 다른 자존심: 텃새와 배짱 사이

주변의 반대에도 불구하고 두물머리에서 만난 남북한 이문화 부부는 남북한이 분단되어 교류하지 않고 배워온 체제 차이에서 갈등이 시작됨을 인식하며 결혼 생활을 시작하게 된다. 지난 50여 년간 두 '국가'는 사회주의와 자본주의라는 매우 다른 지향점을 향해, 서로를 매우 적대적인 관계로 의식한 상태에서 변화해왔다. 금지와 적대의 체제(조한혜정, 2000)에 남북한 이문화 부부들이 영향을 받아 만남에서 결혼에 이르는 과정에서 차이를 만들어 냈다. 부부는 상대에게 자신의 의견을 관철시켜야 할 때는 남북한이 적대적으로 사용했던 말들을 이용했다. 공산주의와 자본주의, 개인주의와 집단주의, 자유주의와 독재체제로부터 각기 다르게 배웠던 표현들인데, 부부들은 자존심을 걸고 기 싸움을 하며 내뱉었다. 빨갱이, 숭미사대주의자, 공산주의자, 이기주의자, 비판주의자, 이상주의, 물질주의, 권위적, 공격적, 야수적, 온정적, 이중적이라고 서로를 비난하였다.

또한 남북한의 경제적 수준의 차이로 인한 편견과 갈등도 함께 하였다. 90년대 이후 북한 사회의 실상이 알려지면서, 북한의 기아와 빈곤은 남한 사람들에게 강한 인상을 주었다. 대립하였던 북한보다 남한이 우월하다는 의식도 생겼고, 북한에 대하여 온정적으로 시혜하는 의식도 나타났다. 이러한 '북한이 남한보다 못하다'는 인식은 북한 이주민에게도 낙인이 되어 무능함과 열등감을 느끼게 하였다. 남북한 이문화 부부가 결혼을 결심하는 과정에서도 이러한 편견은 작용하였다. 남한 배우자들은 북한 사람에게 동정하거나, 남한보다 20-30년 뒤떨어져 보인다며 우월감을 느꼈다. 부부로서 생활하면서도 북한 배우자를 가르쳐야 한다는 의식을 갖기도 하였다. 북한 배우자들은 [아] 씨처럼 철저하게 남한 사람화되려 노력하거나, [바] 씨처럼 남한 부인에게 남한 사회를 배우거나, [차] 씨처럼 북한의 '자존심'을 지키려고 노력하였다. 그러나 남한 배우자들의 우월의식은 무의식중에도 나타나 북한 배우자들과 갈등을 일으켰다.

이렇듯 남북한 이문화 부부들이 만나기 전부터 경험한 사회적 관점들이 부부 갈등에 영향을 준다. 개인과 개인의 결합은 사회와 사회의 결합을 반영하여 지난 50년간 서로 다른 체제로 발전해온 남북한이 두물머리에서 부부로 만나게 되는 것이다. 남한 사회에서 만난 이문화 부부들은 남한 사람은 텃새를 부리고, 북한 사람은 배짱을 가지고 사회적 편견에 도전하는 모습을 보여주었다.

나. 서로 다른 표현: 직설과 간설 사이

두물머리에서 만난 남북한 이문화 부부는 언어적 차이로 인해 의사소통에 차이를 경험하였다. 부부의 의사소통에 관한 오해 중의 하나는 배우자가 상대의 생각을 읽어내고 무슨 말을 하는 것인지 정확하게 해석할 수 있다는 신념이다. 또한 자신이 가진 언어 습관이 보편적이며 명백하고 확실하다는 가정은 이문화 부부의 의사소통에서 어려움을 가중시킨다(Romano, 1997). 문화에 따라 언어 습관은 상이하며, 동문화 부부도 상대의 표현을 정확하게 해석할 수 없기 때문이다. 더욱이 남북한 간에 언어는 같을 것이라는 가정은 부부간에 서로 다른 단어나 비언어적 표현을 들었을 때 당황하게 하고 오해를 만든다. 그러나 남북한 언어 표현의 차이는 부부간에 큰 문제가 되지 않는 것으로 나타났다. 오히려 화법과 정보전달의 수준의 차이가 부부간 의사소통에서 큰 차이로 다가왔다.

북한 배우자는 처음 남한 사회를 경험하면서 언어의 차이를 가장 먼저 실감한다. 단어가 다를 뿐 아니라 상당한 외래어가 섞여있는 남한 사람들의 말을 알아듣기가 어려웠다. [아] 씨는 남한 교회에 갔을 때 1/3도 말을 못 알아들었다고 하였다. 가정 밖에서 사회생활 할 때 모르는 표현에 대해서는 침묵하거나 화제를 돌리기도 하며 당황함과 언짢음을 애써 감추기도 하였다. 그러나 부부간 대화에서 남북한의 서로 다른 표현이 나오게 되면 남한 배우자가 웃으며 자연스럽게 남한식 표현을 알려주기도 하고, '그게 뭐냐'고 직접적으로 물어보았다. 남한에서 긍정적인 표현이 북한에서는 부정적인 것도 있고 반대의 경우도 있어서 표현의 차이로 인한 오해가 있기도 하였지만 문제가 되지는 않았다. 또한 굳이 알 필요가 없다고 생각되면 그냥 넘어가기도 하였다.

그런데 화법은 달랐다. 북한 배우자들은 직설적으로 말했다. 예의상 동의를 표현해야 할 때에도 자신의 생각과 다르면 동의하지 않았다. 남한 배우자에게 북한식 화법은 매우 거칠고 공격적으로 느껴졌다. 상대의 심정은 별로 고려하지 않은 것 같았다. [나] 씨는 북한 부인 친구들도 상대의 상황은 배려하지 않고 '무조건 하라'는 명령조로 말해서 황당했다. 북한 배우자는 솔직하지 못한 남한식 화법이 받아들여지지 않았다. 앞에서는 이렇게 해야 한다고 하면서, 뒤돌아서는 다른 말을 하는 것이었다. 남한 사람들은 싫은 것은 별로 표현하지 않았다. 또 현실성 없는 '달콤한 말'을 너무 많이 하는 것 같았다. 도와주겠다고 해서 기다리면 찾아오지 않았다. 물론 남한 배우자가 쏟아내는 사랑 표현은 가슴이 찌릿할 정도로 좋았지만, 말보다는 현실적인 행동이 더 중요한 것이라 생각했다. 하지만 북한 배우자들의 공격적이고 직선적인 말투는 '남의 약점만 잡아 공격'하는 모습으로 나타나기도 해서 남한 배우자들에게 불쾌감을 주기도 하였다. 비판에 익숙한 북한 배우자들이 부부간의 갈등으로 인해 다투게 될 때 비난의 목소리를 높인다는 것이었다.

반면 북한 배우자들은 남한 사회에서 정보를 나누는 것에 어려움이 있었다. 북한에서처럼 '말조심'을 해야 했다. 북한 남성 [아] 씨는 남한 사람과의 대화에서 어디까지 이야기해야 하는 것인지 판단이 서질 않았다. 도와주려는 의도로 한 말이 회사비밀을 공개하는 것인지 몰라서 난감했던 적이 있었다. 남한 부인은 하지 않아도 되는 정보를 상관없는 사람에게 주는 것—남한 사람이 생각하기에 필요 없는 말을 과하게 하는 것—이 남편의 문제라고 생각하였다. 괜히 대화가 더 어색해지는 경우가 많았다. 북한은 정치적 문제에 대해 말조심을 해야 하지만, 남한은 하나하나 재면서 사는 곳이라서 말조심을 해야 한다고 생각이 들었다. 번번이 어디까지 어떻게 말해야 적당한지 기준이 모호했다.

두물머리에서 만난 남북한 부부들은 같은 한국어를 쓰지만 사용하는 단어나 표현이 다를 것이라는 예상을 해서 인지 단어의 차이로 인한 갈등은 상대적으로 적었다. 북한 배우자들이 남한에 와서 남한식 표현을 익히려는 노력을 최우선으로 하였기 때문이기도 하다. 오히려 북한에서는 보다 공격적이고 직접적인 화법을 쓰고 남한에서는 보다 배려적이고 간접적인 화법을 쓰는 것으로 소용돌이를 경험하였다.

다. 서로 다른 돈: 절대와 상대 가치 사이

두물머리에서 만난 남북한 이문화 부부는 '돈'에 대한 가치에서 충돌을 경험하였다. 재정에 관한 불일치는 부부 갈등의 대표적 특징이다. 자본주의 사회에서 돈은 힘과 통제의 상징으로 여겨지기 때문에 부부간 문제를 증폭시키기도 한다. 배우자가 다른 문화의 출신일 때 누가 돈을 벌고 누가 어떤 상황에서 써야 하는지에 대해 다른 신념을 가져 성역할 기대와 함께 작용하기도 한다(Romano, 1997). 남북한 이문화에 있어서 돈의 문제는 그들이 영향을 받은 공산주의와 자본주의의 차이에 기인하고 있으면서, 경제적 수준의 차이로 인해 더욱 심각해지고 있다. [바] 씨는 북한에서는 배급제로 인해 '돈'에 대한 실제 가치가 없지만, 남한에서는 실질적인 가치를 가지고 있는 것이 문화적 차이라고 하였다. 돈에 대한 가치를 처음으로 경험하는 북한 사람들에게 돈은 절대적 생존의 의미를 함께 가진다고 하였다. 이 때문에 북한 배우자들에게 남한 배우자들의 소비 습관은 낭비이며 사치로 보인다. 남한 배우자들은 북한 배우자들의 절약이 지나치다고 생각한다. 북한 배우자들은 남이 버린 것을 주워오거나, 생존에 필요한 것 이외는 새로 사는 것은 가급적 안 해야 하고, 음식을 많이 해서도 안 되고 버려서는 더더욱 안 된다. 반면 남한 배우자들은 돈을 쓸 때는 써야 하며, 필요한 것은 사야 하며, 다양하게 갖춰서 먹을 수도 있고 외식도 할 수 있다. 무엇보다 '돈'을 권위로 받아들이고 절대화하는 북한 배우자의 모습이 가장 이해되지 않았다. 본 연구에서 [자], [차] 부부는 장롱을 사는 것, 신혼여행을 가는 것, 냉장고를 큰 것 사는 것 등 돈을 쓰는 모든 것에 북한 남편이 '반대'의 결정을 내렸다. 장롱 대신 포단을 치며, 신혼여행도 가지 말고, 냉장고도 작은 것을 사야 한다고 하였다. 이에 반대하는 부인을 '사치 부르조아지'라며 비판하였고, 남한 부인은 남이 버린 것을 계속 주워오고, 식후에 과일을 먹는 것도 반대하는 남편에게 거지근성, 짠돌이라고 대응하며 대립하였다. 북한과 남한의 화폐 가치의 차이로 인해 남한에서의 소비는 상당한 것으로 느껴지기도 했지만, 남북한의 생활수준의 차이로 인해서 남북한 이문화 부부가 소비의 합일점을 찾는 것은 어려웠다.

북한 배우자들은 남한에 와서 '돈이면 다 된다'는 고정관념을 갖게 되면서, 사람보다 돈을 더 우선하는 모습을 보여주었고 남한 배우자들은 이러한 행동을 이해할 수 없어 갈등은 커졌다. 특히 북한 남성 배우자들은 공산주의였던 북한에서는 돈이 가장의 권위와 상관이 없었는데, 남한 사회에서 '돈은 곧 권위'라는 것을 알게 되었다고 하였다. 무조건 많이 벌고, 쓰는 것을 통제하는 것이 권위의 표현이라고 여겼다. 북한 배우자에 대해 남한 배우자들은 '돈은 도구일 뿐이며 적당히 벌고 쓸 때는 쓰는 것'이며 '사람이 돈보다 중요하다'라고 설득하려는 노력을 하지만, 소비에 대한 문화적 갈등은 계속되고 있다.

라. 서로 다른 남녀역할: 차별과 유별 사이

두물머리에서 만난 남북한 이문화 부부는 성역할의 차이로 인해 또 다른 도전을 경험하였다. 모든 문화는 남자와 여자에게 기대하는 성역할을 갖고 있다. 성역할 문제는 이문화 부부가 각자 적합한 성역할이 있다고 서로 다른 신념을 가지고 있을 때 복잡해진다. 이미 잘 알려진 부부간 성역할 갈등은 부인은 평등주의적 시각을 갖고, 남편은 남성 지배적 시각을 가질 때 발생한다. 남북한 이문화 부부도 이러한 시각차로 인한 갈등을 보였다. 남북한의 남성 배우자들은 남성과 여성의 역할이 분명히 구분된다는 신념을 가지고, 가장의 권위를 강조하는 가부장적인 태도를 보였다. 반면 여성 배우자들은 서로의 역할이 대등하고 상보적이라는 신념을 가지고, 남녀의 협력적 관계를 견지하고 있다.

그러나 남북한에 따라 여성과 남성의 태도에 차이가 나타났는데, 북한 남성의 경우는 남자가 다하는 것 ─ 모든 결정권을 갖는 것이라고 믿었으며, 여성의 일로 여기는 집안일은 일체 하지 않는 것으로 믿었다. 남한 부인이 남편의 권위를 침해한다고 생각되면 폭력도 용납되었다. 남한 부인들은 집안의 대소사의 일들을 상의해서 결정하는 것이라 하였고, 집안일도 바깥일도 부인이 도울 수 있다고 믿었다.

반면 남한 남성 배우자는 부의의 동의를 얻어 결정하는 것에 대해서 자연스럽게 여겼지만, 순종적인 여성을 원하는 것에서 가부장적 태도를 보여주었다. 북한 여성은 남편에게 말대꾸하거나 대들지 않고 다소곳하게 따를 것을 기대하는 것이다. 북한 부인은 순종적인 태도를 가지고 집안일을 당연히 해내지만, 자기 주관을 뚜렷이 견지하고 결단력 있는 태도-북한의 혁명적 여성상[28]에서 기인한-도 함께 보여주어 남한 남편을 당황하게 하기도 하였다.

남북한 이문화 부부간에 남녀 성역할에 대한 차이는 남녀북남형의 부부에서 상당한 것으로 나타났는데, 남한 여성보다 경제력과 자원이 부족한 북한 남성의 가부장적 태도가 더욱 완고하게 나타났다. 모든 일은 '세대주가 다 하는 것'이라고 하였지만 일상생활에 필요한 일들-은행, 관공서 관련 업무-은 남한 배우자에게 모두 맡기면서, '남자를 돕는 것'은 여성의 역할이라 여겼다. 반면 이러한 일들을 하는 남한 부인들은 '남녀가 같이 필요한 것을 돕는 것'이라 여겼다. 북한 부인들도 점차로 경제력을 갖게 되면서 남녀역할에 대한 인식이 변화됨을 보여주기도 하였다. 그렇지만 북한 배우자들은 남녀의 역할이 차별적으로 다른 것이라고 생각하였고, 남한 배우자들은 남녀 역할이 상보적일 수 있는 보완적인 것이라고 여기는 경향이 강했다.

28] 여성 노동자에게 강조한 주체적 인간성을 의미하며, 자기부양능력이 있는 독립적 여성, 근면한 여성, 집단주의적 여성으로 구체화할 수 있다(김정미, 1999:36).

마. 서로 다른 관습: 무심과 세심 사이

두물머리에서 만난 남북한 이문화 부부는 일상생활의 관습들에 차이를 경험하였다. 모든 문화의 사람들은 일상생활의 요구에 대처하는 데 필요한 의식이나 관습을 가진다. 이문화 부부의 경우에 각자의 문화에서 일상생활의 의미 있는 측면이 다르기 때문에 갈등을 보이게 된다. 남북한 이문화 부부의 경우에는 남한과 북한에서 통용되었던 유머나 상식이 통하지 않는 것을 경험하면서 오해를 사기도 하였다.

또한 당과 조직을 통해 국가에서 정해준 날들을 기념하였던 북한 사람과 개인과 가족들이 개별적인 기념일들을 챙기는 남한 사람은 문화적인 차이를 보일 수밖에 없을 것이다. 남한 배우자들은 생일, 기념일 등 무슨 날들에 의미를 부여하고 선물과 행사를 부부간에 혹은 가족들과 함께 하는 것을 좋아했다. 북한 배우자들은 국가가 정한 몇몇의 기념일을 제외하고는 기억할 필요도 없었으며, 또 기념일에 개인이나 가족이 아니라 조직의 행사를 통해서 보내왔다. 당연히 남한 사회의 그 많은 '의미 있는 날'들은 낯설었고 기억하기 어려웠다. 남한 배우자들은 '기억하지 못하는 것'이 관심과 존중을 받지 못하는 것으로 느껴 섭섭해 하였다. 북한 배우자들은 수시로 주고받는 선물과 행사에 의미를 부여하기 어려웠다.[29] 물론 북한 여성은 선물, 꽃, 편지를 받으면 낭만적으로 느껴지고 감동을 받기도 하였지만 필요한 것이라고 여기지 않았으며, 월급날마저 외식하자는 남한 남편의 말은 받아들이기 어려웠다. 반면 남한 여성은 남편의 따뜻한 말 한마디도 아쉬워했다. 북한 남편은 무뚝뚝하고 신사적인 매너가 부족해서, '수고했다'는 말이나 가벼운 포옹을 하는 것도 인색했다. 이에 대해 불평하는 부인에게 [차] 씨는 본질적인 것이 아니니 의미부여를 하지 말

29] 북한은 김일성의 10대원칙에서 일상생활에서 생일이나 기념일, 명절에 선물을 주고받지 않는 것으로 규정하였다고 한다. 김정일이 아랫사람에게 주는 선물 이외에는 '선물'이라는 말도 거의 쓰지 않는다고 한다(정진경, 2000).

라고까지 말하기도 하였다.

식문화에서 데이트할 때나 외식을 할 때 남한 사람들은 양식당을 가서 기분을 내고자 하지만, 북한에서 먹어본 적 없는 양식들은 거부감을 들게 할 뿐이었다. 비싸기도 하고 어떻게 먹는 것인지 모르겠고 맛도 별로 없었다. 남북한 부부들은 남북한의 음식에서 큰 차이를 느끼지는 않았지만, 북한 남성 [아] 씨는 남한 처가에서 해주는 김치가 입에 맞지 않는다며 스스로 김치를 담가 먹기도 하였고, 남한 남성 [라] 씨는 북한 처가에서 해주는 미역국이 입에 맞지 않는다고 하였다. 남한 여성 [마] 씨는 북한 남편이 해준 북한식 '국밥'을 도저히 먹지 못하였다고 하였다. 이에 대해 남편은 북한의 배급제와 빈곤으로 인해서 그 정도도 감지덕지라고 하기도 하였지만. 남한의 서구화된 외식 문화에 대한 거부감을 제외하고는 남북한 음식 문화에 대한 차이는 개인의 경험에 따라 다양하게 나타났다.

'말 한마디에 천 냥 빚을 갚는다'는데 북한 남편은 애정 표현에 비판적인 태도를 보이거나, 오히려 너무 성관계에만 집착하는 모습만 보이는 이기적인 무심함으로 나타나 부부간의 갈등이 되었다. 반대로 남한 남편은 세심함으로 서구식 낭만과 매너를 너무 챙기는 허황된 모습으로 북한 부인에게 보였다. 그 밖에 남북한의 일상생활의 식문화와 유머 등의 차이는 이문화 부부들의 감정적인 갈등을 심각하지 않지만 빈번하게 일으키는 두물머리에서의 소용돌이로 나타났다.

바. 서로 다른 행동 양식: 경쟁과 저돌성 사이

두물머리에서 만난 남북한 이문화 부부는 행동방식에서도 차이를 보여주었다. 북한 사람들은 공산주의 사회인 북한에서 경쟁이 없어 사람들이 퇴근 후에는 좀 더 여유롭게 살 수 있었지만 남한의 자본주의 사회는 '경쟁'이 돈과 직결되는 매우 중요한 것이므로, 늘 남들보다 더 많이 일해야 한다고 여겼다. 반면 북한의 배급제로 인해서 많은 사람들이 한 달 동안 엄격하고 알뜰하게 계획적으로 살아가야 했는데, 남한에서는 소비생활이 상대적으로 자유로워 대책 없이 보이기도 하였다.

그런데 남한 사람이 볼 때, 북한 배우자들은 하고자 하는 일에 대해서 주변의 상황을 그다지 고려하지 않은 채 일을 해내는 것에만 몰두하는 것처럼 보여 답답해보였다. 강한 정신력을 강조한 혁명교육 탓인가 하고 추측도 해보지만, 어렵게 살아서 여유가 없는 것으로도 생각되었다. 상대적으로 남한 사람들은 너무 주변 상황을 고려한 나머지 자기 일도 제대로 해내지 못하는 느긋하고 끈기 없는 모습으로 보이기도 했다. 또 자신과 가족만을 생각하고 나라와 민족에 대해서는 별로 고민하지 않는다고 비판을 받아야 했다. [가], [나] 부부 이야기에서 북한 여성은 운전면허를 따기 위해서 학교 공부를 하며 자격증을 따기 위해서 '저돌적 임무 완수'를 하는 모습을 보여주었다. 몸이 아파도 그 일을 해내야 한다는 생각만 있어 걱정이 될 지경이었다. 그녀는 북한에서 기회가 주어졌을 때 해내지 않으면 영원히 기회가 오지 않기 때문이라고 이해를 구하였지만, 남한 남편은 '여기는 남한'이라며 '로마에 오면 로마법'을 따를 것을 요구하였다.

또한 남한 배우자들은 북한 사람들이 주변에 대해서 험담을 좋아하고, 위계를 만들기 위해서 애쓰며, 맘에 들지 않으면 폭력을 앞세우는 경향이 강하다고 보았다. 같은 북한 이주민들끼리 뜻이 맞지 않는다고 폭력과 비난을 공개적으로 해서 법정에 가야 하기도 했다. 북한 사람들은 자신과 사회가 개선되는 것을 기대하고 비판을 습관처럼 사용하는 것인데, 그것이 남한에서는 그저 뒤에서 하는 험담으로 보이는 것 같아 안타까웠다. 남한 부인 [마] 씨는 북한 남편이 직장 생활을 하면서 권력에 따라 이리저리 움직이며 정치적으로 행동하고, 자신을 인정해주지 않는다며 무조건 사표를 던지는 모습은 나쁜 버릇이라고 비판하였다. 남편이 남한 사회에서 생존과 직결되는 직장 생활의 의미와 법보다 자존심을 더 중요시 여기는 것 같아 답답했다.

남북한 사람들의 행동 양식의 차이는 직접적으로 부부간에 나타나기도 하였고, 간접적으로 직장 일을 통해서 나타나기도 하였다. 북한 배우자가 가장 다르다고 느끼는 것은 남한 사회의 '경쟁' 논리에 따라 돈을 벌기 위해 바쁘게 살아야 한다는 것이었고, 남한 배우자는 북한 사회의 '혁명적이고 위계적' 논리에 따라 목표 달성을 위해 저돌적으로 살아가는 것을 느꼈다. 이러한 행동 양식의 차이는 사상성의 문제와 연결되기 하고, 상대적으로 서로의 행동을 억압하는 모습으로 나타나기도 하면서 거센 두물머리의 소용돌이가 되었다.

사. 서로 다른 가치: 단일과 다양 사이

남북한 이문화 부부는 서로의 의견이 다른 것에 대해서 조율을 할 때 사회적 배경의 차이를 경험하였다. 북한은 1인 독재 폐쇄적 사회이고 남한은 다양한 자유주의적 사회이다. 북한 사람들은 남한에 와서 처음으로 뉴스를 접하고 불안을 느낀다고 하였다. 북한에서는 매체를 통해 '긍정적' 정보만을 얻을 수 있는 데 반해 남한에서는 '부정적' 정보도 함께 제공되기 때문에 남한 사회를 사건·사고가 많은 위험한 사회로 인식하게 되는 것이었다.

북한 배우자들은 1가지 생각을 가지면 다른 생각과 믿음에 대해서 수용하기 어려워했고, 남한 배우자들에게 강요를 하는 모습을 보여 당황하게 하였다. 북한 여성 [다] 씨는 자신이 믿는 종교를 절대 종교로 생각하고 남편이 반드시 믿어야 한다고 강요하였다. 남한 남성인 남편은 '종교의 자유'에 대한 남한 사회의 가치를 설명하고 설득하려 했지만 부인은 타협하지 않았다. [사] 씨를 제외한 남한 배우자들은 북한 배우자들이 자기와 다른 가치를 어떻게 받아들여야 하는지 유연성이 떨어진다고 보았다. 북한 배우자가 보이는 종교, 사상, 성역할, 돈에 대한 하나의 가치만을 부여하는 것에 대해 남한 배우자들은 다양성과 융통성을 가질 것을 요구하였다. 남북한 사회의 특성 차이는 부부간의 여가에도 영향을 주었다. 북한에서는 다양한 여가 활동이 제약되어 있어서 부부간에 성관계를 통해 모든 것을(?) 해소하였다. 남한에서는 다양한 여가 활동들이 가능했지만, 북한 남편은 아직도 성관계에 대해 집착할 정도로 좋아하고 있어 남한 부인들은 남편이 성관계가 아닌 다른 욕구해소 창구를 찾기를 바라기도 하였다.

남북한 이문화 부부들이 경험하는 생각의 차이는 단일한 가치를 고집해온 북한 문화와 다양한 가치가 공존하는 남한 문화의 차이를 보여주었다. 부부관계에서 결정해야 할 많은 일들에 대해 북한 배우자가 한 가지 잣대만을 제시하고 다른 의견에 대해 귀 기울이지 않을 때 갈등은 증폭되었다.

아. 서로 다른 양육방식: 집단 내 독립과 가정 내 보호 사이

두물머리에서 만난 남북한 이문화 부부의 차이는 양육과정에서 가장 심각해지기도 하였다. 이문화 부부는 아이의 출생과 함께 부부 각자가 가지고 있는 신념, 가치, 철학의 해결되지 않은 차이를 드러내게 된다. 대부분의 개인들은 어릴 적에 받았던 부모의 양육 스타일을 따르므로 부부 각자의 양육방식들은 매우 다르고 충돌하게 된다(Perel, 2000). 남한 사회에 사는 남북한 이문화 부부의 경우 양육에 관한 많은 결정권을 남한 배우자에게 맡기는 경향이 나타나고 있지만, 북한 배우자의 문화적 입장이 뚜렷이 제시되고 있다.

[사], [아] 부부 이야기를 보면, 남한 부인이 생후 6개월도 안 된 아기에게 비싼 교육교재를 구입해서 가르치는 것에 대해 북한 남편은 이해하지 못하였다. '조기교육'에 대한 이해의 차이였다. 남한 부인은 남편의 어린시절 이야기에서 자신은 '온실의 화초'처럼 자랐다는 생각이 들었고, 남

한보다 북한이 자연에서 창의적으로 교육을 시켰다고 생각이 들기도 하였다. 집단 활동을 통해 어릴 때부터 조직 생활을 해서 독립심이 강한 것이라고 느끼기도 하였다. 그렇지만 남한 사람들이 아이들 교육시키는 것에 뒤지면 안 된다는 생각으로 '책보며 놀기'를 해야 한다고 남편에게 주장했다. [자], [차] 부부 이야기에서는 북한 남성이 자녀의 교육에 관해서 남한식 교육이 비전 없는 '눈먼 사랑'이라며 비판한다. 어릴 때부터 독립심을 키워야 하므로, 고생과 어려움을 겪어봐야 하는데 엄마가 과잉보호한다는 것이다. 엄격한 규율을 지키도록 해야 하고, 원리를 아는 지식 교육을 직접 시키고자 하였다. 이에 대해 남한 부인은 어린아이에게 가혹한 방법이라며 야수적 행위라고 대응했다. 남한 사회에서는 사교육을 통해 다양한 지식을 습득하는 것이 중요하고, 어린아이는 보호받아야 마땅하다는 것이었다.

남북한 이문화 부부에게 자녀 양육은 또 다른 문화적 차이를 드러내게 하였다. 북한 사회가 지향하는 자연주의적이면서, 사상 투철하고 역경을 딛고 일어서는 집단주의적 인간형과 남한 사회가 지향하는 도시적이면서, 다양한 지식과 경쟁력을 갖춘 개인주의적 인간형을 부모가 각각의 양육방식에서 보여주고 있다. 양육에 관한 도전에서 타협하기 어려움을 겪는 부부들은 이혼까지 심각하게 고려하는 등 두물머리에서 가장 영향력 있는 소용돌이를 보여주고 있다.

4. 두물머리에서 찾은 서로 다양함 – 흐르는 오색물
: 타협과 변화 과정

본 연구에서 남북한 이문화 부부는 이문화 결혼이 가지는 심리 정서적이며 관계맥락적인 의미를 반영하고 독특한 경험을 보여주는 〈두물머리에서 만나는 과정〉 안에 있다. 두물머리는 흐르는 강물이다. 남한강과 북한강이 합류하여 소용돌이를 보여주지만, 그 아래에서는 면면히 흘러가는 한강물이 함께 하고 있다. 고유의 색을 가지고 있는 충류와 유속에의 해섞여서 서로 다른 색을 보여주는 난류는 두물머리에서 찾은 남북한이 선택한 다양한 모습들을 의미한다. 즉, 이문화 부부에겐 다양한 갈등과 도전이 있지만, 대부분의 이문화 부부들은 여러 어려움들에도 불구하고 성공적으로 가족을 성장시킨다. 각자의 전통적인 것을 고집하기보다, 더 넓은 영역의 행동과 의미부여를 만들어내는 능력을 보여준다. 남북한 이문화 부부의 가족과정 경험 이야기에서도 다양한 영역에서의 어려움들이 나타났고, 또 의미부여와 행동을 통해 성공적으로 문제를 해결해 나가는 모습을 볼 수 있었다. 본 연구에서는 남북한 이문화 부부의 심리관계적 타협과 변화 과정의 의미를 두물머리에서 찾은 서로 '다양함－오색물'로 보고자 한다.

가. 개인＋문화＝복합적 차이로 이해하기: 정서 치유

결혼 초기에 남한 배우자들은 북한 이주민 출신 배우자들의 독특한 심리적 상태에 대해 주변의 도움을 얻지 못하고(공개하지 못하고) 스스로 대처방법을 찾아가는 모습을 보였다. 북한에 남겨진 가족에 대한 그리움과 죄책감으로 나타나는 다양한 행동들－주로 술 마시고 주사부리기, 상사병 앓기, 식사 못하기, 돈 보내기 등에 대해 처음에는 당황하고 불쾌하게 느끼다가, 점차로 자포자기하며 감정을 안정시켰다. 북한 배우자들은 남한 배우자의 행동에 대한 불신감이나 불쾌감을 주변의 사람들(주로 친한 남한 사람)과 공유하면서 조언을 얻어 자신의 감정을 조절하려 노력하는 모습도 보였다.

그러나 결혼 생활이 지속되고 부부간의 신뢰가 형성되면서 남북한 이문화 부부들은 서로의 문화적이고 개인적인 차이에 대한 이해가 높아져 심리적인 갈등이 감소됨을 경험하였다. 점차로 남북한 이문화 부부들은 심리적 문제를 가져온 원인을 '남북한의 차이'와 '개인적 문제'가 복합적으로 발현된 것으로 이해했다. 이는 이문화 부부의 문제를 '문화적 차이'로 배타적으로 보거나 '개인적 병리'로 과장되어 인식되는 해석의 문제들 (McGoldrick, 1982)이 남북한 이문화 부부에게는 잘 드러나지 않았다는 것을 말한다. 물론 결혼 초기에는 대부분 남북한이 이문화라는 것을 동의하지 않았고 부부 문제를 개인적 특성으로 이해하였지만, 점차로 남북한이 이문화라고 동의할 만한 사건들을 경험하면서 부부는 이 문제를 문화적 특성으로 이해하기 시작하였다. 예를 들면, 적극적이고 고집스런 북한 부인의 행동은 북한의 공격적 교육방식과 개인의 집착적 성격으로 인한 것이라 해석하였다. 여유 있고 이기적인 남한 부인의 행동은 남한의 자유주의와 개인의 독단적인 성격으로 인한 것이라 설명하기도 하였다. 검소하고 적극적인 북한 남편의 행동은 배급제로 인한 계획적 생활과 지도력 있는 성격으로 인한 것으로 보았다. 즐기기를 좋아하는 자상한 남한 남편의 행동은 다양한 여가 활동이 가능한 남한 사회와 배려심이 많은 성격으로 인한 것이라 생각했다. 즉, 결혼 생활이 유지되면서 어느 부부도 자신들을 완전한 이문화 부부라고 동의하지는 않았고, 문화적 차이와 개인적 차이를 모두 인정하면서 서로에 대한 배타성과 비난하는 경향이 줄어듦을 경험하는 것으로 나타났다. 남북한 이문화 부부는 자신의 관점과 주관적 문화, 그리고 배우자의 개인적 문화적 특성을 복합적으로 이해하면서 서로를 어떻게 이해하고 생활하는지 배우기 시작하고, 진정한 부부로서 가족과정을 만들어가는 것이다.

나. 서로 다름을 받아들이기: 상생

두물머리에서 만난 남북한 이문화 부부들은 서로의 다름에 대해 어떻게 해야 하는지 몰라 당황하고 갈등을 경험하였다. 처음에는 서로의 것을 고수하기 위해서 충돌하였지만, 그것이 해결책이 되지 못함을 알게 되었다. 이문화 부부들이 선택한 첫 번째 변화 전략은 '포기, 놔두기, 기다리기'이었다.

남남북녀 부부 이야기에서 직설적이고 공격적인 북한 아내의 표현에 대해서 남한 남편이 시간을 가지고 순화되도록 기다린다. 북한 부인은 경제적으로 안정을 찾고자 노력하는 남편을 지지하면서 함께 기다리는 것을 연습하고 있다. 또, 남편이 교회에 나가기를 원하는 북한 부인이 언젠가 내 맘을 이해하겠지 하면서 기다리기로 하면서, 남편이 부인을 위해 교회에 나가는 결심을 하는 모습을 보여주었다. 남녀북남 부부 이야기에선, 주변의 남북한 부부에 대한 냉담과 편견으로 인해 부부가 갈등하는 것에 대해서 그냥 놔두기로 하였다. 남한 부인은 북한 남편이 북한에 두고 온 가족에 대한 죄책감과 그리움으로 인해 음주와 폭력을 사용하는 것에 대해서 대항하는 것이 아니라 놔두고 스스로 극복하기를 기다리고자 한다. 다른 부부는 남한 가족들의 결혼 반대와 북한 가족에 대한 그리움을 '열심히 살아가면서' 극복하고자 하였다. 긍정적으로 생각하고 열심히 살면서 기다리면 잘 될 거라는 기대를 가졌다. 남북한 이문화 부부들은 서로가 지난 40년간 다르게 살아옴을 인정하고 가정사의 소소한 일까지 대립하고 갈등하는 것이 언젠가 해결될 것이라고 기다리기로 하였다.

다음으로 남북한 이문화 부부들은 서로의 문화적 다름에 대해서 놔두고 기다리는 것에서 멈추지 않고 그대로 '인정하기' 노력을 하였다. 북한 사람의 비판하는 습관에 대해서 남한 부인은 대신 욕을 받아주었고, 남한 사회에 대한 비판을 함께 함으로써 북한 사람을 대우해주려는 노력을 하였다. 이들 부부는 각자가 자부심을 갖는 것에 대해서는 칭찬과 인정을 적극적으로 표현하였다. [다], [라] 부부는 남북한의 서로 다른 표현에 대해서 서로에게 설명해주어 남한식 표현으로 무조건 바꾸는 것이 아니라 북한식 표현도 가정 내에서 함께 사용할 수 있도록 노력하였다. [가], [나] 부부는 남북한이 서로 성장하면서 다르게 배워온 것들을 비판하지 않고 인정하기로 하였다. 성장과정에서 다른 것을 인정하지 않는 것은 서로에게 부담을 요구하는 것이라는 것을 알게 되었고, 부정적 이미지를 버리고 호기심을 가지고 서로의 문화를 바라보기로 하였다.

이를 위해 부부들은 결혼을 반대하였던 주변 사람들의 의견에 대해서 서로에게 궁금한 것에 대해 사실 확인을 하고자 했다. 북한에도 가족이 있고, 사람다움이 있는지, 배급제로 모두들 게으르지 않은지, 이웃 간에 서로 고발하고 감시하는지 궁금했다. 남한에서는 돈이면 다 되고, 위험하고, 사람들이 서로 상관안하며 살고, 경쟁에 몰입하여, 인간성 없이 사는지 궁금했다. 북한 배우자는 통제 사회인 북한에서 오히려 가족과 이웃 간의 관계에 인정이 많다고 하였다. 부모로부터 배운 교육과 어린시절의 경험도 남한과 다르지 않다고 하였다. 남한 배우자는 자본주의 사회인 남한에서도 돈보다 사람이 소중하고, 법과 질서가 있는 안전한 사회라고, 국가보다 가족이 소중한 사회라고 하였다. 이러한 의사소통 과정을 통해 부부들은 각자가 가진 호기심을 해결하기도 하고, 외부의 편견에 대항하기도 하였다.

남북한 이문화 부부들은 두물머리에서 소극적으로는 포기와 기다리기를 선택하고, 보다 나아가 서로에 대한 궁금증을 해소하면서 인정하기로 발전하였다. 각자가 가진 색깔을 존중하며 상생하고자 하였다.

다. 공통점 찾기: 가족애

남북한 이문화 부부가 겪는 와류의 소용돌이는 환경의 영향을 강하게 받고 있었다. 개인과 개인이 서로에게 보여준 모습 속에서 사회적이고 역사적인 배경들을 확인하면서 이들 부부는 다름이 아니라 '같음'을 찾아 타협 노력을 하였다.

본 연구에서 남남북녀 부부들은 서로의 배우자들이 가족을 소중히 생각하고 배려해 주는 모습에서 공통점을 찾았다. 남한 남편 [나] 씨는 북한에 있는 부인의 가족들을 위해 물심양면으로 관심을 쏟았고, [가] 씨는 남편의 노모를 정성스레 모셨다. 남한 남편 [라] 씨는 북한에서 온 부인의 가족들에게 아들처럼 세심하게 챙겨주는 사위 노릇을 하였다. 남녀북남 부부들은 북한에 있는 배우자의 가족들을 자신의 가족이라 여기고 돈을 보내거나 연락을 하는 것을 지지하였다. 또한 서로의 어린 시절과 가정교육에서 '같음'을 찾고자 하였다. 아무리 남북한이 분단하여 대립적인 가치를 발전시켰다고 하더라도, 부모가 자녀들에게 전승한 정신적 가치는 다르지 않다는 것이다. 인간이 기본적으로 갖추어야 할 예의와 도덕, 부모의 자녀에 대한 관심과 사랑, 세상을 바라보는 비전이 자신에게 어떻게 경험되었는지 나누면서 공통점을 찾아갔다. 공통점을 찾아가면서 서로가 가진 폄하하는 편견이 해소되었고 서로의 문화를 더욱 존중하게 되기도 하였다.

두물머리에서 만난 남북한 이문화 부부는 서로의 고유한 모습을 인정하면서, 동시에 같이 섞일 수 있는 공통점을 찾아 나섰다. 서로가 환경에서 강요하는 이데올로기에 자유롭지 못하다는 것을 알고 각자의 편견을 배우자를 통해서 확인하면서 부정적 이미지를 해소하였다. 또한 서로가 함께 하거나 함께 하지 못하는 부모 형제에 대한 애틋한 사랑이 '같음'을 알게 되면서 적극적으로 배려하고 도와 나가면서 소용돌이로 인한 갈등을 줄여나갈 타협을 이룰 수 있었다.

라. 남한식과 북한식 선택하기: 본따오기

남북한 이문화 부부들은 갈등과 충돌을 해결하기 위해서 남북한의 방식 중에 한 가지를 선택하여 몰아주는 방법을 선택하기도 하였다. 어떤 일을 해결하는 데 남북한의 방법이 달랐을 경우, 더 나은 방법을 상대의 문화에서 찾는 것이었다. 남한 배우자들은 특히 북한 관련 서적을 읽으며 정보와 지식을 얻으려는 노력을 하였다. 이것은 상대에 대한 장점과 매력을 확인하는 과정과 병행되어 경험되었다. 서로가 갖는 장점들에 대해서 존중하고 확인하는 표현을 아끼지 않았다.

북한의 문화로 문제해결을 위한 타협을 하는 사례는 다음과 같았다. [가], [나] 부부의 경우는 북한 여자의 다부짐이 서로의 매력이라 여겼으며, 이를 통해 부부간의 할 일 들에 대해서 부인의 적극적인 역할을 지지하였다. [마], [바] 부부의 경우는, 남한 부인이 북한 남편의 센 자존심, 가장으로서 강한 책임감, 아끼려는 습관, 솔직하고 빨리 시인하는 순수함을 장점으로 찾아내었다. 북한 남자의 자존심과 가장으로서의 위치를 확인시켜주면서 남녀 역할에 따른 부부간의 갈등을 해결하고자 하였다. [사], [아] 부부의 경우는, 남편이 북한에서의 삶을 자주 이야기해주면서 남한 부인이 북한 문화를 잘 이해하도록 도왔고, 부인은 북한 남편의 적극성, 창조성, 자신감, 자연애를 북한적 매력이라고 여겼다. [자], [차] 부부의 경우는 북한 남편의 강한 정신력과 정의감을 인정하였고, 남한 부인이 경제적 활동을 통해 가족의 버팀목이 되어 남편의 활동을 적극적으로 도왔다.

남한의 문화로 문제해결을 위한 타협을 하는 사례는 다음과 같았다. [가], [나] 부부와 [다], [라] 부부의 경우는 남한 남성의 낭만적 애정표현과 각종 기념일(결혼기념일, 생일 등)에 보여주는 표현들에 감동을 받았다. 북한 여성 [다] 씨는 이러한 남한식 관습을 북한 오빠에게 적극적으로 알려주어 실천하도록 독려하기도 하였다. [자], [차] 부부의 경우에도 남편이 남한식 매너에 의미를 부여하고 이를 습득하려고 노력하는 모습을 보여주었다. [마], [바] 부부의 경우, 북한 남편이 부인을 '장자방'으로 삼아 남한 사회의 일상적인 문화들을 배워나갔다. 의식주에 관한 문제, 남녀의 역할(여자와 함께 한다는 것), 돈의 가치 등을 새롭게 익혔다. [사], [아] 부부의 경우는 북한 남편이 남한 남자보다 더 나은 모습을 보여주기 위해서 남한식을 몸소 익히는 것을 넘어서 요리, 여가, 공부 등에서 월등해지려고 노력하였다. 남한 부인은 자녀 양육과 집안 대소사를 챙기는 데에 남한식의 방식을 선택하였다.

남북한 이문화 부부들이 서로의 문화적 차이이며 가치관의 차이라고 여겼던 것들에서 서로의 장점을 확인하고 선택하여 타협을 찾아나갔다. 이러한 과정에서 두물머리에서 만난 이문화 부부들은 서로의 색깔을 유지하면서 새로운 타협안을 찾아 새로운 대안을 만들기도 하였다. 낭만적인 화려함보다는 실속 있는 선물이나 외식을 하였고, 현실적인 조급함보다는 여유 있는 목표를 세우기도 하였다.

마. 서로 성장하기: 정체성 확장

두물머리에서 갈등이 해결되고 타협되면서 부부는 서로가 발견한 장점들이 자신을 확대시키고 성장시킨다는 것을 알게 되었고, 새로운 도전에 자신감을 가지고 부부가 적극적으로 지지하였다. 남북한 이문화 부부의 숨겨진 문제를 사회적인 변화로 이끌려는 노력도 하였다. [가], [나] 부부는 통일 이후에 북한에서 간호사로 일하고자 하는 부인의 학업을 남편이 지원하였으며, 남편은 부인을 통해 연결 된 북한에 대한 관심을 가지고 개성공단에 지원을 하게 되었다. [마], [바] 부부는 북한관련 연구원인 남편의 글을 부인이 전공(신문방송학)을 살려 검토해줌으로써 자신의 재능을 적극 활용할 기회를 갖게 되어 자신감을 얻을 수 있었다. [사], [아] 부부는 남편이 자신의 실력을 키우기 위해 진학하는 것을 지지하고, 이를 위해 부인이 간호사로서 직장에 다니기 위한 노력을 하였다. [자], [차] 부부는 책과 사람들을 접하면서 북한에 관한 지식과 관심을 확대하게 되었고, 어려움을 극복하면서 신앙에 대한 힘과 자부심을 갖게 되었다.

이와 같이 서로에 대한 필요성을 확인하면서 남북한 이문화 부부들은 자신의 영역을 넓혀갔다. 위탁부모 역할을 통해 '사회에 무언가 줄 수 있다'는 자신감과 실천을 보여주거나, 북한에 대한 주변의 편견을 줄일 수 있도록 정보를 제공하는 노력을 하였다. 이들은 부부간의 관계 개선에 머무르지 않고 남북한에 대한 사회적 시선을 바꿀 수 있도록 참여하고 옹호하는 활동을 하며 변화를 이끌어가고 있다.

남북한 이문화 부부의 가족과정 경험의 의미에 대해 종합적으로 살펴볼 때, 남북한 이문화 부부는 만남과 결혼, 부부 생활을 해나가면서 남북한이 분단 상황으로 인해 가져온 사회적 편견과 문화에 영향을 받아 개인적이고 문화적인 차이로 인한 도전과 갈등을 겪지만, 이를 변화와 타협의 원동력으로 삼아 건강한 부부관계로 발전시키고 있다. 이들은 남북한에 대해 관념적이고 이분법적 논의에 대해 가족과정 내내 도전하며, 어느 사회에서나 고유하게 가지는 인간의 총체적 삶을 찾아내어 자신만의 고유한 경험을 유지하고 서로의 색깔을 섞어보는 실험을 통해 그들만의 방법들을 찾아내려고 노력하였다. 연구자는 남북한 이문화 부부의 〈두물머리 만남의 과정〉이 갈등과 도전에서 타협과 변화를 찾아가는 과정이라 보았으며, 만남, 그리고 섞임과 다름을 통해서 가족이 된 그들만의 새로운 삶들이 한강으로 가는 오색물로 이어져 통일과정의 희망을 보여주는 것이 되리라고 해석하였다.

두물머리의 사연을 아는가
- 전영택 -

두물, 두 물, 두 물줄기
어원을 찾고자 함이야 아니라 하나
필경 물줄기에 사연이 없을 리 없지
그 사연 궁금하여 두물머리 찾아왔다

금강산 골짝마다 솟는 샘물 북한강 되고
태백 금대봉 건룡소 쏠는 물 남한강 되니
하나같이 태백산맥 산 속에서 발원하여
약속이라도 한 듯 만난 곳이 두물머리라

예서 만난 숫물 북한강과 암물 남한강,
음양의 조화는 하늘이 정한 이치이거늘
운우지정 나눈 끝에 옥동자를 낳았으니
일컬어 위대한 민족의 젖줄, 한강이어라!

사백 년 도당 할아버지 느티나무는
도당 할머니 수장한 후 홀아비 되었지만
거대한 물길 깊은 곳에 있을 아내 생각으로
오늘도 짙은 잎새 무수히 달고 강심을 지킨다

펼쳐진 산세는 강물이 있어 아름다운지
강물은 산이 있어 마르지 않음인지
민족의 역사 지켜 온 강산은 화려할 뿐이어서
몇 번이고 주변 경관 고루 보다 사랑에 빠진다

나그네는 이렇게 기도하고 발길을 돌린다
남과 북의 물이 예서 만나 하나 되었듯
남과 북의 사람도 예서 만나 하나 되게 하소서
두물머리는 이 소원을 기적처럼 이룰 것이리니!

출처: 『두물머리의 사연을 아는가』에서, 2004

결 론

남북한 이문화 부부의 가족경험은 갈등과 도전을 극복하고 변화와 타협을 만들어 가는 과정이다.

이러한 과정에서 보여준 부부들의 내러티브는 남북한의 동질성과 이질성의 분리된 논의를 통합 발전시키고, 다양하게 서로 성장할수 있는 기회가 됨을 보여주고 있다.

A. 요약 및 결론

본 연구의 목적은 남한과 북한에서 각각 다르게 성장한 성인들이 부부 관계를 형성하여, 가족 내·외부의 다양한 도전들에 대처하는 가족 상호 작용, 즉 가족과정을 어떻게 경험하는지 이야기(내러티브)를 통해 탐색하고 심층적으로 이해하고자 하는 데에 있다.

남북한의 분단 상황으로 인해 남북한 사람들은 문화적 이질감을 경험하고 있다. 통일 과정에서 이로 인한 사회적 문제가 예상되고 있으며, 남북한 사람들이 가족을 이루었을 때는 심각한 가족 문제로 이어지게 될 것이다. 이에 본 연구는 남북한 이문화의 문제를 가장 대등하고 밀접하게 경험하는 남북한 이문화 부부를 대상으로 '그들의 가족과정 경험은 어떠한가?'와 '그 경험의 의미는 어떠한가?'를 연구 문제로 설정하여 이들의 경험을 자세히 들여다봄으로써 문제해결을 위한 구체적이고 문화적으로 민감한 사회복지적 대안 논의를 시작해 보고자 하였다.

본 연구자는 연구의 목적을 충족시켜 줄 만한 연구 논리로 사회문화적 구성주의를 제시하고 이에 적합한 연구 방법으로 내러티브 탐구 방법을 채택하였다. 사회문화적 구성주의 논리를 가진 내러티브 탐구 방법은 남북한 이문화 부부의 목소리를 조각내지 않고 드러낼 수 있으며, 무엇보다 부부만의 개인적인 은밀한 경험과 이들을 둘러싼 사회적 시각을 심층적으로 이해하는 데 매우 유용한 연구 방법이었다. 본 연구의 참여자는 남한에 거주하는 남한 주민과 북한 이주민 부부를 대상으로 하였으며, 결혼기간이 2년 이상으로 현재까지 결혼 생활을 유지하고 있는 부부 다섯 쌍(총 10명)이었다. 자료 수집기간은 2003년 10월부터 2004년 8월까지 총 11개월 동안 이었다. 자료 수집은 주로 심층 인터뷰와 관찰을 통해 이루어졌다. 분석을 위한 자료원으로 녹취 후 필사본으로 작성된 면담 자료, 현장노트, 연구일지, 연구자와 주고받은 편지, 참여자의 저술 등이 포함되었다.

  분석과정은 먼저 현장텍스트(수집된 자료들)를 행간을 따라 반복하여 읽으면서 분석적 메모를 통한 내러티브 주제를 전개하였다. 추가로 확인된 자료를 포함하여, 내러티브적 코딩을 한 후에 전체저-내용 분서을 통해서 연구 텍스트를 전개하여 각 참여자의 이야기를 재구성하고 그들의 경험이야기를 다시 썼다. 다음으로 분류적-내용 분석을 통해서 경험의 의미를 도출하고자 하였다. 연구 참여자 각 이야기를 연구 문제와 사회적 가치에 초점을 두고 모든 내러티브를 관통하는 '의미'를 찾기 위해 분석과 해석이 반복되는 과정을 거쳤다.

  상기의 과정에서 이끌어 낸 남북한 이문화 부부의 가족과정 경험에 대한 이야기는 아래 〈표 4〉에서 정리한 바와 같았다. 먼저 북녀남남 유형의 부부는 두 쌍의 이야기가 연구되었는데, [가], [나] 부부는 〈결혼해 준 은인과 생명의 은인〉, 〈부모형제 없다는 반공교육과 인정이 살아 있는 북한〉, 〈말을 막는 북한과 이중적으로 말하는 남한〉, 〈단 세 번의 기회와 무한 기회〉, 〈구속과 통제가 싫은 부인과 노심초사 남편〉, 〈철저한 부인과 느슨한 남편〉, 〈냉정한 남한과 능력 있는 북한 사람〉, 〈애틋한 사랑 확인하기〉이었다. [다], [라] 부부는 〈깨끗한 여자와 안전한 남자〉, 〈절대 믿음과 종교의 자유〉, 〈낭만을 즐기고 싶은 남편과 사치로 보는 부인〉, 〈내 집에서 살기와 친정에서 살기〉, 〈기념일 챙기는 남한 남자와 낯선 북한 가족들〉, 〈내 가족으로 잘 챙기기〉, 〈모르면 자연스레 물어보기〉이었다.

  본 연구에서 나타난 남남북녀 부부 유형의 특징은 결혼 성립과정에서부터 안정과 안전한 남편을 찾는 북한 여성과 20-30년 뒤진 순진하고 순종적인 부인을 찾는 남한 남성의 결합이었다. 남한의 결혼 시장에서는 열악한 위치에 있는 남한 남성들(나이가 많거나, 가족이 없거나, 재정적 능력이 약하거나)이 자신보다 더 약자인 조건을 가진 여성과 결혼하는 것이다. 사회가 만들어낸 북한 여성의 이미지를 반영하듯 북한 여성은 다정

다감하고 세심한 남한 남편에 만족한다. 그러나 남북한의 일상적인 문화적 차이와 더불어 남한 남편이 기대하지 못했던 북한 여성의 강하고 독립적이며 타협하지 않는 모습을 경험할 때는 당황하고 갈등이 일어났다. 본 연구에서는 가족과 직장이 있는 [다] 씨와 가족과 직장이 없는 [가] 씨의 경험이 다소 차이가 있었고. [다] 씨는 남한 사회에서 살아가는 데 가족자원이 중요함을 보여주는 사례였다.

〈표 4〉 남북한 이문화 부부의 가족과정 경험 이야기 주제어

		북녀남남		남녀북남		
		[가], [나] 부부	[다], [라] 부부	[마], [바] 부부	[사], [아] 부부	[자], [차] 부부
만나기까지		[가] 조선족 위장 북한 여성: 코리안드림	[다] 북한가족과 함께 탈북, 남한에서 안정된 환경, 직장	*재혼부부 [마] 사춘기 자녀를 둔 이혼 여성	[사] 가족에게 경제적 지원을 하던 전문직 여성	[자] 미국배경을 가진 전문직 성공한 콧대 높은 노처녀
		[나] 도시저소득층 노총각	[라] 원가족의 지원 없는 노총각	[바] 북에 처자식을 두고 탈북한 남성	[아] 성실하고 남한남자보다 더 노력하는 북한 남성	[차] 엘리트 출신 정의의 사도로 사는 북한 남성
만남과 결혼		결혼해준 은인과 생명의 은인	깨끗한 여자와 안전한 남자	순수와 경계	적극적인 남자와 전문직 여성	환상과 안식처
		부모형제 없다는 반공교육과 인정이 살아 있는 북한			내 눈에 흙이 들어와도 안 된다와 부럽다	

	북녀남남		남녀북남		
	[가], [나] 부부	[다], [라] 부부	[마], [바] 부부	[사], [아] 부부	[자], [차] 부부
갈등과 도전	말을 막하는 북한과 이중적으로 말하는 남한	절대 믿음과 종교의 자유	빼앗은 미안함과 버린 죄책감	북한 사람은 낮다와 결코 낮지 않다.	순종을 바라는 남편과 거부하는 아내
	단 세번의 기회와 무한 기회	낭만을 즐기고 싶은 남편과 낭만을 사치로 보는 부인	북한과 남한의 부부관계는 다르다.	북한은 다르다와 우리와 같다	사상성 없는 아내와 시대착오적인 남편
	구속과 통제가 싫은 부인과 노심초사 남편	내 집에서 살기와 친정에서 살기	북한빨갱이와 남한 빨갱이	북한 가족이 먼저냐 와 남한 가족이 먼저냐	본질추구와 로마에 오면 로마법
갈등과 도전	철저한 부인과 느슨한 남편	기념일 챙기는 남한 남자와 낯선 북한 가족들	무조건비판과 현실적 비판	북한식과 남한식	빵만으로 살수 없는 남편과 빵을 벌어오는 아내
	냉정한 남한 사람과 능력있는 북한 사람		남녀유별과 남녀협조	북한아빠와 남한엄마	눈먼 사랑과 야수적 행위
			돈은 곧 권위와 돈은 돈일뿐		흑백논리와 편리의 가치
타협과 변화	애틋한 사랑 확인하기	내 가족 잘 챙기기	북한 이주민과 같은 운명체로 살기	북한에 대해 낭만적으로 공감하기	남한과 북한의 모습 돌아보기
		모르면 자연스레 물어보기	북한 자존심 지켜주기	인정받기: 남한남자보다 낫다.	남한식 매너의 의미찾기와 배워보기
			장자방되어 가르치기	중간자적 입장 취하기	남북한 가족 새로 만들어가기
			세대주의 책임감 확장하기		

다음으로 남녀북남 유형의 부부는 세 쌍의 이야기가 전개되었다. [마],
[바] 부부는 〈순수와 경계〉, 〈미안함과 죄책감〉, 〈북한과 남한의 부부관
계가 다르다〉, 〈북한빨갱이와 남한빨갱이〉, 〈무조건 비판과 현실적 비판〉,
〈남녀유별과 남녀협조〉, 〈돈은 곧 권위와 돈은 돈일뿐〉, 〈북한 이주민과
같은 운명체로 살기〉, 〈북한 자존심 지켜주기〉, 〈장자방이 되어 가르치
기〉, 〈칭찬합시다〉, 〈세대주의 책임감 확장하기〉이었다. [사], [아] 부부
는 〈적극적 남성과 전문직 여성〉, 〈내 눈에 흙이 들어와도 안 된다와 부
럽다〉, 〈북한 사람은 낮다와 낮지 않다〉, 〈북한은 다르다와 우리와 같다〉,
〈북한 가족이 먼저냐와 남한 가족이 먼저냐〉, 〈북한식과 남한식〉, 〈북한
아빠와 남한 엄마〉, 〈북한에 대해 낭만적으로 공감하기〉, 〈남한 남자보다
낫다〉, 〈중간자적 입장 취하기〉이었다. [자], [차] 부부는 〈환상과 안식
처〉, 〈순종을 바라는 남편과 말도 안 되는 소리〉, 〈사상성 없는 아내와
시대착오적인 남편〉, 〈본질추구와 로마에 오면 로마법〉, 〈빵만으로 살 수
없는 남편과 빵을 벌어오는 아내〉, 〈눈먼 사랑과 야수적 행위〉, 〈흑백논
리와 편함/불편함의 논리〉, 〈남한과 북한의 모습 돌아보기〉, 〈남한식 매
너의 의미찾기와 배워보기〉, 〈남북한 가족 새로 만들어가기〉로 나타났다.

남녀북남 부부 유형의 특징은 결혼 성립과정에서부터 북한 남성에 대
해 환상, 연민, 동정을 가진 남한 여성과 남한 사회에서의 적응, 안식처를
찾기 위한 북한 남성과의 결합이다. 북녀남남 유형 부부보다는 결혼기간
이 상대적으로 길었다. (이는 90년대 중반까지는 탈북남성의 숫자가 월등
히 많았던 때문으로 보인다.) 남한 여성의 사회적 지위는 매우 다양했지
만 북한 남성보다는 사회적 지지자원이 많은 위치에 있다. 이에 비해 북
한 남성은 상대적으로 약했지만 안정적인 직장을 가지고 있었다. 그러나
가족과정에서는 북한 남성이 가부장적인 우월한 위치를 가지고자 하였고,
이로 인해 남한 아내와의 갈등이 컸다. 사회경제적 지위와 가부장적인 지
위가 상충되면서 빚어지는 갈등이었다. 남한 여성은 가족 내에서 여성의

의사결정이 존중받아야 하며, 특히 적응을 하기 위해서는 따라야 한다는 입장이었다. 북한 남성은 가장으로서의 책임감과 관련된 것으로 의사결정권을 가지길 원했다. 자신이 하기 어려운 일들은 부인에게 일임하였다. 이것은 상의하는 것이라기보다는 지시나 포기에 가까웠다. 북한인으로서의 정체성을 고수하려는 정도에 따라 부부간의 갈등의 차이가 나타났는데, [아] 씨의 경우 남한 남성처럼 전격적인 변화노력을 함으로써 가부장적인 이유로 인한 갈등은 별로 없었다. 남녀북남의 부부에서 가부장적인 태도가 갈등과 타협에 중요한 영향요인이었다.

이러한 5쌍의 부부 이야기를 통해 도출된 남북한 이문화 부부의 가족과정 경험의 의미는 〈두물머리에서 만나는 과정〉이라는 은유적 의미로 도출되었다. 이것은 '남북한의 이문화 간 상호작용 과정(intercultural process of the North-South Koreans)'을 의미하는 것으로, 남한 주민과 북한 주민들이 하나의 가족을 이루면서 문화적 차이로 인해 경험하는 심리·관계·사회적으로 당면한 갈등과 도전에 대해 능동적으로 타협과 변화를 만들어가며 상호 교류하고 새로운 문화를 만들어가는 역동적인 과정을 의미한다. 이 과정은 두물머리 수면 위의 장소와 수면 아래의 장소로 다시 나뉘어 해석되었다.

사회구조적 의미를 반영하는 수면 위의 장소는 〈두물머리에서 우리는 같음〉과 〈두물머리에서 우리는 다름〉으로 의미를 찾았다. '우리는 같음'의 의미는 남북한이 한민족이며 남북한 사람들의 부부관계는 동문화 부부관계라는 사회적 담론을 채택하면서 부부들이 문화적 차이를 없애고 감추는 경험으로 분석되었다. '우리는 다름'의 의미는 남북한은 분단으로 인해 다르다는 담론을 갖고 실제 생활에서의 문화적 차이점을 인정하는 이문화 부부관계라는 담론을 채택하며, 서로의 갈등을 해결하기 위한 적극적인 대안을 찾는 노력으로 분석되었다.

심리적·관계적 의미를 반영하는 수면 아래의 장소는 〈두물머리에서 준비 없는 만남-낯선 물보라〉, 〈두물머리에서 혼란스레 섞임-굽이치는 물살〉, 〈두물머리에서 만난 서로 다름-거센 소용돌이〉과 〈두물머리에서 찾은 서로 다양함-흐르는 오색물〉로 해석되었다. '만남-물보라'의 의미는 남북한 이문화 부부의 독특한 만남의 과정으로 의심과 호기심, 부러움과 우려가 만나는 경험과정을 보여주고 있다. '섞임-물살'의 의미는 남북한 이문화 부부의 심리 정서적 도전과정으로 놀람, 모호함과 불확실성, 당황과 어이없음, 화와 불쾌함의 경험과정을 보여주고 있다. '다름-소용돌이'의 의미는 남북한 부부의 관계적 도전과정으로 자존심, 언어 습관, 돈의 가치, 남녀역할, 관습, 행동방식, 가치, 양육방식에서의 서로 다른 경험을 보여주고 있으며, '다양함-오색물'의 의미는 남북한 이문화 부부가 선택한 타협과 변화의 과정으로 갈등을 개인과 문화의 복합적인 차이로 이해하는 정서치유, 서로 다름을 받아들이는 상생, 공통점으로 찾은 가족애, 남한식과 북한식 중 선택하는 본따오기, 서로 성장하는 정체성의 확장으로 나타났다.

본 연구에서 궁극적으로 보여주고 있는 남북한 이문화 부부의 문화적 의미는 그들이 개인적이고 문화적인 차이로 인해 전형적인 어려움들을 겪지만, 대부분의 부부들은 문화 간의 경험을 통해 자기 자신을 돌아보며 자신의 삶을 도전적으로 더욱 풍성하게 만드는 것을 알 수 있었다. 이러한 긍정적인 성장은 이문화 간에 성공적으로 상호 작용하는 사람들이 문화적 어려움을 극복하고 결과적으로 사회의 다양한 사람들의 관점을 이해할 수 있는 능력 있는 개인으로서 자신의 이미지를 발전시키는 것을 말한다. 또한 다른 사람의 관점이나 삶의 방식에 관해 더 풍부한 지식을 가질 수 있고 따라서 다른 사람들의 갈등과 문제를 더 잘 이해할 수 있게 되고 그들이 찾은 대안은 사회의 성장을 가능하게 하는 것임을 의미한다.

이와 같은 남북한 이문화 부부의 가족과정 경험의 의미 분석 결과는 그동안 남북한 이질화 문제를 다루었던 분석적 개념들을 일상적인 상호작용 속에서 확장시켜 주었다. 이들이 보여준 갈등과 타협과정의 개념들은 구체적이지 않고 대립적 개념이었던 남북한 특성을 다양하고 상보적 개념으로 다시 바라보게 한 것이다. 특히 본 연구에서 채택한 사회문화적 구성주의 논리는 남북한 부부들이 자신들의 경험을 해석하고 재해석하면서 부여한 의미들의 다양함을 찾아내는 데 도움을 주었고, 구조주의적 시각에서 찾은 개념들을 해체하고 재정립시키는 역할을 하였다. 대표적으로 남북한의 특성으로 논의되어 온 남북한의 돈의 가치, 배급제에 대한 시각, 가부장적 특성 등에 관한 기존 개념들이 해체되고 재구성되었다. 의심과 호기심의 만남, 부러움과 우려됨의 만남, 놀람에서 불쾌함까지 감정, 텃세와 배짱 사이, 직설과 간설 사이, 절대와 상대 가치 사이, 차별과 유별 사이, 무심과 세심 사이, 경쟁과 저돌성 사이, 단일과 다양성 사이, 집단 내 독립과 가정 내 보호 사이로 남북한 이문화 부부의 갈등과 도전을 설명하는 개념들이 확장되고 이분법적 틀을 벗어남을 보여주었다. 또한 지금까지 제대로 밝혀지지 않았던 남북한 사람들의 타협과 변화 과정을 정서 치유, 상생, 가족애, 본따오기, 정체성 성장 등 새로운 개념들로 설명할 수 있게 되어, 남북한의 동질성과 이질성의 분리된 논의를 통합 발전시켰다. 남북한 부부들의 삶 속에서 이러한 의미들의 해체와 확장 그리고 생성은 남북한의 이질화를 두려워하지 않고, 갈등과 대립으로 인한 어려움과 해결까지 많은 시간이 걸렸지만, 이것이 해결될 수 있고 다양화되어 성장할 수 있는 기회가 됨을 보여주고 있는 것이다.

그런데 본 연구는 결혼과정이 성공적으로 지속되고 있는 부부들의 이야기를 탐색하고 분석한 것이다. 이들이 나름대로의 방식으로 남북한 이문화 문제를 해결해 나갔지만, 상당한 문제들은 여전히 갈등과 도전으로 남아있는 상태이다. 구체적으로 북한식 행동 양식, 남한식 관습, 남북한의 식문화, 재정관리, 양육 문제 등은 본 연구에 참여한 부부들이 앞으로 지속적으로 해결해 나가야 하는 미해결 과제로 나타났다. 이들은 많은 도전과 갈등을 스스로 해결하고자 하고, 주변의 도움을 얻고자 노력하였다. 이웃, 친구, 가족들이 중요한 중재적 역할을 하고 있는 모습도 나타났다. 그러나 이들이 별거와 이혼, 가정폭력 등의 위기에서도 사회복지사나 전문가의 도움은 거의 없었다. 그동안 이들의 경험은 사회적 소수자로서의 비밀스런 이야기로 전해져 오거나, 사회적 편견의 영향으로 소극적인 해결 방법을 답습하는 경우도 많았다. 이제는 사회복지전문가들의 관심과 개입이 필요하다는 것을 보여주고 있다. 상당한 시간 노력과 시행착오를 거쳐 적극적인 방법을 찾아낸 성공적 이야기들은 실천가와 유사한 도전을 받는 남북한 부부들에게 힘이 될 수 있을 것이며, 사회적 변화를 위한 적극적인 옹호활동을 가능하게 할 것이다.

또한 본 연구는 내러티브 탐구 방법을 통해 심리, 관계, 사회적 맥락에서 서로 다른 특성을 가진 남북한 이문화 부부 사례를 총체적으로 다루면서, 남북한 이문화 부부 연구의 논쟁점을 다룰 수 있게 도왔다. 우선, 기존의 연구에서 남남북녀 부부 유형과 남녀북남 부부 유형의 경험이 혼재되어 다루어져 유형별 특성이 존재하는지에 대한 검토가 필요했다. 유형별 특성을 정리하면, 북녀남남 부부 유형에서는 북한 여성에 대한 문화적 이해와, 가족의 유무가 갈등과 타협에 중요한 영향요인이었고, 남녀북남 부부 유형에서는 남북한의 가부장적 태도에 대한 이해가 중요한 요인으로 나타났다. 다음으로 연구 과정에서 남북한 이문화 부부의 경험이 개인적 차이와 문화적 차이로 구분될 수 있는지에 대한 논의가 요청되었는데, 연구 참여 부부들은 남북한 이문화 부부의 경험이 개인적인 것과 문화적인 것의 결합으로 복합적으로 이해되어야 한다고 분석하였다. 이들은 부부 갈등을 개인적인 이유, 혹은 문화적인 이유에서만 바라볼 때 오히려 문제해결에 도움이 되지 않았음을 보여주고 있지만, 연구자는 추후연구를 통해 다룰 부분으로 남겨두었다. 끝으로, 남한이라는 동일문화에서 성장한 부부들과 남북한 이문화 부부들과의 경험 차이가 있는지에 대한 논의도 요구되었다. 남남부부의 갈등은 재정적인 관리의 문제, 친척관계, 성역할 기대, 의사소통문제, 배우자의 무관심과 부정행위 등에 원인이 있으며, 성격 차이, 사회경제적 배경, 연령, 가족생활주기에 따라 차이를 보인다고 하였다(한남제, 1989; 김재경, 1992 등). 이와 비교해서 본 연구에서 나타난 남북한 이문화 부부의 갈등은 표출된 양상은 유사하게 보이지만 그 원인에 있어서는 상당한 차이가 있음을 나타내고 있다. 예를 들어 성역할의 기대가 남남 부부와 남북한 부부에게 공통적 갈등으로 나타나지만, 갈등의 원인을 설명하고 해석하는 '준거 기준(the framework of reference)'은 남한 문화냐, 북한 문화냐에 따라 다르게 적용되고 있기 때문이다. 이상과 같은 논쟁점 외에도 앞으로 연구에서는 남북한 이문화 부부의 결혼 유형과 기간에 따라, 자녀의 연령에 따라, 보다 본질적인 남북한의 문화적 차이를 설명할 수 있는 세분화된 초점을 가지고 경험의 특수성과 일반화를 위한 노력을 해나가야 할 것이다.

끝으로, 본 연구는 사회복지 실천적 대안 마련을 위해서 문화적으로 민감한 사회복지적 실천의 필요성을 제시하고자 하였다. 그동안 우리의 사회복지 실천 현장에서는 보편주의적 관점이나 동화주의적 관점으로 개입하여 사회적 소수자, 북한 이주민에 대한 '문화적 역량(cultural competence)'을 키우는 데에는 소홀하였다. 남북한 이문화 부부의 가족과정 경험과 그 의미를 탐색한 결과는 사회복지사에게 문화적 의미의 중요성과 필요성을 알려주고 남북한에 관한 문화적 역량을 키우는 데 기여를 할 것으로 보인다.

요컨대, 본 연구는 다양한 남북한 이문화 부부의 가족과정을 조망하여 보았다. 이러한 연구는 남북한의 문화적 이질화로 인한 사회 갈등과 해결을 탐색하도록 도울 것이다. 본 연구에서 수행한 사회문화적 구성주의에 입각한 내러티브 탐구 방법을 통해 발견한 개념, 의미들은 남북한이 교류하는 다양한 사회 체계의 경험을 이해하는 데 적용 가능할 것이며, 후속 연구와 실천에 있어서 내용을 더욱 풍성하게 하는 데 도움을 줄 것이다.

B. 연구의 함의

본 연구는 남북한 이문화 부부를 대상으로 그들의 가족과정 경험과 그 의미를 해석하였다. 이에 본 연구의 연구 결과물이 어떤 사회복지적 함의를 가지는지 살펴보면 다음과 같다.

1. 이론적 함의

본 연구의 결과를 통해 얻을 수 있는 이론적 함의는 다음과 같다.

첫째, 본 연구는 그동안 거시적이고 피상적으로 다루어졌던 '남북한 이문화' 문제를 가족 내 부부간의 경험으로 미시적이고 세밀하게 직접 관찰하여 보다 구체적인 논의를 가능하게 하였다. 본 연구는 남북한 이문화 부부의 삶을 조망하는 데 가족과정이론을 틀로 제시하여 가족의 도전과 변화과정을 살펴보았다. 가족의 삶을 가족생활주기나 가족 체계로 쪼개지 않고 들여다보지 않음으로서 총체적(holistic) 가족복지 연구를 시도하였다. 이는 남북한 사람들이 일상생활에서 함께 생활하며 보여주었던 실제 경험 내용들을 통해 남북한의 특성을 심도 있게 살펴보는 데 기여할 수 있을 것으로 보인다. 특히, 본 연구에서 발견한 남북한 이문화 부부의 삶에 관한 일상적인 의미 표현들은 그동안 어휘의 부족으로 논의가 어려웠던 남북한 이문화의 다양한 모습들을 이해하도록 도울 것이다. 그동안 남북한 이문화를 설명하는 어휘들은 남한과 북한의 자문화중심적인 대립과 대치의 가치를 지닌 표현들이 다수였다. 남북한의 문화를 이분법적으로 보아왔던 어휘 표현들은 본 연구를 통해 '공존'할 수 있는 의미 표현들로 다양화 되었다.

둘째, 본 연구는 남북한 이문화 부부의 가족과정 경험을 있는 그대로 구체적으로 제시하고, 그 경험이 가진 의미를 해석함으로써, 이문화 부부의 드러나지 않았던 삶의 모습을 이해할 수 있었다. 특히, 그동안 남북한 이문화 부부의 감정적 경험에 관해서는 밝혀진 바가 없었는데, 본 연구를 통해 남북한 이문화 부부의 심리 정서적 경험을 이해할 수 있었다. 이는 남북한 사람들이 일상생활에서 서로 상호 작용할 때 겪을 수 있는 감정적 경험에 대한 이해를 높이는 데 기여할 것으로 본다. 또한 그동안 남북한 이문화 부부가 겪어온 사회적 시선에 대한 문제들과 북한 이주민이 경험하는 사회적 편견/선입견에 대해서 대략적으로만 알려져 왔다. 본 연구를 통해서 사회적 시선과 편견에 대해 구체적으로 알 수 있었고, 나아가 그것을 남북한 부부들은 어떠한 전략을 통해서 해결해나가는지 알 수 있었다. 이러한 남북한의 문화, 이문화 부부가 보여준 삶의 새로운 의미들은 앞으로의 연구와 이론적 논의를 보다 풍부하게 하는 데 기여를 할 것이다.

셋째, 그동안 기존 연구들에서 남북한이 어떻게 다른지, 남북한 사람들이 어떻게 갈등하는지는 문헌 및 북한 이주민의 증언을 통해 어느 정도 가늠할 수 있었다. 하지만 어떻게 이를 해결, 조정, 타협해 가는지에 대해서는 논의가 거의 없었다. 본 연구에서는 남북한의 문제를 부부가 가족과정을 통해 문제를 어떻게 변화 및 타협시키는지에 대해서 심층적으로 탐색하여 구체적으로 제시하였다. 이러한 연구 결과는 이제까지 북한 이주민의 남한 사회 적응이라는 동화주의적 시각을 가지고 접근해 오던 사회복지 연구의 시각이 북한 이주민의 일방적 적응이 아닌 남북한의 상호적 교류가 가능한 대등하고 다원주의적 시각으로 변화할 필요가 있음을 보여주고 있다. 나아가 이러한 구체적이고 사실적인 경험이 제시하는 정보들을 통해서 사회복지사들은 문화적으로 민감한 사회복지 실천의 토대를 마련할 수 있을 것이다.

넷째, 본 연구는 그동안 가족복지 실천 연구에서 제대로 다루어지지 못해왔던 이문화 부부 문제에 관한 심층적 연구를 수행하였다는 데 의의가 있다. 외국인 노동자의 가족, 외국인 처녀와의 결혼 등 사회 내 다양한 문화들의 교류과정에서 사회 및 가족 문제가 심각하게 진행되고 있음에도 사회복지학적 관심은 미미한 수준에 머물러 있다. 이에 본 연구의 연구과정과 다원주의적 시각을 바탕으로 다양한 이문화 가족들에 초점을 맞추어 다양한 사회 문제에 접근할 수 있을 것으로 보인다.

2. 방법론적 함의

본 연구의 설계가 앞으로의 사회복지 연구 현장에 주는 함의는 다음과 같다.

첫째, 본 연구의 논리와 방법은 연구자가 관찰하는 사람들을 그 사람들의 관점에서 이해하려는 시도-그들의 감정, 그들의 실제에 대한 견해, 연구자가 관찰하는 대상이 그들에게 주는 특별한 의미를 이해하고자 하는 시도-를 가지고 있다. 이는 질적 연구조사에서 중요한 원칙이며 '이해'를 의미하는 'verstehen'은 이미 사회복지에서 잘 알려진 사회복지 실천 개념인 감정 이입(empathy)과 상당히 일치한다(Rubin & Barbie, 1998:412). 특히 사회구성주의 관점은 연구자/사회복지사와 삶과 문제의 전문가인 클라이언트를 동등한 권력을 가진 관계로 바라보는 것을 지향하며, 현 사회적 환경으로부터 기인하는 장애들과 이러한 사회적 장애들을 극복하는 대안(클라이언트의 결점이 아니라)에까지 초점을 둔다. 따라서 본 연구 설계는 이문화 부부를 대변하는 기회를 제공할 것이다. 사회복지의 목적 중의 하나는 억압/차별받는 사람들을 대변하는 것이다(Lundblas, 1995; Kim, 2003:55). 연구자는 차별받는 연구 참여자들의 욕구에 참여와 협력을 해야 하며(Barnes, 1996:110), 이들에 대한 책임성을 함께 갖는다(Shakespeare, 1996). 사회적 소수자인 남북한 이문화 부부를 대상으로 하는 연구를 통해 연구자는 함께 그들의 삶에 참여하고, 그들을 대변하는 기회를 동시에 가질 수 있다. 이는 연구와 실천의 연계를 가능하게 도울 것이다.

둘째, 사회복지연구자에게 내러티브 연구 방법은 깊이 있는 묘사(thick description)(Laird, 1994)와 인문과학자 입장에서 유사 경험 환경(experience-near mode)(Cohler, 1994)을 제공해주며, 어떻게 사람들이 의미를 만드는지 알게 도와준다. 내러티브 방법은 그들이 살아왔던 경험, 살아가고 있는 경험에 대해 더 큰 존중(감사)을 할 수 있는 이야기를 하게하고 들을 수 있는 기회를 제공하게 될 것이다(Tobin, 1994:200-201). 또한 연구 참여자의 경험을 사람들에게 알려서 이해를 돕고, 유사한 환경/상황에 있는 사람들에게 유용한 정보를 제공한다. 경험을 나누는 것은 그 자체로 힘이 된다. 삶의 경험(인생 경험)의 의사소통은 왜곡된 인식을 수정하고 인간의 다양성을 이해하는 데 교육적이다. 인간 경험을 충분히 풍부하게 소개하는 질적 연구로서 내러티브 방법의 활용은 중요하다. 또한 연구기법으로서 직접 대면(face to face)하여 얻은 개인의 내러티브는 사회복지사와 학생들에게 유용하다. 사람들의 과거의 경험을 재구조화하는 내러티브 연구는 그때의 사회 역사적 맥락의 이해를 제공하고, 어떻게 사람들이 인식하고 대응해나갔는지 이해를 돕는다. 북한 이주민들, 그들과 함께 사는 남한 주민들의 경험을 담은 내러티브를 수집하는 것은 북한 사람들의 문화에 대한 이해를 돕는 동시에 남북한 사람들이 어떻게 함께 해나가는지 방법을 배울 수 있는 기회가 되며, 지난 50년의 대립과 반목으로 인한 편견을 서로가 극복하는 데 도움을 줄 것이다.

셋째, 이야기하는 사람(참여자)과 듣는 사람(연구자)을 위해 개인의 내러티브 연구는 중요하다. 내러티브 연구자는 연구 참여자가 과거를 재구조화하는 것을 막지 않고 그들의 인생 이야기를 듣는다. 때때로 생애사를 들은 후에 인간행동 이론들과 접근들이 우리에게 강요된 구조였음을 일깨우게 되기도 한다. 이야기하기 그 자체로 사람의 통합성을 향상시켜주기 때문에, 질적 연구 과정 속에서 문제해결 과정을 경험하게 되기도 한다. 본 연구의 참여자들은 연구 과정을 통하여 남북한 이문화 부부에 대한 사회적 관심과 지지를 확인하고 자신감을 가지면서 정서적으로 쌓아두었던 감정들을 해소할 수 있었다. 남북한 이문화 부부의 고유한 이야기를 털어 놓으면서 객관적으로 문제를 재정의할 수 있었다고 하였다. 이에 내러티브 탐구 방법이 고유한 경험을 하는 사람들의 이야기를 연구하는 데 중요한 도구가 될 뿐만 아니라 이들의 문제에 개입하는 방법으로도 효과적이라 여겨진다.

3. 실천적 함의

본 연구의 결과가 사회복지 실천에 시사하는 함의는 다음과 같다.

첫째, 본 연구 결과 남북한 이문화 부부가 만남에서 결혼까지 서로에 대한 정확한 정보가 없는 것으로 나타났다. 남북한 문화 간을 이동하는 (이문화) 사람들의 실제적 경험을 이해하는 것은 그들로 하여금 앞으로 일어날 문화 간 상호작용에 더 잘 준비하도록 도울 것이다. 그동안 사회적 편견에 의한 정보나 주변사람들의 주관적인 조언에만 의존하여, 결혼생활에 대한 막연한 생각만으로 결정하는 경우가 많았다. 본 연구 참여자들은 성공적으로 결혼 생활을 유지하고 있었지만, 그들의 주변에 10쌍 중 9쌍은 이혼을 하였다고 하였다. 남북한 이문화부부의 성공적인 가족생활을 위한 사전 정보로서 본 연구의 결과가 활용되어 도움이 될 수 있다. 구체적으로 '남북한 이문화 예비부부를 위한 프로그램'을 운영할 수 있다. 기존에 있는 예비부부를 위한 프로그램의 형식을 빌려, 본 연구의 결과를 반영한 남북한 이문화 부부의 경험을 구체적인 내용으로 하는 프로그램을 만들어 운영할 수 있다. 또는 이들이 스스로의 경험을 드러내고자 하지 않는 경향이 있으므로, 인터넷이나 전화 상담을 위한 정보제공 프로그램을 만들 수도 있다. 아직까지는 남북한 부부들이 많지 않지만, 북한 이주민수가 급증하고 있고 남북한 젊은이들의 모임이 활발히 운영되고 있으므로 이들에게 보다 질 높은 정보를 제공한다면 남북한 이문화 부부뿐 아니라, 남북한 친구 및 동료 관계가 잘 유지될 수 있도록 돕는 자조집단 프로그램도 제공할 수 있을 것이다.

다음으로, 본 연구 결과 남북한 이문화 부부는 가족과정에서 나타난 갈등과 도전에 대해서 어떻게 대응해야 할지 모르는 어려움을 보여주었다. 특히 결혼 시작과정에서부터 서로에 대한 기본적인 부부간에 자신의 의사를 적절히 표현하지 못하는 의사소통 기술의 부족하여 이에 대한 전문적인 도움이 필요하였다. 구체적으로 '남북한 이문화 부부를 위한 부부관계 증진 프로그램'을 개발할 수 있다. 부부간에 정서, 생각, 욕구를 분명하고 정직하게 표현하고, 타인의 감정을 공감적으로 수용하도록 돕는 것이다. 구체적인 갈등 영역에 대해 다른 부부들(다른 남북한 부부들이나 남한부부들, 북한부부들)과 함께 의사소통하여 갈등해결을 촉진하는 것이다. 남북한 사람들이 쉽고 편안하게 참여할 수 있는 분위기에서 부부의사소통과 타협기술을 배울 수 있는 교육 프로그램도 병행할 수 있을 것이다. 또한 남북한 이문화 부부가 가장 어려움을 겪고 있는 자녀 양육 문제해결을 돕는 프로그램의 개발이 필요하다. 문화 및 가치관의 영향을 받는 부모 역할에 대한 타협과 조정을 도와, 남북한 이문화 부부의 자녀들이 정서적 사회적으로 혼란 없이 건강하게 성장할 수 있도록 지원해야 할 것이다. 기존에 활용되고 있는 부모효율성 훈련, 체계적 부모 역할 훈련이나 최근에 개발된 탄력적 부모 역할 훈련(양옥경, 김연수, 2004) 프로그램을 응용할 수 있겠다. 이러한 프로그램을 통해 부모로서 의사소통을 원활히 하면서, 양육에 필요한 적절한 정보를 제공받고 연습해보는 기회를 제공받을 수 있을 것이다.

둘째, 본 연구를 통해 사회복지 현장에서 이문화 부부를 위한 접근을 가능하게 하는 문화적으로 민감한(cultural sensitive) 사회복지 실천을 위한 논의를 시작하고자 하였다. 남북한 이문화 부부를 위한 문화적으로 민감한 사회복지 실천을 위한 구체적 대안으로 사회복지사들이 현장에서 충분한 문화적 이해를 토대로 접근할 수 있도록 '문화적 지노그램(cultural genogram)'과 '남북한 문화민감 도구(cultural sensitizer)'의 개발을 제안하고자 한다. 아울러 문화적으로 민감한 사회복지 실천에 어떠한 요소들이 필요한지 구체적인 방법들을 제시하고자 한다.

우선 문화적으로 민감한 접근을 위한 실천적 대안으로 문화적 지노그램(Hardy & Laszloffy, 1995)의 활용을 제시하면, 이는 남북한 이문화 부부를 대상으로 남북한 문화에 대한 서로의 입장에 대한 이해와 노력을 다룰 수 있는 사정 도구가 될 수 있다. 또한 본 연구에서 활용한 내러티브 탐구 방법의 원리는 사정과정에서 정해진 문항을 체크하는 것이 아니라 깊이 있는 묘사를 통한 정보 수집을 가능하게 할 것이다. 나아가 연구 참여자(혹은 클라이언트)가 이야기를 통해 재구조화된 경험의 의미를 통해 문제해결을 도울 것이다. 구체적인 질문의 예는 다음과 같다.

○ 당신이 자랑스럽게 여기는 당신 문화의 측면은 무엇인가?
○ 당신을 부끄럽게 만드는 것은 어떤 것인가?
○ 당신과 가족은 차별과 편견을 어떻게 경험하는가?
○ 이러한 경험에 대해 가족들은 어떻게 대응하였는가?
○ 당신이 배우자와 관계 갖기 위해서 당신 문화나 가치의 어느 부분을 타협하였는가?
○ 타협할 수 없는 것은 어떤 것인가?' 등

다음으로 문화민감 도구는 어떤 사람도 그들이 직면한 도전의 영역을 인식한다면 어려움을 성공적으로 극복할 수 있다는 가정을 가지고 있다. 본 연구의 결과에서 제시된 남북한 부부의 이야기들은 사회복지사에게 교

육적 실천적 사례를 제공해줄 수 있다. 또한 일반인들이 남북한에 관한 구체적 정보를 얻고 편견을 해소하는 데에도 자료로서 기능을 할 것이다. 남북한 문화민감 도구는 구체적 사례를 제시하고 각 사례에 등장한 인물과 사건을 토론할 수 있는 형태로 만들어 질 수 있다. 예를 들면 다음과 같다.

---

* 남남북녀 부부 내러티브 중에서 문화민감 도구 사례

#1. 기회

북한 부인은 운전면허를 따고 싶어 방법과 절차에 관해 남한 남편에게 물었다. 남한 남편은 보다 저렴한 시뮬레이션 운전 학원을 추천해주었다. 북한 부인은 컴퓨터 시뮬레이션으로 운전 연습을 하고 2-3번의 실제 차를 다뤄보고는 시험을 보았으나 실패하였다. 3번째 떨어지자 부인은 깊은 좌절감에 빠졌다. 남한 남편은 '오늘 떨어지면 내일 또 하고 떨어지면 또 하면 되지 ……' 하며 별 문제 아니란 듯 태연했다. 남편에게 '저 나라는 뭐 할라고 하면 3번만에 해야지, 안 되면 방향을 아주 바꿔야 한다고. 다시는 기회가 주어지지 않아 ……'라고 했지만, 남편은 '한국에 오면 한국법에 따르라'며 이야기했다. 남편은 초조해하고 불안해하는 부인이 1번에 운전면허를 딴 다른 북한 친구에 대한 열등감이 느껴져서 그런 것이라고 생각하였다. 북한 부인은 5번까지 떨어졌을 때 앞으로는 영원히 운전을 못할 거라는 두려움이 밀려들었다.

Q. 각 등장인물의 상호 행동 속에는 어떠한 문화적 주제 문제가 내재되어 있는가?

이러한 도구들은 사회복지사로 하여금 일상생활 속의 남북한 문화에 대한 특성을 이해하도록 도울 것이다. 또한 문화적으로 민감한 사회복지 실천을 위한 교육 교재로도 활용이 가능하다. 이 밖에 문화적으로 민감한 실천을 위한 사회복지사가 갖추어야 할 태도로는 개인, 부부, 그리고 후

대에까지 문화적인 의미와 경험이 상당한 영향을 준다는 것을 인식해야 하며, 스스로가 가진 문화적 편견과 선입견, 지식과 정보에 대한 이해를 하고 있어야 한다. 보편주의적 접근(universalistic approach)이 가지는 한계인 '특수성: 독특성'의 간과를 알고 문화적 역량을 키우는 노력을 해야 한다(Killian, 2002). 이를 위해 개별 상담이나 부부 상담, 가족치료 현장에서 클라이언트와 협동적 관계를 구성하여 동시적 시선(a both/and stance)을 가지고 문화 간, 문화 내 차이와 다양성에 대해 열려 있어야 한다. 클라이언트와 대화가 중요하며, 이야기를 통해 변화하고 성장한다는 믿음을 가져야 한다. 무엇보다 개인과 집단의 경험에 대한 다양하고 복잡한 이해를 할 수 있어야 하며, 문화적인 인식(awareness)과 자신감을 회복하도록 도와야 한다. 무엇보다 문화적인 접근이 개인의 심리행동적인 개입에서 머무는 것이 아니라 사회정의와 편견에 대한 비판적 개입도 포함하고 있음을 알고 있어야 할 것이다(Kemp et al., 1997). 이러한 문화적으로 민감한 사회복지 실천은 비단 남북한 이문화 문제뿐 아니라 사회 내 다양한 이문화 가족들과 문제들에 전문적인 접근이 가능하도록 도울 것이다.

셋째, 본 연구는 사회적 편견과 시선을 조정하고 할 수 있는 소수자로서의 북한 이주민을 대변할 수 있는 정보를 제공한다. 남북한 이문화 부부의 가족과정은 기존에 사회에서 만들어낸 남북한에 대한 정보들이 왜곡되고 제한된 정보일 수 있음을 보여주었다. 특히 최근 급증하고 있는 북한 이주민에 관한 매스컴의 보도는 너무 선정적이어서 편견을 가중시키고, 남한에 정착한 북한 이주민에 관한 보도 또한 갈등과 사회 문제화시키는 데 초점이 맞추어져 있다. 본 연구 과정에서 그동안 단편적으로 이해되었던 남북한의 삶의 모습을 이해하게 되면서, 소수자와 이문화에 대한 남한 사람들의 시각과 대응을 알 수 있었다. 연구 결과는 이문화 부부의 삶이 서로 다른 문화에 대한 사회적 관용을 넓히고 포용력을 키우는 과정임을 보여주었고, 어떻게 남북한 사람들이 공존하고 문제를 해결할 수 있는가에 대한 직·간접적인 대안들을 보여주고 있다. 이러한 결과를 토대로 제공되는 정보들은 북한 사람들이 건강하게 성공적으로 함께 살아가는 모습을 보여줄 수 있고 북한 이주민에 대한 편견, 그들과 결혼하는 남한 주민에 대한 부정적인 인식이 상당히 완화되도록 도울 것이다. 또한 소수자인 북한 사람들에 대해 폭넓은 이해를 할 수 있어서 사회의 부정적 시각을 개선할 수 있는 계기가 될 수 있다.

넷째, 본 연구는 남북한 이문화 부부를 둘러싼 사회적 담론에 대한 영향에 대해 다루었다. 기존 연구를 통해 다루어졌던 담론들이 일상생활 속에서 어떠한 영향을 미치는지 구체적으로 제시함으로써, 사회복지 실천 현장에서 이들 부부들의 문제에 개입할 때 자칫 개인적인 문제 혹은 사회적 문제로 한정시키는 함정을 피할 수 있도록 도울 것이다. 그동안 이문화 부부를 접근하는 실천 전략에서 실천가들은 사회의 지배적 담론에 영향을 받아 개입에 그대로 적용하는 경우가 많았다. 특히 사회적 소수자를 진단하는 데 있어서 냉담하게 개입하고, 그들이 음모와 피해의식에 빠지기 쉬운 사람을 보기도 한다(Ridley, 1989)는 것이다. 상당수의 남한 사회의 북한 이주민에 대한 전문적인 개입 현장에서도 실무자나 전문가들은 이들을 사회 심리적으로 '문제아'로 바라보고 접근하고 있다. 사회복지 실천 현장에서 북한 이주민을 대하는 실무자의 태도가 지시적이고 고압적이며 단호한 태도를 보이는 문제가 제기되기도 한다. 이방인이며, 2등 국민이라 우리보다 열등하고 불쌍한 사람이라는 것이다. 또한 남한까지 오게 된 과정 속에서 겪은 심리적 문제들이 적응을 방해하고 있다고 보기도 한다. 북한의 체제의 탓으로 부적응의 원인을 돌리기도 한다. 전문가들은 이들에 대한 잘못된 사회적 시선과 편견, 담론에 대해서는 문제시하지 않고, 개인적인 왜곡된 심리 체계로 이해하는 것은 아닐지 점검해야 할 것이다. 이를 통해 남북한의 문화적 차이로 인한 차별과 편견의 문제를 해결하기 위해서 사회복지 현장에서 이들을 옹호하는 서비스를 개발하여, 적극적으로 사회적 인식을 개선하고 사회 변화를 위한 노력을 할 수 있을 것이다. 정책 현장에서도 본 연구의 결과에서 나타난 남북한 사람들이 '공존'의 모습과 다원주의적 시각의 필요성은 현재 정부의 북한 이탈주민 정책과 서비스가 지향하고자 하는 '통일대비: 남북한 사회 통합의 시험대'에 대한 구체적인 뒷받침을 할 수 있는 정보가 될 것이다.

이상과 같은 실천적 함의는 남북한 주민과의 관계 형성을 조정하고 북한 이주민에게 사회 서비스를 제공해 하는 사회복지사, 사회복지 전문요원, 신변보호담당관, 자원봉사자, 시민단체 실무자 등에게 구체적인 정보와 안내의 역할을 하여, 사회적 갈등 해소에 적절한 개입이 가능하도록 도울 것으로 본다.

C. 후속연구를 위한 제언

이상의 연구 결과를 토대로 다음과 같은 제언을 하고자 한다.

첫째, 본 연구에서는 참여자의 결혼기간이 다양하고 상대적으로 짧아 이문화 부부들의 갈등이 복잡하게 대립하는 '양육'에 관한 경험을 충분히 확보하지 못하였다. 갈등의 해결과정에서 어떠한 양육방식을 선택하는지에 관한 연구는 남북한 이문화 부부의 가족과정 경험을 폭넓게 이해하는 자료가 될 수 있으므로 추후 연구로 제안하고자 한다.

둘째, 본 연구에서는 결혼 생활을 건강하게 유지하고 있는 부부들을 참여자로 하여, 다양한 결혼 상태(예, 별거, 이혼 등)에 있는 참여자의 경험이 다루어지지 못하였다. 남북한 이문화 부부의 가족과정 경험의 성공적인 타협에 관한 정보를 얻기 위해서는 다양한 결혼 상태의 부부들의 경험을 다루는 연구가 요구된다.

셋째, 남북한 통일과정에서 예상되는 '함께 살아가는' 문제에 대해 접근하기 위해서는, 남북한을 대등한 시각에서 바라보는 것이 중요하며 본 연구에서 다룬 부부관계 이외에도 학교 친구관계, 직장 동료관계 등 다양한 사회적 관계에 대한 탐색적 연구가 필요하다.

넷째, 이러한 남북한 사람들의 관계에 관한 연구에서 개인적 차이와 문화적 차이가 어떻게 구분될 수 있는지, 동일문화 사람들의 관계와 어떻게 다르게 나타나는지 살펴보는 것도 필요하다. 또한 질적 연구를 통해 발견된 개념들을 가지고 양적 연구를 통해 일반화를 위한 노력도 함께 병행되어야 할 것이다.

다섯째, 본 연구 결과 남북한 이문화를 둘러싼 사회적 담론이 사회성원들의 의식과 행동에 상당한 영향을 주는 것으로 나타났다. 추후 연구에서 남북한 이문화 부부에 영향을 주는 사회적 담론과 부부가 선택하는 주변 담론에 관한 연구가 이루어진다면 비판적 사회복지 접근을 강화할 수 있을 것이다.

여섯째, 본 연구는 한국 사회의 다양한 이문화 부부들에 대한 문화적으로 민감한 사회복지적 관심을 본격적으로 다루는 시작 지점에 있다. 사회경제적으로 열악한 위치에 있는 소수자인 외국인 노동자 가족, 외국처녀와 농촌총각의 결혼 문제 등에 관한 사회복지적 개입이 가능할 수 있도록 활발한 연구들이 이루어지길 기대한다.

일곱째, 본 연구에서 수행한 내러티브 탐구 방법은 그 철학과 과정에 있어서 사회복지 실천현장에서는 개입과 연구가 병행될 수 있고 연구 현장에서는 보다 충실한 정보를 수집할 수 있어 현장 연구의 유용한 방법으로 적극 활용되길 기대한다.

여덟째, 남북한 이문화 문제, 북한 이탈주민에 관한 문제 등에 대해 다양한 질적 연구 방법들이 수행되어 특수한 경험들을 제시하는 데에 연구가 머물지 않고, 우리 환경에 맞는 토착적 모델이나 이론을 개발하여 질적인 대안이 풍부하게 논의될 수 있기를 바란다.

참고문헌

강인애(1997) 『왜 구성주의인가?』, 서울: 문음사.

갤　빈, C. M. & 브롬멜, B. J. (1995) 가족관계와 의사소통 −응집성과 변화. 노영주, 서동인, 원효종 역. 서울: 하우

고성호(2003) 남북한 사회통합에 대한 이론 및 관점.『북한이탈주민의 지역사회 내 통합과 융화』북한이탈주민 지원 민간단체협의회・연세대학교 사회복지연구소 학술대회 자료집.

김국신 외(1994) 『분단극복의 경험과 한반도 통일 −독일, 베트남, 예멘의 통일사례연구』. 서울: 한울.

김귀옥 외(1997) 『북한 여성들은 어떻게 살고 있을까』, 서울: 대동.

김남주(1995) 유고시집 『나와 함께 모든 노래가 사라진다면』, 서울: 창작과 비평사.

김동원(1992) 사회구성주의의 도전, 《철학연구》 30집, pp.73-84.

김승철(2003) 탈북자들 남한 사회적응실패는 문화차이 탓. 《자유공론》 12월호.

김애실 외(1993) 『북한의 여성 생활』, 서울: 나남.

김영수(2000) 북한 이탈주민의 가족 문제, 《사회과학연구》, 서강대학교, pp.103-117.

김영윤, 박종철, 이우영(1996) 『북한이탈주민의 사회적응에 관한 연구: 실태조사 및 개선방안』, 민족통일 연구원.

김영천(1997) 질적 연구의 지적 전통과 그 예: 문화기술지에서 포스트모더니즘까지. 《교육학연구》 vol. 35(1) pp.225-251.

김재경(1992) 부부의 갈등과 생활만족도에 관한 연구 −형성기 가정과 확대기 가정을 중심으로− 《가정관리학회지》, 19호, pp.53-74.

김정미(1999) 탈북여성의 정체성 변화에 관한 연구. 이화여대 여성학과 석사학위 청구논문.

김해순(2002) 『통일 이후 동·서독 주민들의 갈등과 사회통합: 통일교육에의 시사점』. 통일부 통일교육원.

김현숙(1994) 북한소설에 나타난 여성인물 형상화의 의미, 『북한 문화와 여성생활』, 제2차 통일문제 학술세미나 자료집. 1994. 12. 9. 이화여자대학교 한국여성연구소 주최.

노영주(1998) 초기 모성경험에 관한 문화기술적 사례 연구. 서울대학교 소비자아동학과 박사청구논문.

동아새국어사전(2003, 2004)

또 하나의 문화 통일 소모임(1999) 『통일을 준비하는 사람들 - 통일된 땅에서 더불어 사는 연습2』. 서울: 또 하나의 문화.

리정근(1988) 『빛나는 조국』. 조선로동당출판사

목영해(1998) 구성주의의 본질적 측면에 대한 몇 가지 고찰, 《교육학연구》 vol. 36(1), pp.171-186.

문숙재, 김지희, 이명근(2000) 북한 여성들의 탈북동기와 생활실태 - 중국연변지역의 탈북여성들을 중심으로 -, 《대한가정학회지》 147. 대한가정학회.

민무숙, 안재희(2001) 『북한의 여성교육에 관한 연구』, 한국여성개발원.

민성길(2000) 『통일과 남북청소년』, 서울: 연세대학교 출판부.

민성길, 전우택, 윤덕용(2002) 『탈북자와 통일준비』, 서울: 연세대학교 출판부.

박부진(1992) 거주공간의 이용관행과 가족관계 - 한국 농촌가족을 중심으로 -. 《한국문화인류학》, 제24집

박부진(1997) '거주공간의 이용관행과 가족관계 - 한국 농촌가족을 중심으로 -' in 한국문화인류학회(편), 성, 가족, 그리고 문화 - 인류학적 접근 -, pp.133-162, 서울: 집문당.

박현선(2000) 『남북한 여성 사회통합 프로그램 연구 - 여성 북한 이탈주

민의 사회 적응력 제고 프로그램 개발-』. 통일부.

박현선(2002) 국민의 정부, 탈북자 국내 정착 정책 현황과 발전 방향. 《북한연구학회지》6권. 제1호. 북한연구학회.

박현선(2003) 『현대 북한 사회와 가족』. 서울: 한울 아카데미.

북한인권시민연합(2003) 제5회 탈북동포돕기 대학(원)생 자원봉사자 수련회 자료집. 2003. 7. 4-5.

서인순(2003) 치매 시어머니를 수발하는 며느리의 경험 -내러티브 탐구 방법론-. 이화여자대학교 박사학위 청구논문.

서재진(1995) 『또 하나의 북한 사회-사회구조와 사회의식의 이중성 연구』. 서울: 나남출판.

서진영(1994) 『북한주민들의 가치의식 변화: 소련 및 동구와의 비교연구』. 민족통일연구원.

안연진(2002) 북한이탈주민가족의 가족문화 특성에 관한 질적 연구. 가톨릭대학교 사회복지학과 석사청구논문.

양옥경, 김연수(2004) 탄력적 부모되기 프로그램 개발연구. 《한국가족복지학》14호. pp.225-261.

엄명용(2000) 남북한 이산가족의 상봉(결합)과 사회사업과제 탐색. 《사회과학》51호. 성균관대학교 부설 사회과학연구원. pp.243-268

여성한국 사회연구소(2001) 『북한 여성들의 삶과 꿈』. 사회문화연구소 출판사.

염지숙(2001) 유아교육연구의 다원화: 탐구 방법과 주제를 중심으로. 《유아교육연구》21권. 2호. pp.185-204.

奧山洋子(1996) 이문화 간 커뮤니케이션 교육의 중요성에 관한 고찰. 《일본학보》. 37집. 한국일본학회.

윤여상(2001) 『북한이탈주민의 적응과 부적응』. 대구: 세명.

윤인진(2003) 북한이탈주민에 대한 사회적 인식과 거리감. 『북한이탈주민의 지역사회 내 통합과 융화』. 2003. 4. 18. 북한이탈주민 지원 민간단체협의회·연세대학교 사회복지연구소 학술대회 자료집.

이기범(2001) 남북한 상호이해와 상호작용적 보편주의: 탈분단을 위한 보편주의와 상대주의의 재검토. 《교육철학》vol. 25. pp.91-116.

이기영(2003) 북한이탈주민의 남한 주민과의 교류실태와 통합수준. 『북한이탈주민의 지역사회 내 통합과 융화』 북한이탈주민 지원 민간단체협의회 · 연세대학교 사회복지연구소 학술대회 자료집.

이기영, 성향숙(2001) 탈북자 가족 구성원의 가족관계 인식에 관한 조사연구. 《한국 사회복지학》vol. 47. 겨울 pp.243-271.

이배용 편(1997) 『통일을 대비한 남북한 여성의 삶의 비교』, 서울: 이화여자대학교 한국여성연구원.

이새롭(2002) 북한이주여성을 둘러싼 사회적 통념과 선택적 협상에 관한 연구. 이화여대 여성학과 석사학위 청구논문.

이온죽(1988) 북한가족의 구조와 기능, 『가족 · 사유재산 및 국가의 기원』, 서울대학교 출판부.

장필화(1992) 북한 사회의 성별분업. 『북한의 여성관』, 제1차 통일문제 학술세미나 자료집. 1992. 11. 30. 이화여자대학교 한국여성연구소 주최.

장혜경, 김영란(2000) 『북한이탈주민가족의 가족 안정성 및 사회적응과 여성의 역할』. 한국여성개발원.

전숙자(1994) 북한의 사회교육을 통해 본 여성상. 『북한 문화와 여성생활』, 제2차 통일문제 학술세미나 자료집. 1994. 12. 15. 이화여자대학교 한국여성연구소 주최.

전영택(2004) 『두물머리의 사연을 아는가』, 서울: 천우.

전우택(1997) 탈북자들의 주요 사회배경에 따른 적응과 자아 정체성에 관한 연구. 《통일연구》, 1(2), pp.109-167.

_____(1999) 남한에 있는 탈북자들의 심리적 갈등구조 및 그에 대한 해결방안, 『탈북자의 보호 및 국내 적응 개선 방안』, 통일연구원 제32회 국내학술회의 발표논문집. 1999. 11. 30, 통일연구원 주최.

정유선(1998) '귀순자'의 남한 사회 적응과정과 일상에서의 실천방식에 관한 연구. 서울대학교 인류학과 석사학위 청구논문.

조용환(1995) 일상세계의 복잡성에 대한 이해. 《대구대학교 초등교육 연구 논총》, 제7집, pp.13-22.

조하혜정, 이우영 편(2000) 『탈분단 시대를 열며－남과 북, 문화 공존을 위한 모색』. 서울: 삼인.

최윤희(1997) 『글로벌 비즈니스맨과 이문화 관리』, 서울: 영풍문고.

코어(1996) 독일통일에서의 심리학적 문제. 송자, 이영선 편 『통일사회로 가는 길』

한국여성평화연구원(1999) 『북한이탈 여성주민 생활실태 보고서』, 북한이탈 여성주민 생활실태 조사 결과 발표와 지원방안을 위한 토론회, 1999. 3. 19. 한국여성평화원 주최.

한남제(1989) 『현대가족연구』, 서울: 일지사.

한만길(1996) 탈북 이주자의 남한 사회적응문제와 재사회화 방안, 《통일연구논집》 12월, pp.215-223.

Austin, A. (1998) Children of two faiths, Christian Science Monitor, vol 91(20) p.11.

Barnes, C. (1996) Disability and the myth of the independent researcher. Disability and society, vol. 11(1), pp.101-110.

Barthes, R. (1966) Introduction to the structural analysis of the narrative. Occasional paper, Center for Contemporary Cultural Studies, Univ. of Birmingham. NY: Hill and Wang, 1974.

Benokraitis, N. V. (2002) 『Marriages and Families-Changes, Choices, and Constraints』, NJ: Prentice Hall.

Bentz, V. M. & Shapiro, J. J. (1998) Mindful Inquiry in social research. sage publications.

Biever, Joan L., Bobele, M., & North, Mary-Wales(1998) Therapy with intercultural couples: A postmodern approach. Counselling

Psychology Quarterly, Jun 1998, 11(2) Academic research Library.

Blaikie, Norman(1993) Approaches to Social Enquiry, 이기홍 & 최대용(2000) 사회이론과 방법론에 다가서기. 한울: 서울.

Blau, P. M., Beeker, C.,& Fitzpatrick, K. M. (1984) Intersecting social affiliations and marriage, Social Forces, vol. 62(3), pp.585-606.

Broderick, C.(1993) Understanding family process: the basis of family systems theory. Newbury Park, CA: Sage Publications.

Callahan, M.H.(2001) Interfaith family process and the negotiation of identity and difference, University of southern California, PhD. Dissertation.

Clandinin, D. J. & Connelly, F. M. (2000) 『Narrative Inquiry-experience and story in qualitative research』, San Francisco: Jossey-Bass Publishers.

Colher, B. J.(1994) The Human Sciences, the Life story, and clinical research, Narrative Methods, in Qualitative research in social work. ed. by Sherman, E. & Reid, W. J., Columbia university press: New York.

Conle, C.(2000) Narrative Inquiry: research tool and medium for professional development, European Journal of Teacher Education, vol. 23(1), pp.49-63.

Connelly, F. M. & Clandinin, D. J. (1990) Stories of experience and narrative inquiry, Educational Researcher, vol. 14(5). pp.2-14.

Constantine, L. L.(1986) Family paradigms: the practice of theory and therapy. New York: Guilford.

Constantine, L. L.(1993) The structure of family paradigms: An analytical model of family variation. Journal of marital and family therapy, 19, pp.39-70.

Cooper, B.(2001) Constructivism in social work: Towards a participative practice viability, British Journal of social work, vol. 31, pp.721-738.

Cortazzi, M.(1993) 『Narrative Analysis』, Social Research and Educational Studies Series 12. London: The Falmer Press.

Cowan, P. & Cowan, R.(1987) Mixed blessings: marriage between Jews and Chrstians. NY: Doubleday.

Crohn, J.(1995) Mixed matches: how to create successful interracial, interethnic, and interfaith relationships, NY: Ballantine Books.

Cushner, K. & Brislin, R. W.(1996) Intercultural interactions: a Practical guide. 2nd ed. Sage publications, Inc.

D'Andrade, Roy G.(1984) 'Culture Meaning Systems' in Richard A. Shweder & Robert A. Levine(eds.), 『Culture Theory-Essays on Mind, Self, and Emotion』 pp.88-119, Cambridge: Cambridge Univ. Press.

Darlington, Y. & Scott, D.(2002) Qualitative research in practice-stories from the field, NSW: Allen & Unwin.

Eaton, Sandra C.(1994) Marriage between Jews and non-Jews: counseling implications, Journal of multicultural counseling & development, Oct94 vol 22(4) pp.210-214.

Falicov, C. J.(1986) Cross-cultural marriages. In N. S. Jacobson & A. S. Gurman(Eds.), Clinical handbook of marital therapy, pp.429-450. NY: Guilford.

Frame, M. W.(2004) The challenges of intercultural marriage: strategies for pastoral care. Pastoral Psychology, vol 52(3) pp.220-230.

Frank, Arthur W.(2001) Narrative Inquiry in Qualitative Research

Methodology, Narrative workshop 자료집. 이화여자대학교 질적
연구센터: 서울.

Gibson, Rex(1986) Critical theory and education, 이지헌, 김회수 역
(1989), 비판이론과 교육, 성원사: 서울.

Greetz, Clifford(1973) The Interpretation of Culture, New York:
Basic Books Inc. Publishers.

Haraway, D.(1986) 'Primatology is politics by other means' in R.
Bleier(ed.), Feminist Approach to Science, pp.77-118.

Heung, D. W. L.(2002) Metaphorical ideas as mediating artifacts for
the social construction of knowledge: implications from the
writings of Dewey and Vygotsky, International Journal of
Instructional Media, vol. 29(2), pp.197-214.

Horowitz, J. A.(1999) Negotiating couplehood: the process of
resolving the December dilemma among interfaith couples.
Family Process, vol. 38(3), pp.303-323.

Hurst. M. S.(2002) A Narrative Inquiry Of One Homeschooling
Family In Rural Georgia. Georgia Southern University.

Imig, D. R.(2000) Book review: Inside the Family: Toward a
Theory of Family Process, Journal of Marriage and Family,
Aug2000, vol 62(3) pp.868-870.

Jackson, D. D.(1965) The study of the family, Family Process, vol.
4, pp.1-20.

Kantor, D. & Lehr, W.(1975) Inside the Family: Toward a Theory
of Family Process. San Francisco: Jossey-Bass.

Kemp, S. P., Whittaker, J. K. & Tracy, E. M.(1997) 『Person-
Environment Practice-the social ecology of interpersonal
helping』, NY: Aldine du Gruyter.

Killian, K. D.(2001) Reconstituting racial histories and identities: The narratives of interracial couples, Journal of Marital and Family Therapy, Vol. 27, pp.23-37.

Killian, K. D.(2002) Dominant and marginalized discourses in interracial couples' narratives: Implications for family therapists. Family process, vol 41(4), FPI, Inc.

Kim, K. M.(2003) The meaning of health from the perspectives of people with mobility disabilities, Dissertation of Ph. D., University of Kansas.

Laird, J.(1994) "Thick description" revisited: Family therapist as anthropologist-constructivist, Narrative Methods, in Qualitative research in social work, ed. by Sherman, E. & Reid, W. J., Columbia university press: New York.

Lee, Judith A. B. 2001) The empowerment approach to social work practice. NO: Columbia University Press.

Lieblich, A. Tuval-Maschiach, & Zilber, T.(1998) Narrative research: Reading, analysis, and interpretation. Thousand Oaks, CA: Sage Publications.

Martin, R. R.(1994) Life Forces of African-American elderly illustrated through oral history narratives, Narrative methods, in Qualitative research in social work, ed. by Sherman, E. & Reid, W. J., Columbia university press: New York.

Maxwell, Joseph A.(1992) Understanding and validity in qualitative research. Harvard Educational Review.

McGoldrick, M. & Preto, N. G.(1984) ethnic intermarriage: implications for therapy, Family Process, vol. 23(3), pp.347-364.

McGoldrick, M.(1993) Ethnicity, cultural diversity, and normality, 『Normal family processes』, The Guilford Press: NY.

Miley et al.(1995) Ecosystems Framework for analysis 『Generalist Social Work Practice: an empowering approach』. pp.55.

Ming Fang He.(1998) Professional knowledge landscapes: Three Chinese women teachers' enculturation and acculturation processes in China and Canada. University of Toronto(Canada). PhD.

Morris, W.(Ed.)(1970) The American heritage dictionary of the English language. Boston: Houghton Mifflin.

Morse, J. M., & Field, P. A.(1995) Qualitative Research Methods for Health Professionals, Chapman & Kall, 신경림 역(1997) 질적간호연구. 이화여자대학교 출판부.

Nye, C.(1994) Discourse analysis methods and clinical research: a single case study in Qualitative research in Social work, Columbia University Press: NY, p.218.

Osawa Chikako(1991) International marriage: window for understanding, Japan Quarterly, 38(3), July 1991, Academic Research Library.

Parton, N. & O'Byrne, P.(2000) 『Constructive Social Work-toward a new practice』, NY: Palgrave.

Payne, Malcome(1991, 1997) Modern Social Work Theory, Macmillan Press Ltd., 서진환, 이선혜, 정수경 역(2001) 현대 사회복지 실천 이론. 서울: 나남.

Polkinghorne(1988) 『Narrative Knowing and the Human Sciences』, New York: State University of New York Press.

Polkinghorne, D. E.(1998) Narrative knowing and the human sciences. Albany, NY: State University of New York Press.

Prentiss, S. M.(2002) A qualitative investigation into the experiences of parenting biracial(Black-White) children. University of

Tennessee, PhD. Dissertation.

Prttick, K. J.(1988) jane Addams revisited: Practice theory and social economic. Social work with Groups, vol. 11(4), pp.11-26.

Rees, Stuart(1991) Achieving Power. Sydney, Allen & Unwin.

Reiss, D.(1981) The Family's construction of reality, Cambridge, MA: Harvard Univ. Press.

Riessman, C. K.(1993) Narrative analysis. Newbury Park, CA: Sage Publications.

Rist, R. C.(1977) On the relations among educational research paradigms. Anthropology and Educational Quarterly, 8, pp.42-49. Rosenblatt, P. C., Karis, T. A. & Powell, R. D.(1995) Multiracial couples: Black and white voices. Thousand oaks, CA: Sage.

Roberts, C. et al.(2000) Marriage: Reconcilable differences, Life, vol. 23(2), p.47.

Romano, D.(2001) Intercultural marriage/ promises and pitfalls. 2nd ed. NBI.

Rubin, A. & Barbie, E.(1997) Research Methods for social work. Brooks/Cole publishing company, 성숙진, 유태균, 이선우 공역 (1998) 사회복지조사방법론. 서울: 나남.

Sherman, E. & Reid, W. J.(1994) 『Qualitative research in social work』, NY: Columbia University Press.

Siedman, I.(1998) Interviewing as qualitative research: A guide for researchers in education and the social sciences(2nd Ed.). New York: Teachers' College Press.

Smith, S. L. (1990)『Coping with Cross-Cultural and Interracial Relationships』, NY: The Rosen Publishing Group.

Sousa, L. A. I.(1995) Interfaith marriage and the individual and family cycle. Family Therapy, vol. 22(2), pp.97-104.

Tobin, Sheldon S.(1994) Commentary: Narrative in Clinical Research. in Qualitative research in social work. ed. by Sherman, E. & Reid. W. J., Columbia university press: New York.

Tyson, K. B.(1992) A new approach to relevant scientific research for practitioners: The heuristic paradigm. Social Work, vol. 37(6). pp.541-556.

Walsh, F.(1993) Conceptualization of normal family processes, in Normal family processes, The Guilford Press: NY.

Walsh, F.(1993, 2003) Normal Family Processes, Editor, NY: The Guilford Press.

Watzlawick, P.(1984) the invented reality. NY: Norton.

White, M. & Epston, D.(1990) Narrative means to therapeutic ends. York: Horton.

Yanagisako, Sylvia J., 1985, Transforming the past: Tradition and Kinship among Japanese American, Stanford, California: Stanford Univ. Press.

보도자료 이산가족상봉 장면. MBC. 2003. 9. 20.

보도자료 [사람과 삶] 탈북연예인 김혜영 '북'현수막소동'. 동아일보. 2003. 8. 31.

보도자료 '먹지도 못했는데 뭘 배웠겠어' 한겨레21. 2003. 9. 15.

북한이탈주민 후원회 홈페이지. 수기자료 김*철(1999) 잃어버린 꿈을 찾아서.

통일부 내부자료 '정착지원 제도개선 방안'. 2004. 7. 23.

통일부 홈페이지

국정원 홈페이지

· 저자 ·

이민영   · 약 력 ·

이화여자대학교 사회사업학과 학사
동대학원 사회복지학과 석사 및 박사
(전) 한국보건사회연구원 연구원. 중곡종합사회복지관 연구팀장
    사회복지공동모금회 나눔정보연구센터 연구위원
(현) 남서울대학교 아동복지학과 교수

· 주요논저 ·

「치매여성노인의 체험연구」
「가족관계척도의 활용을 위한 타당도 연구」
「장애대학생의 청소년기 임파워먼트 경험에 관한 근거이론 접근」
「배분사업을 위한 복지욕구조사」
「지역사회 복지욕구수준 모니터링을 위한 지표개발연구」
외 다수

본 도서는 한국학술정보(주)와 저작자 간에 전송권 및 출판권 계약이 체결된 도서로서, 당사와의 계약에 의해 이 도서를 구매한 도서관은 대학(동일 캠퍼스) 내에서 정당한 이용권자(재적학생 및 교직원)에게 전송할 수 있는 권리를 보유하게 됩니다. 그러나 다른 지역으로의 전송과 정당한 이용권자 이외의 이용은 금지되어 있습니다.

남북한 이문화 부부의 통일 이야기

-북한이탈주민과 남한주민의 결혼 생활에 관한 내러티브 연구-

· 초판 인쇄	2007년 6월 5일
· 초판 발행	2007년 6월 5일
· 지 은 이	이민영
· 펴 낸 이	채종준
· 펴 낸 곳	한국학술정보㈜
	경기도 파주시 교하읍 문발리 526-2
	파주출판문화정보산업단지
	전화 031) 908-3181(대표) · 팩스 031) 908-3189
	홈페이지 http://www.kstudy.com
	e-mail(출판사업부) publish@kstudy.com
· 등 록	제일산-115호(2000. 6. 19)
· 가 격	27,000원

ISBN 978-89-534-6064 0 000 (Paper Book)
        978-89-534-6065-2 98330 (e-Book)